仲裁与法律

第143辑

编辑部地址：北京市西城区桦皮厂胡同2号国际商会大厦6层
邮政编码：100035
电　　话：(010)82217788　64646688
传　　真：(010)82217766　64643500
电子信箱：law@ cietac. org
网　　址：http://www. cietac. org

仲裁与法律

ARBITRATION AND LAW

第143辑

主办

中国国际经济贸易仲裁委员会
中国海事仲裁委员会
中国国际商会仲裁研究所

CIETAC

法律出版社
LAW PRESS·CHINA

目 录

·专论 争鸣·

·第六届“中伦杯”获奖论文选登·

·域外 参考·

专论 争鸣

论互联网保险中保险人的提示和明确说明义务及其履行方式

詹 昊[*] 康 欣[**]

摘要:保险人对保险条款尤其是免责条款的提示和明确说明义务属于保险人的一项法定义务,且应由保险人主动履行,不以投保人的询问或者要求为前提。在互联网环境中,保险人应如何履行此项义务?本文通过大量的案例研究,发现目前保险人所普遍采用的提供网络链接的履行方式在司法裁判中并不能得到有效认可,法院多认为网络链接需要投保人自愿、自行点击阅读,否则保险人实际上是在被动履行义务,最终保险人的履行抗辩主张往往被法院否定。面对保险人所处的不利局面,本文结合司法实践和多种互联网保险产品的投保流程设置,建议保险人应积极探索更具主动性以及多样化的义务履行方式,以保障投保人对保险条款尤其是免责条款的阅读和理解。

关键词:互联网保险 免责条款 明确说明义务 网络链接 履行标准

一、引言

互联网保险业务,是指保险机构依托互联网和移动通信等技术,通过自营

---

* 詹昊,北京大学法学博士,安杰律师事务所主任。

** 康欣,北京大学法学博士,安杰律师事务所律师。

网络平台、第三方网络平台等订立保险合同、提供保险服务的业务。① 这种自营网络平台一般是传统保险企业的官方网站，如平安保险、泰康人寿、太平洋保险等都在通过自己的官方网站推销保险产品；第三方网络平台包括淘宝、京东，以及其他专业的保险中介平台，如惠择保险网、中民保险网等。目前，互联网保险业务模式主要有网上业务和自助卡式业务两种。其中，网上业务是投保人在网上自助进行投保、交费，并由保险人后台系统进行核保、出单而生成电子保单，无须投保人填写投保单，保险人也不再出具纸质的保单或其他保险凭证的一种投保业务方式；自助卡式业务则由保险营销员以面对面的方式或者其他营销方式宣传引导消费者购买自助保险卡，然后投保人凭账号、密码在网上激活，生成电子保单。消费者购买保险卡后，可自己激活，也可留存备用、转让或赠与他人，由他人激活。

中国《保险法》第17条规定："订立保险合同，采用保险人提供的格式条款的，保险人向投保人提供的投保单应当附格式条款，保险人应当向投保人说明合同的内容。对保险合同中免除保险人责任的条款，保险人在订立合同时应当在投保单、保险单或者其他保险凭证上作出足以引起投保人注意的提示，并对该条款的内容以书面或者口头形式向投保人作出明确说明；未作提示或者明确说明的，该条款不产生效力。"根据该规定，保险人对于保险格式条款需要向投保人履行说明义务，而对于免责条款，保险人需要向投保人履行提示和明确说明义务；显然法律就免责条款，对保险人提出了更高程度的说明义务要求。

在传统"面对面"的保险营销模式下，保险公司的员工或者保险代理人有充分的条件和时间向投保人提示和说明保险条款的概念、内容及法律后果。但是，在网络环境中，投保人只能通过网络页面上的内容去了解保险产品，并作出是否投保的决定，保险人在这个过程中如何参与投保人的决策过程，如何履行提示和明确说明义务就成为一个颇为棘手的法律问题。在引发争议的许多仲裁案件中，上述问题往往成为焦点问题。

---

① 参见中国保监会《关于印发〈互联网保险业务监管暂行办法〉的通知》（保监发〔2015〕69号）。

从已有司法案例来看,“同案不同判”的现象客观存在。而且,大多数情况下,保险人总是处于劣势,因为其很难证明已经履行了提示和明确说明义务,或者很难证明相关提示与说明已经符合法律规定的标准。所以,有必要对保险人履行提示和明确说明义务的标准进行更为合理、公平的重构,以促进互联网保险的良性发展,给争议解决当事人更多的可预见性。

二、保险人的提示和说明义务的特征

依合同法原理,当事人的合意需要双方首先充分理解条款的内容,并在此基础上作出共同接受且彼此一致的意思表示,“理解”是“接受”的基础和前提;未理解而作出接受的意思表示,并不构成真正的合意,进而影响合同的效力。

之所以要求保险人履行提示和说明义务,就是为了防止投保人未理解保险条款而接受投保。保险条款作为格式条款的一种,往往比较冗长、复杂且用语专业,普通人多难以准确理解保险条款的含义。所以,保险人有必要向投保人说明条款的概念、内容和法律后果,以保证投保人在理解条款内容的基础上作出真实的接受与否的意思表示,避免在后续的履行、索赔、理赔过程中产生纠纷。

从不同角度来看,保险人的提示和说明义务具有如下特征:

(一)法定性

该义务立足于诚实信用原则(最大诚信原则)和保护消费者合法利益原则,由《保险法》明文规定,而且属于一项强制性规定,不能由保险合同的当事人(包括保险人和投保人)或保险合同的利害关系人与被保险人通过约定进行限制、变更或解除。在保险人未履行或未达履行标准时,相关的免责条款不产生效力。

(二)主动性和积极性

区别于投保人的如实告知义务,保险人的如实告知义务以其询问为前提,而保险人的提示和说明义务应由保险人主动向投保人履行,并不以投保人询问或者要求为前提。

《互联网保险业务监管暂行办法》第8条规定:“……互联网保险产品的销

售页面上应包含下列内容:……(二)保险条款、费率(或保险条款、费率的链接),其中应突出提示和说明免除保险公司责任的条款,并以适当的方式突出提示理赔要求、保险合同中的犹豫期、费用扣除、退保损失、保险单现金价值等重点内容……"这里将"保险条款、费率的链接"也视为履行提示和说明义务的一种方式,但是从笔者检索到的法院案例来看,网络销售页面上未展开保险条款,仅提供保险条款链接的,并不足以认定保险人尽到了提示和说明义务,法院认为这种网络链接方式需要投保人自行点击,保险人其实是被动而非主动履行法定义务。

(三)先合同性

保险人履行提示和说明义务的目的是让投保人了解保险条款的内容,进而决定投保与否,所以,该义务属于保险人的一项先合同义务,应该在投保阶段(合同成立之前)向投保人履行。

(四)针对不同条款的说明义务的标准不同

《保险法》第17条第1款规定了对普通保险条款的一般说明义务,而第2款规定了对免责条款的明确说明义务。从保险类纠纷的争议来看,双方争议焦点一般就是事故是否属于免责条款规定的情形,以及保险人是否对免责条款尽到提示和明确说明义务。对于何为一般说明义务以及何为明确说明义务,最高人民法院《关于适用〈中华人民共和国保险法〉若干问题的解释(二)》(以下简称《保险法解释二》)第11~13条对免责条款的明确说明义务进行了细致规定,[①]因此,"举重以明轻",说明义务的标准也就大致明了了。

---

① 《保险法解释二》第11条规定:"保险合同订立时,保险人在投保单或者保险单等其他保险凭证上,对保险合同中免除保险人责任的条款,以足以引起投保人注意的文字、字体、符号或者其他明显标志作出提示的,人民法院应当认定其履行了保险法第十七条第二款规定的提示义务。保险人对保险合同中有关免除保险人责任条款的概念、内容及其法律后果以书面或者口头形式向投保人作出常人能够理解的解释说明的,人民法院应当认定保险人履行了保险法第十七条第二款规定的明确说明义务。"

第12条规定:"通过网络、电话等方式订立的保险合同,保险人以网页、音频、视频等形式对免除保险人责任条款予以提示和明确说明的,人民法院可以认定其履行了提示和明确说明义务。"

第13条规定:"保险人对其履行了明确说明义务负举证责任。投保人对保险人履行了符合本解释第十一条第二款要求的明确说明义务在相关文书上签字、盖章或者以其他形式予以确认的,应当认定保险人履行了该项义务。但另有证据证明保险人未履行明确说明义务的除外。"

（五）实质标准与形式标准相结合的判断标准

《保险法解释二》第 11 条、第 12 条、第 13 条对《保险法》第 17 条的提示和明确说明义务进行了详细的规定，明确了保险人履行该项义务的具体标准。从《保险法解释二》第 11 条所使用的“足以引起投保人注意”“常人能够理解”的措辞和表述来看，该条规定了实质标准，即从预设该义务的目的出发，关注投保人对保险条款是否真正理解。但是，就网络和电话投保而言，《保险法解释二》第 12 条规定：“通过网络、电话等方式订立的保险合同，保险人以网页、音频、视频等形式对免除保险人责任条款予以提示和明确说明的，人民法院可以认定其履行了提示和明确说明义务。”可见，对于通过网络、电话投保这种模式化、标准化比较突出的保险业务，司法解释又转为形式标准，即从保险人行为的外观来界定其是否充分履行了提示和明确说明义务，只要保险人实施了这些行为就推定其已经履行了提示和明确说明义务。[①] 最后，《保险法解释二》第 13 条第 2 款规定：“投保人对保险人履行了符合本解释第十一条第二款要求的明确说明义务在相关文书上签字、盖章或者以其他形式予以确认的，应当认定保险人履行了该项义务。但另有证据证明保险人未履行明确说明义务的除外。”此条规定明确地将形式标准与实质标准结合了起来，但偏重于实质标准。同时，尚有见解认为第 2 款规定属于推定标准，即以投保人的签字、盖章等行为来推定明确说明义务的履行，同时规定了推定标准之外的但书情形。

从已有案例来看，对于网络投保，法院更多采用的是形式标准而非实质标准，只要投保流程中包含对免责条款予以专门展示的设置，就可以认为保险人尽到了明确说明义务的要求。这显然是考虑到了互联网保险的标准化和高效的特点，所以，不会要求保险人对投保人进行一对一方式的充分且满足个性化需求的说明。

三、不同互联网保险业务下保险人提示和说明义务的履行方式

前文已经提到，目前互联网保险业务主要有两种：一种是由投保人自行在

---

① 于海纯：《保险人说明义务程度标准研究》，载《保险研究》2008 年第 1 期。

网络平台上完成整个投保流程;另一种是由投保人购买自助保险卡,然后凭借账号、密码在网络上激活进而完成投保流程。

两种方式下,保险人履行提示和明确说明义务的方式存在一定的相似性,但也有差异。

(一)投保人自行在网络平台上完成全部投保流程的情形

就网上业务而言,投保人自行在网络平台上了解保险产品的信息,按照保险人所设置的网络投保流程填写信息、点击确认并最终完成投保的整个环节。将保险条款以及免责条款以网络链接的方式(很多网络页面将免责条款与保险条款设置为两个网络链接)或者通过网络页面主动展现的方式向投保人履行提示和说明义务。因此,争议问题的核心就是保险条款的展现方式是否达到了提示和说明义务的要求。

(二)投保人通过购买自助保险卡以及网络激活方式投保的情形

就自助卡式业务而言,在购买自助保险卡阶段,与传统"面对面"的保险营销模式相同,投保人通过保险营销人员获取保险产品的信息。而在网上激活阶段,有的是投保人自行激活,有的是保险代理人代为激活。在投保人自行激活的情况下,也同样会面临网络页面上保险条款的展现方式是否符合提示和说明义务要求的问题。

而在保险代理人代为激活的情况下,问题就演变为是否可以认为保险代理人对网络页面上的保险条款尤其是免责条款的点击阅览是投保人的行为,以及可否认为保险人已经向投保人履行了提示和明确说明义务;其实就是保险代理人代为激活行为的委托人是保险人还是投保人的问题。

在实际操作中,保险代理人为了投保人能够在其宣传引导下尽快决定投保,往往会为投保人提供各种操作上的便利,包括投保人购买保险卡后的网络激活操作。此种情况下,购买保险卡与网络激活过程都属于保险销售的一部分。从这个角度来看,可以认为保险代理人的身份不变,其仍旧是保险人的代理人。由于投保人并未参与网络激活过程,投保人完全依赖保险代理人提供保险产品信息,因而保险人的提示和说明义务还是应该按照传统保险营销模式的标准认定。

从另一个角度来看，由于自助保险卡是先由投保人向保险人购买，之后才能由投保人自己或委托他人代为激活，而且因为网上激活页面需要填写被保险人的个人信息，所以，保险代理人代为激活的行为必定经过了投保人的同意且投保人已向保险代理人提供了投保所需的其他个人信息。因此，可以认为保险代理人的行为是受投保人的委托，投保人应对保险代理人的行为承担责任。[①]在有证据证明保险代理人点击了保险条款链接及阅读了保险条款的情况下，就可以认定保险人履行了提示和明确说明义务，相应的法律后果就由投保人承担。此观点与传统保险中介的功能认定有区别；通说认为，保险代理人是保险人的代理人，保险经纪人是投保人、被保险人的代理人。

因为本文讨论的是互联网保险中保险人提示和明确说明义务的履行标准问题，而前文第二种投保方式中，就保险代理人代为激活的投保情形而言，保险人提示和说明义务的判定主要涉及保险代理人行为的性质问题，归于委托代理范畴，所以本文不对第二种投保方式的相关问题展开论述。本文仅就第一种以及第二种投保方式中投保人自行在网上激活完成投保的情形展开讨论，核心问题是网络投保流程的设置与保险人提示和明确说明义务的履行标准。

四、中国法院的相关裁判观点

从司法实践案例来看，保险人的提示与说明义务虽然肇始于立法，但强化于司法。网络投保流程中保险人履行提示和说明义务的方式主要通过网络页面完成，司法案例的争议多集中在网络页面对保险条款的展现方式是否符合提示和说明义务的要求这一问题上。因为对保险条款的展现目前多以网络链接

① 在广东省珠海市中级人民法院审理的“中国人民人寿保险股份有限公司珠海市中心支公司斗门区营销服务部与吴某起人身保险合同纠纷案”[（2015）珠中法民二终字第542号]中，法院就认为即便投保人不懂电脑操作，其亦可委托他人激活保险卡，激活的过程及法律后果也应由投保人本人承担。另外，在南宁市中级人民法院审理的“盛某与中国平安财产保险股份有限公司广西分公司财产保险合同纠纷案”[（2016）桂01民终3259号]中，两审法院均认为投保人购买保险卡后将投保所需个人信息交由保险公司营销人员代为激活，该行为属于代理行为，其法律后果应由投保人承担。

的方式完成，所以，司法裁判大多围绕“以网络链接方式提供保险条款的展现方式是否有效”这一问题展开。经查询大量案例，笔者发现，目前司法裁判观点大致有三：第一，以网络链接提供保险条款属于被动履行提示和明确说明义务，不构成有效的履行义务方式；第二，在投保人确认阅读保险条款尤其是免责条款后，即可认为保险人履行了提示和明确说明义务；第三，在提供网络链接的同时辅以其他提示和说明手段，也应认定保险人履行了提示和明确说明义务。下面对这三个观点分别予以阐述。

(一)提供网络链接并非有效履行提示和明确说明义务的方式

在山东省威海市中级人民法院审理的“孙某焕、李某芹等与中国平安财产保险股份有限公司威海中心支公司保险合同纠纷案”[(2013)威商终字第278号]中，[①]投保人侯某祥在网上投保，其中，在投保确认页面载有投保人可选择“同意”或“不同意”的声明栏，投保人通过点击“同意”进行下一步操作，进而完成投保。该投保人声明栏载明：“本投保人兹申明以上各项内容填写属实，已征得被保险人同意，并认可保险金额；投保人已认真阅读并正确理解《平安一年期综合意外险适用条款》和投保须知的各项内容，尤其是有关免除保险人责任的条款。投保人同意投保，接受条款全部内容。”被告网站在“投保人声明”栏中载有《平安一年期综合意外险适用条款》和职业分类表等供投保人点击查阅。免责条款载明，被保险人酒后驾车、无有效驾驶证驾驶或驾驶无有效行驶证的机动车期间遭受伤害导致身故的，保险人不承担给付保险金的责任。之后，被保险人孙某华无证驾驶无牌二轮机动车发生交通事故致死，投保人向保险人索赔，保险人以事故原因属于免责条款规定的情形为由拒赔，投保人遂诉至法院。

二审法院认为：保险人所设计的投保程序，在投保人如实填写相关信息，履行如实告知义务，点击“下一步”后，并不是主动弹出保险条款的页面，而是直接出现“投保人声明”的页面，进而引导投保人直接点击“同意”进入下一步。

① 除非另有说明，本文援引的案例均从无讼网下载，网址：https://www.itslaw.com/bj，最后访问日期：2019年6月1日。

如上所述,“投保人声明”为:“本投保人兹申明以上各项内容填写属实,已征得被保险人同意,并认可保险金额;投保人已认真阅读并正确理解《平安一年期综合意外险适用条款》和投保须知的各项内容,尤其是有关免除保险人责任的条款。投保人同意投保,接受条款全部内容。”投保人如要阅读保险条款,需要点击该页面链接的“平安一年期综合意外险适用条款”和“免除保险人责任的条款”。以这种方式履行提示和明确说明义务不符合《保险法》第 17 条的规定。该条规定的提示和明确说明义务是保险人应当主动履行的义务,而不是基于投保人请求才被动产生的。因此,保险人在所设计的网页中并未主动提供保险条款,不能认定其向投保人履行了提示和明确说明义务,该保险条款中关于无照驾驶属于免责范围的内容不产生法律效力。

在上述案例中,即便一般人都应该知道无证驾驶无牌照机动车属于法律所禁止的违法行为,而且,按照《保险法解释二》第 10 条的规定,①保险人对于法律、行政法规的禁止性规定的免责条款只需要履行提示义务,但保险人未能主动提供保险条款则致使相关的免责条款不生效力。可见,法院对保险人履行提示和明确说明义务提出了非常高的标准。

另外,在案情类似的四川省成都市中级人民法院审理的“刘某坤、谢某桃与中国人民人寿保险股份有限公司人身保险合同纠纷案”[(2016)川 01 民终 10477 号]中,以及福建省泉州市中级人民法院审理的“郑某程、黄某泉、黄某燕与中国人民人寿保险股份有限公司保险合同纠纷案”[(2017)闽 05 民终 368 号]中,法院均认为,即使免责条款属于法律、行政法规中的禁止性规定,保险人也应就相关免责条款向投保人予以明确提示,该提示义务应当是保险人主动履行的义务,而不是基于投保人请求才被动产生的。

在福建省龙岩市中级人民法院审理的“段某珠、邱某英、张某偲、张某熙与中国人民人寿保险股份有限公司龙岩市中心支公司意外伤害保险合同纠纷

---

① 《保险法解释二》第 10 条规定:“保险人将法律、行政法规中的禁止性规定情形作为保险合同免责条款的免责事由,保险人对该条款作出提示后,投保人、被保险人或者受益人以保险人未履行明确说明义务为由主张该条款不生效的,人民法院不予支持。”

案”[(2015)岩民终字第692号]中,投保人向中国人民人寿保险股份有限公司龙岩市中心支公司(以下简称人寿保险龙岩支公司)购买了安祥意外伤害保险仁爱卡,并自行按激活生效流程分五个步骤进行激活操作。在步骤2中,若未点击“保险条款链接”,那么页面不会直接弹出保险条款内容。同时,未点击“保险条款链接”亦不会导致以下步骤不能进行。同时,步骤2页面上的“客户投保声明”载明:“贵公司已对保险合同的条款内容履行了说明义务,并对责任免除条款履行了明确说明义务。本人已仔细阅知、理解客户投保声明及保险条款尤其是责任免除等规定,并同意遵守……以上所有告知、条款及相关声明我已经阅读”,投保人点击“接受”栏后进入下一步。

该案中,在仁爱卡激活步骤2的“阅读保险条款”中,页面并未直接弹出保险条款,投保人如要阅读保险条款,需要点击“保险条款链接”方能阅读,而未点击“保险条款链接”亦不会导致以下步骤不能进行,投保人只要点击该页面底部“以上所有告知、条款及相关声明我已经阅读”的“接受”栏并激活后即进入下一步。同时,《保险法》第17条规定的保险人对免责条款承担提示和明确说明义务,是保险人应主动履行的义务,并不是基于投保人请求被动产生的义务。据此,两审法院均认为,人寿保险龙岩支公司以前述方式即点击“链接”方能阅读保险条款来履行提示和说明义务,属保险人根据投保人的请求被动提供格式条款,不符合《保险法》第17条的规定。因此,人寿保险龙岩支公司对免除保险人责任的条款未尽提示和明确说明义务,相关免除保险人责任的条款不产生效力。

除上述案例外,从笔者查询到的很多案例[①]来看,法院多认为仅提供保险条款链接的方式并不足以认定保险人履行了提示和明确说明义务,因此,免责

---

① 法院持此类观点的其他案例:四川省高级人民法院审理的“中国人民人寿保险股份有限公司江安县支公司与李某清意外伤害保险合同纠纷案”[(2016)川民申3147号];上海市第二中级人民法院审理的“昆仑健康保险股份有限公司与严某龙人身保险合同纠纷案”[(2015)沪二中民六(商)终字第52号];金华市中级人民法院审理的“陈某良与中国平安财产保险股份有限公司浙江分公司财产保险合同纠纷案”[(2013)浙金民终字第953号];重庆市第一中级人民法院审理的“中国人民财产保险股份有限公司江津支公司与陈某均、吕某机动车交通事故责任纠纷案”[(2017)渝01民终3209号]。

条款不能发挥免责的效力。

（二）在投保人确认阅读保险条款尤其是免责条款后，即可认为保险人履行了提示和明确说明义务

在陕西省西安市中级人民法院审理的“马某、惠某云与中国平安财产保险股份有限公司深圳分公司人身财产保险合同纠纷案”[（2017）陕01民终11346号]中，网上投保流程中同样是对保险条款和免责条款提供了网页链接，同时，投保人须点击投保人声明，已经阅读声明并同意保险条款和免责条款的内容即可进入下一步。但是，两审法院均认为：投保人需在确认已经阅读并同意保险内容，特别是免责条款后，才能进行下一步操作流程；如未确认，则无法投保，保单无法生成。故应认定中国平安财产保险股份有限公司深圳分公司在订立保险合同时已就相关免责条款向投保人进行了提示和明确说明。

该案例明显与第一种裁判观点相悖，属于典型的“同案不同判”现象。但是，从笔者查询到的案例来看，持此类裁判观点的案例屈指可数，明显占少数。

（三）在提供网络链接的同时辅以其他提示和说明手段，也应认定保险人履行了提示和明确说明义务

在江苏省高级人民法院审理的“泰康人寿保险股份有限公司江苏分公司与丁某芬健康保险合同纠纷再审案”[（2017）苏民再353号]中，再审法院认定泰康人寿保险股份有限公司江苏分公司（以下简称泰康人寿江苏分公司）已经履行了提示和明确说明义务的理由有三：第一，泰康人寿江苏分公司已通过投保人投保时留存的电子邮箱以电子邮件的形式向投保人出具了电子保险单，并附《泰康e康B款终身重大疾病保险条款》及电子投保单。该电子邮件的保险条款内容与丁某芬投保时“保险条款”链接对应的保险条款内容一致。第二，相关的免责条款内容均采用黑体字并加粗的方式提示，且投保后客服人员曾电话回访，询问投保人对保险责任、免除责任的了解状况，进一步提示投保人注意阅读免责条款，可以认为泰康人寿江苏分公司已尽到对免除保险人责任的

条款的提示义务。[①] 第三，投保人需要在“投保确认”页面中勾选“本人已认真阅读并理解保险条款、投保须知、投保提示书和投保声明书的全部内容，且同意将电子保单发出之日的次日视为客户签收日”，才能进入下一步投保流程，且页面设置有“保险条款”“投保须知”“投保提示书”“投保声明书”“等待期”等链接。鉴于网上投保流程已完成，泰康人寿江苏分公司有理由相信投保人丁某芬已认真阅读并理解保险条款、投保须知、投保提示书和投保声明书的全部内容。结合泰康人寿江苏分公司回访时投保人丁某芬的答复内容，可以认定泰康人寿江苏分公司已尽到对免责条款内容的明确说明义务。

在辽宁省盘锦市中级人民法院审理的“张某与平安养老保险股份有限公司辽宁分公司保险合同纠纷案”[(2016)辽11民终303号]中，虽然保险人也是以网络链接方式提供保险合同条款，但如果被保险人或投保人不点击保险合同内容，投保流程就会有特别的弹出窗口进行提示，引导投保人注意条款及内容十分重要，投保人应当重视并仔细阅读。如果投保人不阅读或不接受，投保流程也设置了相应的中止流程。因此，二审法院认定保险公司履行了提示和明确说明义务。

在此类案例中，在网络投保流程中，保险人不仅提供了保险条款的网络链接，而且向投保人的邮箱发送过保险条款并在事后通过电话回访确认投保人对保险条款的了解情况，或在投保页面上弹出提示窗口且如果未阅读保险条款内容则设置相应的中止流程。这些辅助性的提示和说明在一定程度上弥补了保险公司仅提供保险条款链接而产生的提示和说明不足的缺陷。这些做法值得其他保险人借鉴。

五、对保险公司履行提示和明确说明义务的建议

笔者通过实际操作网络投保页面，发现大多数网络保险产品的投保流程都是以网络链接方式提供保险条款内容的，且不点击该链接，也无任何影响。但

① 一般而言，投保人投保后，存在一个“犹豫期”，在犹豫期内，投保人有权解除保险合同，所以，客服在犹豫期内进行电话回访也不违背提示和明确说明义务的先合同义务特征。

从笔者查询到的案例来看，对于投保人的这种设置，法院一般都会认为保险人未履行提示和明确说明义务，保险人在这方面明显处于非常被动的局面。

为了改变这一局面，本文对保险人履行该提示和明确说明义务提供以下建议。

首先，设置强制阅读保险条款的投保流程，将展现保险条款的页面作为投保流程中的必经步骤。如果投保人没有点击“阅读”，就不能进行下一个环节的操作。另外，在保险条款的展现页面，除要以文字、字体、符号、颜色或者其他明显标志对免责条款作出提示外，还要对与投保人利益紧密相关的其他重要条款(如犹豫期、费用扣除、退保损失、保险单现金价值)作出明显标识，达到足以区分的程度，以尽提示义务。此外，保险人应该留存证据以记录投保人投保时的操作痕迹。如果保险人能够证明投保人在网上操作过程中确实点击过保险条款链接，打开过保险条款页面，并且浏览过保险条款内容，那么，投保人提出其并不知晓免责条款的主张就站不住脚。

需要说明的是，该建议仅是从目前司法案例所反映出的情况得出的，但无法肯定地认为，在投保页面上设置了强制阅读环节和对免责条款用明显标志进行提示就是对提示和明确说明义务的完全妥善的履行。这是因为，即便保险人在各个投保页面都做了这样的设置，法院可能又会提出更高的标准，如要求保险人提供视频、音频等其他形式向投保人以语音形式说明保险条款(尤其是免责条款)的概念、内容和法律后果。法院若是提出了这样的要求，也是合理的，因为毕竟以网络页面展现保险条款的方式还只是要求投保人自行去阅读，与法律规定的保险人应向投保人“明确说明”的标准还是有差距的。目前只能建议保险人不要采用被法院否定的方式履行提示和明确说明义务。如上所述，以网络链接形式提供保险条款以及可以不点击该链接就能进入下一个投保界面的履行方式，是被法院否认的。虽然就界面的友好程度而言，一些保险人会认为上述做法可能牺牲效率或影响投保人的操作兴趣，但这些谨慎的做法更加符合法律的规定。

其次，在犹豫期内设置邮件发送保险条款和电话回访的环节。在投保人已经在网络上完成整个投保流程之后，在犹豫期内，保险人可以将保险条款完整地发送到投保人预留的电子邮箱，并进行电话回访，主动询问投保人是否知悉、理解了保险条款的关键内容。如果觉察到投保人并未查看保险条款内容，不知晓保险条款（尤其是免责条款），或者发现投保人是被保险代理人错误指导的，那就需要保险营销人员再亲自向投保人解释条款内容。对于电话回访过程，保险人可以录音，以留存证据。当然，在犹豫期内进行的这些操作仅是弥补手段，是法院酌情考量的一个因素，保险人不能完全依赖在犹豫期内消除投保阶段的义务履行瑕疵。

最后，利用多样化的方式主动履行提示和明确说明义务。《保险法解释二》第12条规定，"通过网络、电话等方式订立的保险合同，保险人以网页、音频、视频等形式对免除保险人责任条款予以提示和明确说明的，人民法院可以认定其履行了提示和明确说明义务"。从已有的案例和笔者在网上进行投保操作的实际情况来看，目前保险公司还停留在以网页形式履行义务阶段，至多是有保险公司提供了咨询对话窗口和人工客服电话，可以及时回答投保人的提问，以帮助投保人获得更多的保险产品信息。但是，这些方式都需要投保人主动发问才会开启，并非一种主动履行义务的方式。而且，在保险实践中投保人大多都不会主动咨询。这都导致这些方式流于形式。随着科技的发展，保险人主动履行义务的方式可以更加多样化。例如，可以在投保页面上通过音频、视频等方式深入浅出地以生动的方式展现保险条款的内容。而且，正如前面提到的，在保险人不断修正、提升其履行义务的方式时，不排除法院对保险人提示和明确说明义务的要求会变高，所以，哪家保险公司走在了科技的最前沿，利用智能化的科技成果与"明确说明"的标准靠得越近，更能满足投保人个性化的需求，就越能在这场互联网保险竞争中胜出。

六、结语

互联网保险目前方兴未艾，给保险人提供了更多的参保机会，也大大便利了投保人投保与申请理赔的操作。但是，互联网保险的兴起也对《保险法》的基本原则与具体规定造成了较大的冲击，对保险仲裁与保险诉讼中的法律适用和裁判尺度形成了挑战。

如何避免互联网保险的勃兴导致保险人对提示与明确说明义务的虚化、如何平衡互联网保险带来的效率提高与公平原则的坚守、如何在保险仲裁与保险诉讼中提炼出行之有效的认定标准等问题，值得仲裁员、法官与专业的保险代理律师思考。

关于保险人如何在互联网环境下履行其提示和明确说明义务以及如何在庭审中就此项义务的履行抗辩获得优势，司法机关已经提出了较为明确的立场，那就是形式上仅提供条款链接地址是不够的，至少还需要有强制性地使投保人点击阅读保险条款的流程设置。但是，在不远的将来，该流程设置是否还能继续满足此项义务的履行标准不得而知，毕竟《保险法》明文规定的是“明确说明”，所以，这就需要保险人不断探索更多样化、个性化、智能化的说明义务履行方式。

建设工程烂尾所涉难点问题的法律分析

王雾虹*

摘要:建设工程烂尾的情况,往往伴随施工合同的解除、无效、被撤销或者导致合同终止履行的其他情形,通常涉及农民工工资、实际施工人、进度计量款与结算款的关系、建设工程价款优先受偿权、表见代理等难点问题的法律处理。通过从法理和司法实践的角度对以上问题进行深入分析,本文认为,不应随意扩大"农民工工资"的内涵或外延;应严格实际施工人的认定标准及发包人责任范围;建设施工合同无效不影响支付工程价款的义务;BOT合同并非建筑施工合同;工程烂尾时不应仅以进度计量款作为决算款;建设工程优先受偿权的限制应考虑多方利益;主张表见代理一方应当承担举证责任。

关键词:施工合同　工程烂尾　实际施工人　进度计量款　优先受偿权　造价鉴定　材料供应商　机械租赁商　表见代理

在四川省某高速公路BOT(Build-Operate-Transfer)项目工程纠纷的复杂争议中,地方政府在工程建设长期烂尾的情况下,被迫解除了原特许经营权人的特许经营合同,并不得不强行清场接管了施工场地。其后,新特许权人中标后重新组织新的施工单位进场对此前未完工的烂尾工程进行质量检测、消缺和后续施工。在此种情形下,原特许经营权人与多标段的施工总承包单位签署的

* 王雾虹,中伦律师事务所合伙人。

建设工程施工合同无法继续履行,原施工总承包单位在建设工程施工合同被迫解除的情况下起诉项目公司、新特许权人赔偿巨额工程款并主张工程价款优先受偿权,项目公司反诉各施工总承包单位巨额索赔款。在上述争议中,其核心法律难点既包括农民工工资的特殊保护、实际施工人的认定和权益保护、进度计量款与结算款之间的相互关系,还包括建设工程价款优先受偿权的理解和适用、表见代理的认定标准等。

《合同法》①第97条②、第58条③分别规定了合同解除和无效的法律处理原则;《民法总则》第157条④还规定了民事法律行为无效、被撤销或者确定不发生效力后的法律处理原则。这三条规定中包含了六点核心要义:"终止履行""恢复原状""采取其他补救措施""返还财产""折价补偿""按照过错责任原则赔偿损失",这些核心要义阐释了在工程烂尾情形下可能涉及的法律处理原则。实务中,有效的施工合同主要涉及依约付款、按质论价、工程款、建设工程价款优先受偿权及索赔、反索赔、质量缺陷责任的法律处理;无效、被撤销或者不发生效力的施工合同主要涉及责任主体范围、返还财产或折价补偿、质量缺陷修复费用承担、过错行为及其损失赔偿的法律处理。

一、关于农民工工资的处理

工程建设中,到期债务长期无法清偿可导致施工停工并最终形成工程烂尾。到期未清偿的债务在基层主要表现为欠付农民工工资。考虑到过往的很

---

① 鉴于本书出版时《民法典》尚未施行,仅在脚注中注明引用法条对应《民法典》中的位置。——编者注

② 《合同法》第97条规定:"合同解除后,尚未履行的,终止履行;已经履行的,根据履行情况和合同性质,当事人可以要求恢复原状、采取其他补救措施,并有权要求赔偿损失。"对应《民法典》第566条。

③ 《合同法》第58条规定:"合同无效或者被撤销后,因该合同取得的财产,应当予以返还;不能返还或者没有必要返还的,应当折价补偿。有过错的一方应当赔偿对方因此所受到的损失,双方都有过错的,应当各自承担相应的责任。"对应《民法典》第157条。

④ 《民法总则》第157条规定:"民事法律行为无效、被撤销或者确定不发生效力后,行为人因该行为取得的财产,应当予以返还;不能返还或者没有必要返还的,应当折价补偿。有过错的一方应当赔偿对方由此所受到的损失;各方都有过错的,应当各自承担相应的责任。法律另有规定的,依照其规定。"对应《民法典》第157条。

多因素,农民工工资问题历来受到国家以及地方政府及其部门的高度重视。比如,国务院办公厅于2016年颁布的《关于全面治理拖欠农民工工资问题的意见》(国办发〔2016〕1号)就对此作出了规定。其中,第3条第9项规定:"……招用农民工的企业承担直接清偿拖欠农民工工资的主体责任。在工程建设领域,建设单位或施工总承包企业未按合同约定及时划拨工程款,致使分包企业拖欠农民工工资的,由建设单位或施工总承包企业以未结清的工程款为限先行垫付农民工工资。建设单位或施工总承包企业将工程违法发包、转包或违法分包致使拖欠农民工工资的,由建设单位或施工总承包企业依法承担清偿责任。"从这一规定可以看出,在给付农民工工资问题上,政府考虑了招用企业主体责任、建设单位或施工总承包企业的先行垫付责任和清偿责任三种责任形式。为解决实践中的棘手问题,该规定实质上突破了当事人之间的合同和法律关系,同时也产生了异常复杂的难点法律问题。

首先,关于什么是农民工工资、其内涵和外延的定义是什么、适用范围有多大,至今尚没有统一的官方解释。各地政府及其部门往往基于自身施政的考虑对此进行倾向性理解和适用,甚至有省、市级政府部门直接将"农民工工资"扩展到机械租赁商的租赁费和材料供应商的货款,提出"沿线农民工单个自带设备参与工程建设"和"无力支付农民工工资的材料商"按照"农民工工资"认定的意见。应该说,根据国务院文件(如国发〔2014〕40号《关于进一步做好为农民工服务工作的意见》第3条总第8项①的规定)和建筑行业的通常理解,"农民工工资"特指自然人中的农民以其个人劳动所应获得的劳动所得或者劳务报酬,某些政府部门将机械租赁费和材料供应商货款作为农民工工资对待和处理,这种认识缺乏法律和政策依据。按照上述关于农民工工资范围的扩大化理

① 国务院《关于进一步做好为农民工服务工作的意见》第3条总第8项规定:"(八)保障农民工工资报酬权益。在建设领域和其他容易发生欠薪的行业推行工资保证金制度,在有条件的市县探索建立健全欠薪应急周转金制度,完善并落实工程总承包企业对所承包工程的农民工工资支付全面负责制度、劳动保障监察执法与刑事司法联动治理恶意欠薪制度、解决欠薪问题地方政府负总责制度,推广实名制工资支付银行卡。落实农民工与城镇职工同工同酬原则。在经济发展基础上合理调整最低工资标准,推动农民工参与工资集体协商,促进农民工工资水平合理增长。(人力资源社会保障部会同公安部、住房城乡建设部、人民银行、高法院、全国总工会负责)"

解，即形成工程实体的人工费、材料费和机械费都可以理解为农民工工资，这与劳务费用在工程造价中所占比重明显是不符的，也违背了施工行业的通常理解。

其次，上述政策文件规定的突破劳务合同关系由建设单位或施工总承包企业承担给付农民工工资的责任，实质上也意味着建设单位或施工总承包企业要对他方主体招用农民工及其给付情况承担举证和说明义务，在无法举证或说不清楚的情况下，有政府部门据此直接认定施工总承包企业实际欠付农民工工资，继而要求其先行承担给付责任。应该说，在建设单位或施工总承包企业明确欠付工程款的情况下，上述部分政府部门扩大还款义务主体范围的行政理解和处理方式对于解决“三角债”是有帮助的。但还应考虑一个限度：在建设单位或施工总承包企业明确不欠付工程款的情况下，仍要求其对他方主体之间的合同关系及其履行情况进行举证，就不尽合理了。随意打破合同关系作出的行政处理既不符合以契约精神建立起来的法治理念，易导致有人遵守法律、有人不遵守法律的局面，又不符合《民法总则》规定的“平等、自愿、公平、诚实信用”的民法基本原则，[①]长此以往，不可避免地给后续经济发展、社会分工和社会稳定埋下隐患。

最后，上述部分政府行政部门对农民工工资问题的扩大理解和处理与现行法律不匹配，可能导致行政处理和司法结果之间存在矛盾或差异。以施工总承包单位为例，通常施工总承包单位与劳务分包单位签署劳务分包合同，而不会自己直接招用农民工，并非拖欠农民工工资的直接责任主体，其仅在特定情况下（如欠付分包单位劳务费）才承担给付（垫付或清偿）责任。如果施工总承包单位与劳务分包单位之间存在工程争议无法解决的，双方可以诉诸诉讼或者仲裁，法院或者仲裁机构可以正常审理两主体之间的争议并可期待顺利执行。若劳务分包单位欠付农民工工资，而当地政府行政部门直接认定或要求施工总承包单位先行承担或者垫付农民工工资，势必将面临行政行为与司法行为（及商

① 《民法总则》第4条规定：“民事主体在民事活动中的法律地位一律平等。”第5条规定：“民事主体从事民事活动，应当遵循自愿原则，按照自己的意思设立、变更、终止民事法律关系。”第6条规定：“民事主体从事民事活动，应当遵循公平原则，合理确定各方的权利和义务。”第7条规定：“民事主体从事民事活动，应当遵循诚信原则，秉持诚实，恪守承诺。”对应《民法典》第4~7条。

事仲裁)相互交叉处理的复杂情况,甚至不同结果之间出现矛盾或冲突而导致拒付、超付、拖延等更加不利的局面。以上症结显然源自突破合同关系的多层面介入。

综上所述,农民工工资问题作为背景复杂的现实问题,仍应纳入劳动法或民法的调整范围,不应随意扩大其内涵或者外延。扩大其理解和适用范围(特别是在突破合同关系问题上)应慎之又慎。在建设单位或者施工总承包单位有表观证据证明不欠付劳务分包单位工程款的情况下,不应超出法律规定要求没有合同关系的主体承担给付责任或者其他举证责任。

二、关于实际施工人及其权益主张

(一)无效施工合同的承包人即实际施工人

"非法转包"和"违法分包"违反法律规定中的效力性强制规定,因此合同无效;而无效合同的出现引出了"实际施工人"的概念。参考北京市高级人民法院《关于审理建设工程施工合同纠纷案件若干疑难问题的解答》(京高法发〔2012〕245号,以下简称《解答》)的规定,"实际施工人"是指无效建设工程施工合同的承包人,即违法的专业工程分包和劳务作业分包合同的承包人、转承包人、借用资质的施工人(挂靠施工人);建设工程经数次转包的,实际施工人应当是最终实际投入资金、材料和劳力进行工程施工的法人、非法人企业、个人合伙、包工头等民事主体。在实践中,应当严格实际施工人的认定标准,不得随意扩大最高人民法院《关于审理建设工程施工合同纠纷案件适用法律问题的解释》(法释〔2004〕14号,以下简称《解释》)第26条第2款的适用范围。不属于前述范围的当事人依据该规定以发包人为被告主张欠付工程款的,应当不予受理,已经受理的,应当裁定驳回起诉。

依据《解释》第26条①的规定,实际施工人可以以转包人、违法分包人为被

① 《解释》第26条规定:"实际施工人以转包人、违法分包人为被告起诉的,人民法院应当依法受理。实际施工人以发包人为被告主张权利的,人民法院可以追加转包人或者违法分包人为本案当事人。发包人只在欠付工程价款范围内对实际施工人承担责任。"

告向法院起诉;实际施工人以发包人为被告主张权利的,发包人在欠付工程价款范围内对实际施工人承担责任,这里实际创设了一个突破合同关系主张权利的特例,但结合最高人民法院《关于当前民事审判工作中的若干具体问题》的意见,①最高人民法院已经对前述《解释》第 26 条进行了限缩解释,强调前述规定还是要严守合同相对性原则,不能随意扩大该条第 2 款规定的适用范围,只有在欠付劳务分包工程款导致无法支付劳务分包关系中农民工工资时,才可以要求发包人在欠付工程价款范围内对实际施工人承担责任,不能随意扩大发包人责任范围。

(二)挂靠及其归责原则

依据《解答》的规定,《解释》第 1 条第 2 项规定的"没有资质的实际施工人借用有资质的建筑施工企业名义"承揽建设工程即通常所说的"挂靠",其具体包括四种情形:(1)不具有从事建筑活动主体资格的个人、合伙组织或企业以具备从事建筑活动资格的建筑施工企业的名义承揽工程;(2)资质等级低的建筑施工企业以资质等级高的建筑施工企业的名义承揽工程;(3)不具有施工总承包资质的建筑施工企业以具有施工总承包资质的建筑施工企业的名义承揽工程;(4)有资质的建筑施工企业通过名义上的联营、合作、内部承包等其他方式变相允许他人以本企业的名义承揽工程。

挂靠现象在工程建设中较为常见,引发的安全、质量、工期延误、农民工工资、工程资料欠缺等问题也不在少数,其现象成因较为复杂。从宏观产业政策、行政管理制度和法律规范执行情况,到建筑市场的自然发育,再到现有农村劳动力输出等,这些因素对于挂靠现象的形成都有或多或少的影响。从法律层面考量挂靠现象涉及的民事法律问题,主要包括行为效力和纠纷发生后的归责原则。

---

① 根据最高人民法院《关于当前民事审判工作中的若干具体问题》第 6 条的规定,"违约金过高或过低的判断标准应结合行业利润率确定。建设工程行业的利润率一般在 3%左右,实践中,在计算或调整违约金数额时,要考虑建筑业是微利行业的特点,尽量避免承包人因承担过高违约金导致'倒贴钱'现象发生。此外,对于《建设工程司法解释》第二十六条规定,目前实践中执行得比较混乱,我特别强调一下,要根据该条第一款规定严守合同相对性原则,不能随意扩大该条第二款规定的适用范围,只有在欠付劳务分包工程款导致无法支付劳务分包关系中农民工工资时,才可以要求发包人在欠付工程价款范围内对实际施工人承担责任,不能随意扩大发包人责任范围"。

实际施工人挂靠施工企业而导致施工合同无效的，发包人和被挂靠单位因合同无效产生的损失是不同的，如果发包人对于承包单位被挂靠的事实不知情，则其对合同无效没有主观过错，显然过错责任应由被挂靠的承包单位和挂靠人承担。通常来说，发包人的损失主要包括施工合同的缔约损失、丧失施工合同得到正常履行可以获得的收益。在工程因挂靠单位和被挂靠单位单方原因烂尾的情形下，即便没有当事人之间关于归责原则的具体约定，依据《侵权责任法》第6条[①]、第8条[②]、第9条[③]和《民法总则》第178条[④]的规定，被挂靠单位和挂靠人应当对因合同无效给发包人所造成的直接损失承担赔偿责任。工程实践中，还存在挂靠人对无效施工合同也未能正常履行的情况，如出现了恶意阻工、施工质量不合格或者工期延误等不当履约行为，该等行为实际扩大了发包人的损失；对于此等扩大的损失，挂靠人与被挂靠单位是否需要承担连带责任就需要具体情况具体分析。

依据最高人民法院关于《侵权责任法》中连带责任适用范围的谨慎理解和司法实践中达成的共识，笔者倾向于认为，如果被挂靠单位就此扩大的损失没有与挂靠人事前、事中合谋或者具有共益，并采取了必要、合理的措施力争避免损失的扩大，及时进行了必要的通知或通告，则不应认定被挂靠单位就上述扩大的损失与挂靠人承担连带责任。

如果发包人对合同无效或者对损失的扩大存在过错，则同样应无权要求被

---

① 《侵权责任法》第6条规定："行为人因过错侵害他人民事权益，应当承担侵权责任。根据法律规定推定行为人有过错，行为人不能证明自己没有过错的，应当承担侵权责任。"对应《民法典》第1165条。

② 《侵权责任法》第8条规定："二人以上共同实施侵权行为，造成他人损害的，应当承担连带责任。"对应《民法典》第1168条。

③ 《侵权责任法》第9条规定："教唆、帮助他人实施侵权行为的，应当与行为人承担连带责任。教唆、帮助无民事行为能力人、限制民事行为能力人实施侵权行为的，应当承担侵权责任；该无民事行为能力人、限制民事行为能力人的监护人未尽到监护责任的，应当承担相应的责任。"对应《民法典》第1169条。

④ 《民法总则》第178条规定："二人以上依法承担连带责任的，权利人有权请求部分或者全部连带责任人承担责任。连带责任人的责任份额根据各自责任大小确定；难以确定责任大小的，平均承担责任。实际承担责任超过自己责任份额的连带责任人，有权向其他连带责任人追偿。连带责任，由法律规定或者当事人约定。"对应《民法典》第178条。

挂靠人对发包人因自身过错造成的损失或扩大的损失承担赔偿责任。

（三）无效施工合同的司法处理

上述有关实际施工人的探讨更多的是从责任主体的角度考虑，那么问题的另一面就是施工合同无效后应如何处理和归责，即对《合同法》第58条规定的“恢复原状”、“原状不能恢复时的折价补偿”以及“按照过错责任原则赔偿损失”的理解和适用。

根据《解释》第2条①的规定，建设工程施工合同无效，但建设工程经竣工验收合格，承包人请求参照合同约定支付工程价款的，应予支持。对此，最高人民法院《关于当前民事审判工作中的若干具体问题》进一步解释，关于工程价款结算问题，要尊重合同中有关工程价款结算方法、标准的约定内容，严格执行工程造价、工程质量等鉴定程序的启动条件。虽然建设工程施工合同无效，但建设工程经竣工验收合格的，一般应参照合同约定结算工程价款，实际施工人违反合同约定另行申请造价鉴定结算的，一般不予支持。

一个复杂的情况是，当事人之间分别签署的备案合同和补充协议（或实际履行的施工合同）价格条件不一致；那么前述“参照合同约定支付工程价款”中的“合同”到底是以备案合同为准，还是以实际履行的施工合同为准？对于这一问题，《解答》规定，法律、行政法规规定必须进行招标的建设工程，或者未规定必须进行招标的建设工程，但依法经过招标投标程序并进行了备案，当事人实际履行的施工合同与备案的中标合同实质性内容不一致的，应当以备案的中标合同作为结算工程价款的依据。法律、行政法规规定不是必须进行招标的建设工程，实际也未依法进行招投标，当事人将签订的建设工程施工合同在当地建设行政管理部门进行了备案，备案的合同与实际履行的合同实质性内容不一致的，应当以当事人实际履行的合同作为结算工程价款的依据。备案的中标合同与当事人实际履行的施工合同均因违反法律、行政法规的强制性规定被认定为无效的，可以参照当事人实际履行的合同结算工程价款。招投标双方在同一

---

① 《解释》第2条规定：“建设工程施工合同无效，但建设工程经竣工验收合格，承包人请求参照合同约定支付工程价款的，应予支持。”

工程范围内另行签订的变更工程价款、计价方式、施工工期、质量标准等中标结果的协议,应当认定为《解释》第21条规定的实质性内容变更。中标人作出的以明显高于市场价格购买承建房产、无偿建设住房配套设施、让利、向建设方捐款等承诺,亦应认定为变更中标合同的实质性内容。备案的中标合同实际履行过程中,工程因设计变更、规划调整等客观原因导致工程量增减、质量标准或施工工期发生变化,当事人签订补充协议、会谈纪要等书面文件对中标合同的实质性内容进行变更和补充的,属于正常的合同变更,应以上述文件作为确定当事人权利义务的依据。

建设工程施工合同无效,但工程经竣工验收合格,当事人任何一方依据《解释》第2条的规定要求参照合同约定支付工程折价补偿款的,应予支持。承包人要求发包人按中国人民银行同期贷款利率支付欠付工程款利息的,应予支持。发包人以合同无效为由要求扣除工程折价补偿款中所含利润的,不予支持。此观点与最高人民法院的相关案例一致。

(四)PPP、BOT、BT合同是否为施工合同

实际上,PPP(Public-Private Partnership)、BOT、BT(Build-Transfer)合同并非施工合同,实际施工人、材料供应商、机械租赁商等跨越合同关系向投资人、政府机构及/或平台公司主张民事权益不符合《解释》第26条的规定。

以“投融资、建设、运营、移交合同”(以下简称BOT合同)为例,BOT合同并非建设工程施工合同性质,实际施工人、材料供应商、机械租赁商等依最高人民法院《解释》第26条的规定,跨越合同关系向投资人、政府机构及/或平台公司主张民事权益,不符合司法解释对于施工合同关系的规定。

依据《合同法》第269条①和第275条②的规定,建设工程合同是承包人进行工程施工建设,发包人支付施工价款的合同,主要包括工程范围、建设工期、

① 《合同法》第269条规定:建设工程合同是承包人进行工程建设,发包人支付价款的合同。建设工程合同包括工程勘察、设计、施工合同。对应《民法典》第788条。

② 《合同法》第275条规定:施工合同的内容包括工程范围、建设工期、中间交工工程的开工和竣工时间、工程质量、工程造价、技术资料交付时间、材料和设备供应责任、拨款和结算、竣工验收、质量保修范围和质量保证期、双方相互协作等条款。对应《民法典》第795条。

中间交工工程的开工和竣工时间、工程质量、工程造价、技术资料交付时间、材料和设备供应责任、拨款和结算、竣工验收、质量保修范围和质量保证期、双方相互协作等条款。BOT 合同是围绕基础设施类工程的投资、建设、运营、移交所签署,系特许经营合同,并非建设工程施工合同性质,在 BOT 合同项下,不应适用实际施工人相关的司法解释突破合同法律关系。BOT 合同与建设工程施工合同相比较,两者在合同性质、合同相对方的政府背景、项目产权主体是否变更、国家政策是否提倡和鼓励、建设对象是否特定、项目建设手续办理阶段、建设手续补办责任、合同利润计取方式、项目风险大小、税种及费率、合同主要权利义务等均有明显的不同,具体如下:

(1)合同性质和主体不同。BOT 合同是对公共产品的投资、建设,带有明显的行政或者政府背景,合同相对方通常为政府或代表政府的某个单位,依据《行政诉讼法》第 12 条的规定,当事人认为行政机关不依法履行、未按照约定履行或者违法变更、解除政府特许经营协议、土地房屋征收补偿协议等协议的,当事人可以提起行政诉讼。施工合同在本质上是承揽合同,是纯粹的民事合同。

(2)BOT 合同的出资方与施工合同的施工单位享有的权利不同。BOT 合同的出资方(或项目公司)可以拥有产权;而施工合同的施工单位仅可拥有法定的优先受偿权,施工的通常目的是获得价款而非产权。

(3)与公共利益的关系不同。因 BOT 合同的建设对象通常是为公共利益服务的基础设施项目,故为国家鼓励和提倡;而施工合同的建设对象不以公共利益项目为限。

(4)项目建设手续办理阶段不同。BOT 合同可以起始于基础设施项目的立项、投融资阶段,此阶段可以没有建设工程用地规划和工程规划手续,而可由合同当事人约定具体的办理期限或补办;施工合同一般起始于建设用地规划许可证和建设工程规划许可证办理完毕。

(5)BOT 合同的出资方可以主张较高的项目利润或投资收益,并承担较高的项目投融资或建设风险;施工合同的施工方通常只享有施工企业利润,不享有项目投资回报,也不承担项目投资风险。

(6)BOT合同出资方与施工企业需缴纳的税种不同。BOT合同出资方可能需要承担项目交易契税、土地增值税及企业所得税;而施工企业一般需要承担营业税、城建税、教育费附加、地方教育费附加、个人所得税、印花税、房产税、土地使用税、企业所得税等。

(7)BOT合同的出资人主要权利义务是投融资、工程总承包、运营、移交并收取投资成本和收益;施工合同的施工单位主要权利义务是施工总承包、完成施工作业和收取工程款。

由此可见,这两类合同存在诸多不同之处,BOT合同并非施工合同,实际施工人等以《解释》第26条起诉投资人、特许经营人、政府或其平台公司等,不符合《解释》第26条仅适用于施工合同的限定范围。

三、承包人能否依据建设单位和监理单位签署确认的工程进度计量表向发包人主张进度计量款

通常来说,在"工程烂尾"(停止施工及/或合同解除)的情形下,非违约方可以就其已经实际发生的损失向相对方主张权益,但对于非违约方此时能否主张因合同继续履行可以获得合同利益,实践中存在认识层面的较大争议。参考北京市第三中级人民法院民一庭结合审判实务梳理出有关合同解除的若干疑难法律问题的有关意见,基于学理理解,合同解除后非违约方因对方当事人违约行为而遭受的损失没有因合同解除而得到清算,依据完全赔偿原则,应当允许非违约方主张合同履行情形下的利益损失,但这里的"利益损失"应当扣除因合同解除没有支出的费用。

工程烂尾且施工单位也未与建设单位办理工程结算手续时,能否直接依据建设单位和监理单位签署确认的《工程进度计量表》对建设单位提出计量款的诉求?施工单位之所以仅主张计量款,一是己方已有直接的书证可以证实建设单位和监理单位已经对已完工程进度的量和价进行了书面确认;二是不希望己方申请造价鉴定而垫付可能发生的巨额造价鉴定费用,而是希望将证明造价结算金额的举证责任推给对方承担;三是为了避免造价鉴定期限过长而影响工程

款的回收速度。然而真的能实现这样的想法吗?

在工程烂尾的情况下,施工单位往往会全部或者大部分撤场;若施工单位与建设单位之间的施工合同已经无法继续履行或者新的施工单位已经进场施工,则原施工合同实质上处于被迫解除的状态。在施工合同解除的大背景下,施工单位与建设单位所面临的是就已完工程的量和价进行最终的决算、清算和清理;此时仅主张进度计量款显然有违施工合同已经停止履行的客观状态。并且,工程进度计量表是指在施工过程中,按月(或当期、形象进度或控制界面等)向监理单位和建设单位就当月或当期已完的工程数量计算的各项费用总和进行的申请和呈报。工程实践中,施工单位往往为了下月赶工或抢工的需要,会存在多报或者超报工程量和工程款的情况。这种做法通常是为了及时采购材料和调动人工、机械设备,避免下月施工单位自身承担过大的资金周转压力。因此,工程建设中某一阶段的工程进度计量表可能会存在失真的情况,若仅以此书证向法院主张解除合同后的工程款,而不进行最终的造价结算或者造价鉴定,那么当事人和法院都会面临较高的事实认定风险。

综上所述,在施工合同解除的情形下,如果建设单位不认可进度计量款或者提出异议,施工单位仅主张进度计量款而不是工程决算款或者结算款的,法院应对施工单位或其他负有举证责任的当事人予以释明并询问是否进行造价鉴定,而不应径行支持其进度计量款作为已完工程结算款(决算款)的诉讼主张。

四、行使建设工程价款优先受偿权的限制情形

《合同法》第286条①规定,发包人未按照约定支付价款的,承包人可以催告发包人在合理期限内支付价款。发包人逾期不支付的,除按照建设工程的性质不宜折价、拍卖的以外,承包人可以与发包人协议将该工程折价,也可以申请人民法院将该工程依法拍卖。建设工程的价款就该工程折价或者拍卖的价款优先受偿。实践中,对于"按照建设工程的性质不宜折价、拍卖"具体包含的情

---

① 对应《民法典》第807条。

形,尚未形成统一认识。主流观点认为,如果建设工程系军事工程、国防工程的,应不宜折价或者拍卖。司法实践中,还出现了涉及他方利益、政府利益甚至公共利益而权利人要求折价、拍卖建设工程的争议。关于哪种情形可以折价、拍卖,哪种不可以折价、拍卖,实务处理中尚待统一规则和适用标准。

在笔者处理的某高速公路施工合同纠纷的民事诉讼争议纠纷中,就出现了在工程烂尾的情况下,原施工单位对高速公路提出建设工程价款优先受偿权诉求的情况。原施工单位与高速公路原投资人(建设单位、业主)因工程争议而长期对峙,最终导致工程烂尾,后政府为推进高速公路基础设施项目的建设强行清场,重新招标选定了新的投资人并与之签订了特许经营权协议。新的建设单位接手此前部分工程后进行了质量缺陷修复和后续建设,直至高速公路通车进入特许经营运营期。应该说,按照上述主流观点的理解,经营性高速公路本身并非军事或者国防工程,不属于"按照建设工程的性质不宜折价、拍卖"的情形,但是,高速公路项目为承载社会公共利益的基础设施项目,政府方为及时完成工程建设和保障社会公共利益,在此前工程烂尾的情况下,经依法公开招标程序,已经将相关工程项目交由后续投资人和新的建设单位继续建设并后续开展特许经营,如果原施工单位依照《合同法》第286条的规定主张"将建设工程折价、拍卖以优先偿还其前手债务"成立,势必严重限制、制约政府相关工作的推进并损害后续投资人的投资权益。并且,此前未完烂尾工程已经被后续施工单位的施工成果所覆盖,且前后施工的部位和使用功能客观上无法分割,原施工单位提出的对此前未完烂尾工程进行折价或拍卖,在技术和操作层面均无法实现。是故,笔者倾向于认为,对于建设工程优先受偿权的限制不应仅局限于"建设工程的性质"这个唯一的条件,还应考虑该等折价或者拍卖是否损害他方的合法权益、社会公共利益,以及是否能在不损害各方权益的情况下对建设工程的价值进行有效、合理的分割,否则,强行折价或拍卖类似的建设工程显然不符合《合同法》第286条的立法本意,更可能损及社会公共利益。

五、施工中的表见代理

工程的建设单位或者总承包单位(施工单位)可能会遇到没有合同关系、

没有付款或其他履约关系、没有结算关系、没有为本单位开具过发票或者收据的当事人,拿着"有理由相信"与本单位、总承包部或者项目经理部有关的人员签字向建设单位及/或总包单位主张工程款;这里就涉及了如何理解和适用《合同法》第49条[①]的问题。其中,最主要的问题是如何理解和适用行为人"以被代理人名义订立合同,相对人有理由相信行为人有代理权"。在工程存在层层转包、分包或者挂靠的情况下,以及工程烂尾导致各方利益冲突激化的情况下,表见代理问题就变得尤为复杂。

就存在挂靠的施工项目来说,组织实施工程施工的通常为挂靠人或其自行组织的施工管理人员,一方面,项目经理部的成员主要由非施工单位人员构成,现场管理工作以及各类监理例会也主要由非施工单位的人员参加并形成真实的工程施工过程记载或文件,伴随而来的是相关人员已经代表施工单位签署了技术、质量、工期进度、设计、造价、安全、环保、验收、申报、申请、通知等各类文件,相关人员实质上取代了名义施工单位施工建设的部分或全部角色。另一方面,工程烂尾必然导致停窝工损失、机械租赁费、占地费、人员管理费、农民工工资、劳务费用等债务的明显增加,而此时在现场确认债务的主体又是非施工单位人员,此时其以名义施工单位(被挂靠人)的管理人员或者员工身份所签署的合同或债务性文件就可能构成对施工单位(被挂靠人)的表见代理。

依据最高人民法院《关于当前形势下审理民商事合同纠纷案件若干问题的指导意见》第13条[②]和第14条[③]的规定,构成表见代理需要同时具备客观形

---

① 《合同法》第49条规定:行为人没有代理权、超越代理权或者代理权终止后以被代理人名义订立合同,相对人有理由相信行为人有代理权的,该代理行为有效。对应《民法典》第172条。

② 最高人民法院《关于当前形势下审理民商事合同纠纷案件若干问题的指导意见》第13条规定:"合同法第四十九条规定的表见代理制度不仅要求代理人的无权代理行为在客观上形成具有代理权的表象,而且要求相对人在主观上善意且无过失地相信行为人有代理权。合同相对人主张构成表见代理的,应当承担举证责任,不仅应当举证证明代理行为存在诸如合同书、公章、印鉴等有权代理的客观表象形式要素,而且应当证明其善意且无过失地相信行为人具有代理权。"

③ 最高人民法院《关于当前形势下审理民商事合同纠纷案件若干问题的指导意见》第14条规定:"人民法院在判断合同相对人主观上是否属于善意且无过失时,应当结合合同缔结与履行过程中的各种因素综合判断合同相对人是否尽到合理注意义务,此外还要考虑合同的缔结时间、以谁的名义签字、是否盖有相关印章及印章真伪、标的物的交付方式与地点、购买的材料、租赁的器材、所借款项的用途、建筑单位是否知道项目经理的行为、是否参与合同履行等各种因素,作出综合分析判断。"

成具有代理权的表象和相对人善意且无过失这两个条件，合同相对人主张表见代理需要对上述条件在合同缔结、履行、付款、结算、是否尽到合理注意义务等进行综合举证和说明。

刍议照付不议合同及其法律问题

崔 强*

摘要:照付不议合同以其付款义务的绝对性、长期性、稳定性等特点受到了天然气、石油、新能源等领域的青睐,在特定时代背景下起到了促成交易、推动经济发展的积极作用。但将照付不议合同机制安置于其原生的情景之外时,尤其考虑到21世纪以来市场价格剧烈波动、革新技术频频闪现等因素,可能导致体系性的不公平后果,构成非必要的制度之恶。中国法律实践更多将照付不议视为违约机制,具有合理性。就具体交易而言,本文建议采用价格熔断机制、合同期限限制、最高额赔偿限制等安排,可以在充分利用照付不议机制优越性的同时,降低其负面效应。

关键词:照付不议 合同义务 违约条款 情势变更

一、引言

照付不议合同(Take-or-Pay Contract)是一项舶来品,有时也被翻译为“提货或付款合同”“或取或付合同”“无货亦付款合同”“照运不误合同”等。为方便论述,本文将之统一称为“照付不议合同”。本文旨在简要介绍照付不议合同的特点和发展历史,分析其法律原理,梳理和评析其在司法实务中的适用情况和各种不予适用照付不议机制的例外及其构成。

* 崔强,北京市通商律师事务所合伙人,中国海事仲裁委员会仲裁员。

二、照付不议合同简介

照付不议合同起源于20世纪60年代前后，由壳牌石油公司在天然气销售市场中首先应用。天然气等能源开采和销售产业具备一定的特殊性：(1)卖方在勘探、开发阶段需要投入大量资金，一旦开采便很难暂停；(2)国际能源大宗商品的价格变化对买卖双方的经济利益影响巨大；(3)买方在生产经营过程中必须不间断地购买能源产品。但在较早的阶段，天然气生产商通常会被要求向管道运营商等买家承诺进行排他性供气，而买家却不会承诺购买特定数量的天然气。天然气的需求量随着气温的变化而变化，具有明显的季节性，而天然气的生产则是持续稳定的，与季节无关。这种不对等的权利义务安排使得天然气生产商处于十分不利的局面，因为其要面临巨大的财务风险。

壳牌石油公司等天然气生产商在历经多年的艰难谈判后，终于说服管道运营商等买家接受了照付不议合同。一般而言，照付不议合同的核心含义通常包括：在约定的较长时间段内(通常是20~25年)，买方无论是否从卖方处实际提取货物，都有义务按照双方约定的价格和最低提货数量支付价款；除不可抗力等特殊情况出现外，任何一方不得单方终止或变更合同。在笔者代理过的众多照付不议合同纠纷中，较为典型的合同条款内容为："本协议为照付不议协议，即除根据第6节的要求支付预付款外，在协议期限内，买方负有绝对且不可撤销的义务按照每千克单价支付每日历年度合同数量货物的价款。在协议期限内，卖方负有绝对且不可撤销的义务按照每日历年度合同数量交付货物。如果买方未能在某一日历年度内购买或接收合同数量的货物，那么卖方应根据该日历年度内生效的单价就该日历年度合同数量与买方在该日历年度实际购买数量之间的差额向买方开具形式发票，买方应当根据第9节的约定支付价款。"①

① 英文原文为："This Agreement is a take or pay agreement such that, in addition to making the Advance Payment required under Section 6, Buyer is absolutely and irrevocably required to pay the Price per kilogram for the Contract Quantity per calendar year over the Term of this agreement, and the Seller is absolutely and irrevocably required to deliver the Contract Quantity per calendar year over the Term of this Agreement. In the event that Buyer fails to order or take delivery of the Contract Quantity for a calendar year then Seller shall invoice Buyer for the difference between the quantity of Products ordered in that calendar year and the Contract Quantity of Product for that calendar year at the Price in effect for that calendar year, and Buyer shall pay the same in accordance with Section 9 hereof."

与上述内容类似的条款通常即被称为“照付不议条款”，而含有照付不议条款约定的合同即被称为“照付不议合同”。经过半个世纪的发展，照付不议合同已经成为全球能源贸易中被普遍采用的一项国际惯例。① 进入21世纪以来，照付不议合同的适用范围继续扩大，已由最初的天然气贸易领域逐步扩张至石油销售、电力供应、电厂建设、新能源设备制造、矿产品开采与冶炼等产业，并显现出以下主要特点。

第一，买方的付款义务与卖方的供货义务均具有绝对性。在照付不议合同中，双方的义务都是绝对的，根据合同约定的价格与最低数量，买方照付不议，卖方照供不议。但就笔者作为律师代理案件和作为仲裁员审理案件的经验而言，更多情况下是卖方要求买方履行付款义务，而非相反。可能这也是该类型合同被称为“照付不议合同”而非“照供不议合同”的原因。一方面，该类合同是由壳牌石油公司作为卖方所首创和推广的，其着眼点即在于保护卖方的利益。另一方面，如果卖方违约而不能足额供货，买方将很难通过仲裁或诉讼途径强制卖方履行交货义务，毕竟特定货物或特定种类的货物不像货币作为一般等价物那样便于强制执行。

第二，合同期限较长。起初，在天然气领域内，因卖方前期勘探开发投资大、风险高、融资困难等，其采用的照付不议合同的期限通常长达20年，有的甚至更长。而买方基于对天然气供应安全性、稳定性等方面的考虑，往往也愿意签署长期合同。但在照付不议合同扩展至更多领域之时，过长的合同期限也招致不少争议。市场价格的剧烈波动、革新技术的突然出现等因素，都极有可能导致合同不利一方的经济状况极度恶化。除非另一方同意变更合同，否则不利一方往往只能选择破产。在该种情况下，另一方通常很难获得足额的赔偿。鉴于此，照付不议合同的期限逐渐呈现短期化的趋势。10年、8年、5年甚至更短期限的照付不议合同开始出现。

第三，签约双方通常均具备良好的资信状况，或者提供了优质的信用保

① See Howard R. Williams, Charles J. Meyers, *Manual of Oil and Gas Terms*, 13th edition, Australia, LexisNexis, 2006.

证。照付不议合同期限长、付款义务与供货义务具有绝对性等特点必然要求当事方具备良好的资信状况,或者可以提供银行保函、母公司担保等优质信用保证。

三、照付不议合同在中国的发展

随着在国际范围内的普遍适用,照付不议合同在中国也逐渐被市场接受,以下为三起具有代表性的事件。

2000年9月,原国家计划委员会[①]在《关于印发开展西气东输工程可行性研究工作若干意见的通知》[②]中明确表示,要在西气东输项目上采用并全面推广照付不议合同模式。西气东输项目管线长达4000公里,工程投资巨大,供应方中国石油天然气集团公司负担着供气安全性与下游市场开发等诸多风险,照付不议合同可以将买卖双方的利益通过一种长期承诺联系起来,规范双方的行为,降低项目不确定性风险,达到买卖双方共赢的目的。[③]

2003年10月15日,郑州燃气公司与西气东输管道公司正式签署了中国国内的第一份照付不议合同,从而成就了中国第一笔以照付不议合同为约束的天然气交易。[④] 此后,照付不议合同在中国天然气市场中得到普遍应用,并逐渐扩展至光伏、风电等新能源领域。

2014年3月4日,国家能源局发布《关于印发〈天然气购销合同(标准文本)〉的通知》,[⑤]该标准文本第7条"照付不议(适用于1年期以上的合同)"是典型的照付不议条款,其规定:"就交付期内的任一合同年而言,卖方应在交付点销售并交付且买方应提取该合同年的年合同量,并为提取的和未提取的天然气付款。双方进一步约定,对于上述买方已付款但未提取的天然气,买方有权

① 现国家发展和改革委员会。

② 该文件已于2016年6月13日被宣布失效。

③ 转引自宋华:《西气东输照付不议购销合同的几点思考》,载《中国电力教育》2012年第36期。

④ 参见虞磊珉、王刚:《燃气能源销售中"照付不议"合同若干问题研究》,载《中国能源》2004年第4期。

⑤ 载国家能源局网:http://zfxxgk.nea.gov.cn/auto92/201403/t20140304_1777.htm,最后访问日期:2018年12月3日。

按附件三的约定进行补提。”

四、合同义务,抑或违约责任:照付不议合同性质之辩

尽管照付不议合同在国内外已被广泛采用,但发生争议后,违约方却往往对照付不议条款的法律属性、效力、公平性等提出挑战。法院和仲裁庭对这些问题的判断也并非统一,以下为笔者就该等问题进行的简要梳理。

在英国、美国等国家,照付不议合同中买方的付款义务通常被理解为替代性合同义务,而非承担违约责任的付款义务。也就是说,照付不议条款原则上不会被认定为违约金条款。

例如,在“德拉瓦资源公司诉田纳西煤气管道公司案”(Lenape Resources Corporation v. Tennessee Gas Pipeline Company)中,[①]法院的多数意见认为,买方在未提货时仍然应当履行付款义务,购买的是在特定时间段内自卖方处提取天然气的权利,而非购买的实际产出的天然气。

学界和实务界的主流意见认为,照付不议合同中的买方可以选择两种方式来履行合同义务:第一种是提取约定数量的货物并支付价款;第二种是不提取货物,但向卖方支付约定金额的价款。第二种付款是双方之间的约定,其并非针对提取的货物,而是针对买方未提取货物的结果,因此不是违约金。正如《奇蒂论合同法》评述道:“债务偿还索赔与违约赔偿请求之间存在重要区别。债务是当事人协议规定的一定金额,由一方支付,以换取另一方履行某些特定义务或发生某些特定事件或条件;除非未能支付此类债务,否则可能会以某种方式破坏其合同义务的一方要求赔偿……这种区别的相关性在于损害赔偿规则不适用于债务索赔,如索赔人索赔债务不需要证明除其自身履行或者事件/

---

① See Marc Ryan Stimpert, *Lenape Resources Corporation v. Tennessee Gas Pipeline Company: Natural Gas Take-or-Pay Contracts under the Uniform Commercial Code*, 18 Energy L. J. 421, 1997, pp. 426-427.

条件已发生外的事项。”[①]支撑该等观点的政策考虑主要分以下两方面：

一方面，合理分配天然气（或者其他货物）买卖双方之间的风险，有利于维护市场的健康发展。[②] 照付不议合同履行前，卖方通常需要为开采或制造设备投入大量的前期投资，在有些情况下，这些设备甚至是为履行与特定买方之间的合同而专门制造或购买的。如果没有买方在较长时间段内的照付不议承诺，卖方可能根本不会决定投入巨资采购这些设备。无论出于何种原因，一旦买方在合同到期前终止付款，卖方均将遭受巨额经济损失。因此，在照付不议合同中，买方的付款义务往往是无条件和不可撤销的，具有绝对性。市场价格变化等因素带来的风险则应当由买卖双方共同承担。在形式上，买卖双方之间签订的仅仅是一份长期购销合同。但究其实质，买卖双方已经在相当程度上结成了利益同盟，照付不议合同更像是双方的一项共同风险投资。

另一方面，确保照付不议交易的稳定性与安全性，帮助大型项目进行贷款融资，加快经济整体发展。在实践中，卖方很少利用自有资金来履行照付不议合同，通常都会将合同项下的收款权利作为担保进行融资贷款。银行、基金等金融机构之所以愿意为卖方提供贷款或进行股权等权益性投资，正是基于对照付不议合同有效性的信任。

理论上，在中国现行法律体制下，照付不议合同的性质（到底是第一性的合同义务条款，还是第二性的违约条款）面临较大争议，具体如下。

---

① Josep Chicty (Author), Hugh G. Beale (Editor), *Chitty on Contracts*, 31st edition, Sweet & Maxwell, 2012, volume I, para. 2b－008. 原文为：There is an important distinction between a claim for payment of a debt and a claim for damages for breach of contract. A debt is a definite sum of money fixed by the agreement of the parties as payable by one party in return for the performance of some specified obligation by the other party or upon the occurrence of some specified event or condition; damages may be claimed from a party who has broken his contractual obligation in some way other than failure to pay such debt... The relevance of this distinction is that the rules on damages do not apply to a claim for a debt eg the claimant who claims payment of a debt need not prove anything more than his performance or the occurrence of the event or condition。

② See Marc Ryan Stimpert, *Lenape Resources Corporation v. Tennessee Gas Pipeline Company: Natural Gas Take-or-Pay Contracts under the Uniform Commercial Code*, 18 Energy L. J. 421, 1997, p. 429.

(1)观点一:照付不议为合同义务的约定。

在理解照付不议合同的起源、特点,尤其是西方国家维护该类型合同有效性的司法政策考量(如前所述)之后,在中国的法律体制下,根据当事人意思自治原则,照付不议合同应当认定为合法有效的合同义务条款。

应当承认,在具体的交易中,照付不议合同是意思自治的产物。意思自治在平等民事主体的合同法律关系中,主要包含两层含义:第一,民事主体取得权利、承担义务应依赖于其自身的意志;第二,民事主体意思的发生、行使应由其自身自由决定。也就是说,只要不违反法律的强行性规定,不违反公共利益与公序良俗,不侵犯第三人的合法权益,民事主体之间订立的合同原则上就是有效的。意思自治原则既是民事主体平等法律地位的具体体现,也是法律对市场经济规律的自然反映。作为现代民事法律的最基本原则之一,意思自治原则在中国多部重要民事法律中均有体现。如《民法总则》第5条规定:“民事主体从事民事活动,应当遵循自愿原则,按照自己的意思设立、变更、终止民事法律关系。”《民法通则》第4条[①]规定:“民事活动应当遵循自愿、公平、等价有偿、诚实信用的原则。”《合同法》第4条[②]规定:“当事人依法享有自愿订立合同的权利,任何单位和个人不得非法干预。”既然照付不议合同是在买卖双方平等自愿协商基础上建立起来的,签署方通常对合同条款有着充分的理解,且谈判地位大致对等。因此,根据意思自治原则,照付不议合同应属合法有效。

(2)观点二:照付不议为违约金约定。

与上述观点不同,有不少观点认为照付不议条款属于违约金约定。当买方未能依照合同约定购买足够数量的货物时,照付不议条款提供了明确的违约金计算方式。而违约金应当以补偿为主、惩罚为辅,不得过分高于守约方的实际损失,守约方不能因违约而获得额外利益,这是《合同法》确立的基本原则之一。根据下列法律规定,法院合议庭或仲裁庭有权对违约金的金额进行适当的调整:

① 对应《民法典》第5条。

② 对应《民法典》第5条。

第一,《合同法》第114条[①]规定:“当事人可以约定一方违约时应当根据违约情况向对方支付一定数额的违约金,也可以约定因违约产生的损失赔偿额的计算方法。约定的违约金低于造成的损失的,当事人可以请求人民法院或者仲裁机构予以增加;约定的违约金过分高于造成的损失的,当事人可以请求人民法院或者仲裁机构予以适当减少……”

第二,最高人民法院《关于适用〈中华人民共和国合同法〉若干问题的解释(二)》(法释〔2009〕5号)[②]第29条规定:“当事人主张约定的违约金过高请求予以适当减少的,人民法院应当以实际损失为基础,兼顾合同的履行情况、当事人的过错程度以及预期利益等综合因素,根据公平原则和诚实信用原则予以衡量,并作出裁决。当事人约定的违约金超过造成损失的百分之三十的,一般可以认定为合同法第一百一十四条第二款规定的‘过分高于造成的损失’。”

第三,最高人民法院《关于当前形势下审理民商事合同纠纷案件若干问题的指导意见》(法发〔2009〕40号)[③]第5条规定:“……对于双方当事人在合同中所约定的过分高于违约造成损失的违约金或者极具惩罚性的违约金条款,人民法院应根据合同法第一百一十四条第二款和最高人民法院《关于适用〈中华人民共和国合同法〉若干问题的解释(二)》……第二十九条等关于调整过高违约金的规定内容和精神,合理调整违约金数额,公平解决违约责任问题。”第6条规定:“在当前企业经营状况普遍较为困难的情况下,对于违约金数额过分高于违约造成损失的,应当根据合同法规定的诚实信用原则、公平原则,坚持以补偿性为主、以惩罚性为辅的违约金性质,合理调整裁量幅度,切实防止以意思自治为由而完全放任当事人约定过高的违约金。”第10条规定:“人民法院在计算和认定可得利益损失时,应当综合运用可预见规则、减损规则、损益相抵规则以及过失相抵规则等,从非违约方主张的可得利益赔偿总额中扣除违约方不可预见的损失、非违约方不当扩大的损失、非违约方因违约获得的利益、非违约

① 对应《民法典》第585条。

② 最高人民法院于2009年4月24日颁布,该文件于2009年5月13日生效。

③ 最高人民法院于2009年7月7日颁布,该文件于2009年7月7日生效。

方亦有过失所造成的损失以及必要的交易成本……”

如果将照付不议条款视为违约金约定处理，法院或仲裁员势必需要核查守约方的实际损失等因素，与照付不议条款项下违约方的应付款金额进行比较等，而非直接适用照付不议条款。由此产生的举证责任、损失计算范围等，又将成为双方新的争议焦点问题。例如，是否应当由守约方举证证明自身的实际损失，包括预期利益损失？是否应当由违约方举证证明守约方未能采取合理减损措施从而导致了损失扩大？卖方作为守约方时，其前期投资、贷款利息、人员工资等是否能够纳入实际损失的范畴？如果对违约金进行酌减，如何确定酌减的幅度？因每个案件的特殊因素，相应地，结果可能不同。

笔者认为，应当结合具体语境讨论照付不议条款的性质：[①]在天然气、石油等前期成本巨大的行业中，原则上应当认定照付不议条款为合同义务条款，为合同履行的方式之一；在除此之外的其他行业中，原则上应当认定照付不议条款为违约条款。

五、照付不议合同的司法实践

关于照付不议合同，无论是在西方国家还是在中国，均存在大量不同判决结果的案件：有的支持将照付不议作为第一性的合同义务，并判决实际履行；有的因各种例外而判决无须实际履行照付不议合同。虽然没有准确的统计数字和比例，但根据笔者的从业经验判断，在西方国家，判决实际履行照付不议合同的案件占绝大多数；在中国，判决实际履行的比例则没有西方国家那样高。

不同案件中判决实际履行照付不议合同的理由和论述均大致相似，前文已有涉及。以下部分着重列举否定实际履行照付不议合同的理由和案例。

（一）照付不议条款被认定为违约金约定

在中国，照付不议条款被认定为违约金约定是较为常见的情况，主要法律依据是《合同法》第114条和最高人民法院《关于适用〈中华人民共和国合同

---

① 参见苏力：《语境论——一种法律制度研究的进路和方法》，载《中外法外》2000年第1期。

法〉若干问题的解释(二)》第29条的规定。

在西方国家,同样不乏持类似观点的法官和案例。例如,英国法原则上不承认惩罚性条款的效力:“禁止惩罚性条款是英国法规则,该规则禁止强制执行对违约方进行惩罚的条款。反对惩罚性条款的规则反映了这样的原则:在英国法律中,当事人通常可以自由地违反其在支付赔偿金方面的合同义务,其价值由法院根据既定原则确定。”①

鉴于此,英国高等法院不止一次在判决中认定,照付不议条款在原则上属于不可被强制执行的惩罚性条款。② 因多数跨国能源合同均约定适用英国法,英国高等法院的决定在国际上一直具有典型的代表性和极强的影响力。

(二)因情势变更导致履行照付不议合同被认定为显失公平

最高人民法院《关于适用〈中华人民共和国合同法〉若干问题的解释(二)》第26条规定:“合同成立以后客观情况发生了当事人在订立合同时是无法预见的、非不可抗力造成的不属于商业风险的重大变化,继续履行合同对于一方当事人明显不公平或者不能实现合同目的,当事人请求人民法院变更或者解除合同的,人民法院应当根据公平原则,并结合案件的实际情况确定是否变更或者解除。”

根据上述规定,违约方经常会以市场价格变化过于剧烈为由进行抗辩,比如,由于惩罚性贸易关税的加征在订立合同时是无法预见、非不可抗力造成的,其又不属于商业风险,继续履行合同对于违约方明显不公平或已经不能实现合同目的。判决的最终结果有可能是违约方免于继续履行照付不议条款的责任。

(三)合同履行过程中出现不可抗力

不可抗力通常是指合同一方在订立合同时基于合理的判断所不可预见、不可避免、不可克服的事件。如果不可抗力导致合同一方不能履行合同义务,或

---

① Ben Holland, Phillip Spencer Ashley, “Enforceability of Take-or-Pay Provisions in English Law Contracts-Revisited”, *Journal of Energy &Natural Resources Law* (*IBA*), 31 JERL 205, May 2013, p. 1. 原文为:The rule against penalties is an English law rule that prevents the enforcement of a clause that operates as a penalty against the party in default. The rule against penalties reflects the principle that, in English law, a party is normally free to breach its contractual obligations on payment of damages, the value of which is to be determined by the court applying established principles。

② Ibid.

者造成履行迟延，则该方可以免责，无须对其延误或未履行的义务承担民事责任。

在照付不议合同中，不可抗力条款无疑是一个需要双方在充分谈判后进行详细约定的重要条款。而其中最为核心的内容当数对不可抗力事件范围的界定，背后体现的则是买卖双方的市场谈判地位。

在司法实务中，如果当事人未对照付不议合同的不可抗力条款进行特别约定，下列因素通常不会被认定为不可抗力的范畴：第一，正常损耗或未获适当维护导致的设备故障或设备损毁；第二，缺乏资金支付应付款项；第三，市场变化导致的履约不经济等。

（四）卖方不具备供货能力或卖方的“照供不误”义务已经解除

虽然统称为照付不议合同，但与买方照付不议义务相对应的，是卖方的照供不议义务。也就是说，卖方必须具备持续供货的能力，并严格遵照合同约定的数量不间断地供货给买方。发生争议后，如果买方举证证明卖方实际上不具备供货能力，或者因双方签署补充协议等因素导致卖方的照供不议义务已经解除，裁判结果则将很可能是买方不再需要履行照付不议条款项下的付款义务。

（五）实务案例：光伏巨头英利成功应对照付不议合同索赔

2015 年 11 月 19 日，光伏巨头英利绿色能源集团（以下简称英利）旗下两家子公司在河北省高级人民法院被诉，原告是其德国供应商赛锡科技有限公司（SIC Processing GmbH，以下简称赛锡）及其子公司赛锡科技（保定）有限公司，笔者作为英利的代理人，全程参与了该案件在河北省高级人民法院和双方在最高人民法院上诉后的审理工作。

2009 年 7 月至 2010 年 9 月，英利先后与赛锡签署了 3 份含有照付不议条款的《合作供货协议》。根据约定，赛锡将在保定市投资建设 6 条硅料切割废砂浆回收处理线，并专门为英利提供废砂浆回收处理服务。该 6 条生产线设计年产能 90 000 吨，英利保证以双方同意的价格，提供最低不少于设计产能 80%的废砂浆（后通过补充协议修改为不少于设计产能 90%的废砂浆）并购买由赛锡回收处理后的全部碳化硅、聚乙二醇和预混后的新鲜砂浆。合同期限至 2025 年。

自 2011 年起，国际光伏市场发展状况急转直下，欧盟、美国先后对中国光伏产品采取反倾销、反补贴措施,加征10%至50%不等的特别关税。[①]多晶硅太阳能电池组件的市场销售价格一度跌破生产成本,硅料价格由每千克50美元断崖式下跌至10美元以下。英利连续多年巨额亏损,未能全面履行提供最低产能、购买全部回收碳化硅、回收聚乙二醇和预混新鲜砂浆的承诺。赛锡德国本部更是进入破产程序。

2015年11月,赛锡提起照付不议之诉,起诉金额表面上看起来为3.26亿元人民币,但实际上赛锡在起诉状中表示,受到支付诉讼费能力的限制,“德国赛锡公司暂起诉英利方支付2012年度供给不足赔偿金的全部及2013年的供应不足所产生的赔偿金的一部分”,对于2013年度供应不足赔偿金剩余部分及后续合同期限内的赔偿金,赛锡保留后续提出诉求的权利。一审开庭时,赛锡的代理人进一步表示,计划在本案胜诉后将英利的赔偿金用于支付下一阶段的诉讼费用和律师费用,要求英利赔偿剩余合同期限内的全部金额。如此计算,赛锡的索赔金额超过100亿元人民币。此案如果败诉,英利将直接破产,再无起死回生的余地。

为有效应对此次危机,在笔者的建议下,英利一方面积极应诉,另一方面决定另案起诉,要求立即解除三份《合作供货协议》,以避免赛锡提起第二阶段诉讼而面临过大的敞口风险。如本文所述,照付不议条款原则上应属有效。但得益于《合作供货协议》中关于破产、减损义务等条款的详细约定,以及合同履行过程中产生的一系列特殊情况,河北省高级人民法院和最高人民法院采信了笔者关于案件存在例外情况的主张,判决确认三份《合作供货协议》已经解除,英利无须继续履行照付不议条款的约定,仅需向赛锡支付5900万元人民币作为赔偿金。至此,英利的破产危机被有效消除。在该案中,笔者主张英利无须继续履行照付不议条款约定的主要理由包括:

第一,双方曾于2011年9月签署一份《会议纪要》,约定赛锡不再排他地向英利提供服务,赛锡有权自由支配产能并向第三方提供服务。事实上,赛锡也

① 《2011年光伏“双反”事件回顾》,载北极星太阳能光伏网:http://guangfu.bjx.com.cn/news/20120105/334985.shtml,最后访问日期:2018年12月3日。

承认其曾向包括光为绿色能源科技有限公司在内的多家第三方提供废砂浆回收处理服务、销售回收碳化硅、回收聚乙二醇等。三份《合作供货协议》均约定"当且仅当英利已经将其全部砂浆供应给赛锡保定,同时因市场需求萎缩严重导致英利年硅片产量低于400mW的情况下,英利可被豁免此最小供应量的义务。当英利被豁免时,赛锡保定有权为其他客户进行生产"。因此,在赛锡已经自由支配产能的情况下,继续适用照付不议条款、要求英利单方履行提供最低产能的义务将有违公平原则。

第二,2013年3月1日,赛锡德国本部进入破产程序。2013年5月28日,赛锡科技(保定)有限公司通知英利停止生产与供货。至此,赛锡已经丧失履约能力,无权就此后的照付不议金额向英利提出索赔。同时,根据三份《合作供货协议》的约定,当一方进入破产程序时,另一方有权单方解除合同。

第三,赛锡未能提供有效证据证明其存在任何实际损失。赛锡在合同项下提供的是废砂浆回收处理服务,其前期投入相对有限,后期运营成本主要是厂房租金和水电费,金额亦相对有限。英利在合同项下的已付款金额完全可以覆盖赛锡为履行合同而支出的成本和费用。赛锡不但没有任何损失,相反,其在涉案合同项下已经赚取了丰厚的商业利润。因此,根据中国《合同法》第114条和最高人民法院《关于适用〈中华人民共和国合同法〉若干问题的解释(二)》第29条的规定,英利有权请求法院对赔偿金额进行调整。

第四,赛锡有义务且有能力采取措施防止损失扩大。当英利未能满足最低砂浆量的要求时,赛锡有义务采取适当措施防止损失的扩大,包括向第三方销售货物、提供服务及努力谋求向第三方销售货物、提供服务等。2011年9月签署的《会议纪要》废除了排他性约定,赛锡获得了剩余产能的自由支配权。此后,赛锡先后向多家第三方提供废砂浆回收处理服务,销售回收聚乙二醇等。因此,赛锡有义务采取适当措施防止损失,且完全有能力如此行事。中国《合同法》第119条[①]规定:"当事人一方违约后,对方应当采取适当措施防止损失

① 对应《民法典》第591条。

的扩大;没有采取适当措施致使损失扩大的,不得就扩大的损失要求赔偿……”根据上述规定,赛锡无权就因其不作为而产生的扩大损失向英利索赔。

六、结语及实操建议

照付不议合同以其安全性、稳定性和长期性,在20世纪后半叶发挥了积极的作用,加速了全球范围内天然气、石油等经济行业的发展。进入21世纪后,随着光伏、风电、矿产开发与销售等更多领域对照付不议合同的使用,市场价格剧烈波动、革新技术闪现等意外因素发生的频率越来越高,照付不议合同的合理性再次成为业界关注的焦点。概言之,照付不议合同的合理性必须结合其所服务的具体交易而定。

就实务而言,在企业签署照付不议合同时,笔者建议将如下几个问题纳入考量范围:

第一,加入价格调整与熔断机制,将适应市场变化的价格条款与绝对的付款责任相结合。例如,当原材料价格变化超出一定范围后,合同价格应根据约定的公式或系数进行相应的调整,或者暂时中止履行合同、不利一方有权要求变更合同约定。

第二,合同期限不宜过长,或者可以设置阶段性的解约权。例如,合同期限虽然为20年,但在第8年、第15年时,任何一方有权单方解约。传统天然气领域内的照付不议合同期限一般为20~25年。但从近期的发展趋势来看,少于10年的照付不议合同已经屡见不鲜。

第三,设置最高赔偿(照付不议)限额。在多数照付不议合同争议案件当中,根据赔偿(或付款)金额公式计算得出的数字都非常巨大,甚至骇人听闻。一旦判决要求按照照付不议条款完全履行合同,败诉方基本就要进入破产程序。这样的合同安排,事实上不再有利于社会整体经济的快速发展。建议企业在签署照付不议合同时,既利用好其稳定性带来的商业利益,也设置一个合理的最高赔偿(照付不议)限额,给双方留下应对特殊情况的回旋空间。

国际投资仲裁上诉机制再审视

覃华平*

摘要：投资者与东道国投资仲裁机制近几十年来一方面被广泛运用，另一方面也暴露出一些问题，包括仲裁裁决缺乏一致性、仲裁费用高昂、仲裁程序冗长以及仲裁员缺乏多元性和公正独立性等。国际社会提出了诸多解决方案，包括设立仲裁上诉机制和建立国际投资法庭等。就设立仲裁上诉机制而言，其可行性值得怀疑，不应作为对国际投资仲裁改革的方向。可以通过制定国际统一投资协定范本、组织专家委员会对国际投资条约主要内容进行重述以及提高仲裁员多样性和专业能力方面对国际投资仲裁机制予以完善。

关键词：投资仲裁　ISDS　上诉机制　投资法庭

一、引言

根据联合国贸易和发展会议（United Nations Conference on Trade and Development，UNCTAD）公布的数据，截至 2019 年 2 月，各国签订了大约 2970 个双边投资条约，其中 2367 个处于生效状态；另外还有 383 个其他条约中包含投资条款，生效的有 312 个。[①] 此外，1987 年至 2017 年，共有 855 起投资者与

* 覃华平，法学博士，中国政法大学国际法学院副教授，国际私法研究所副所长。研究方向为国际私法、国际航空法、国际仲裁。本论文得到国家留学基金委员会的资助。

① UNCTAD，"Bilateral Investment Treaties"，Accessed February 6，2019. https://investmentpolicyhub.unctad.org/IIA.

国家之间的投资争议案件得到解决,其中超过半数的案件是在解决投资争端国际中心(International Center for Settlement of Investment Disputes, ICSID)解决的。[①] 从这些统计数据可以看出,一方面,各国对国际投资高度重视,积极签订双边投资条约,促进资本的国际流动,从而带动经济发展。另一方面,投资者与东道国之间的投资争端有快速增长的趋势,1987年只有一起投资争议案件,在之后的五六年时间里为零。而进入21世纪后,投资争议案件呈现逐渐增长的趋势;在2015年达到最高,大约有80起投资争议案件。[②] 需要指出的是,这些争议解决数据是针对投资仲裁而言的,但事实上投资者与东道国之间的投资争议不仅可以通过仲裁的方式解决,还可以通过调解、协商以及东道国行政或司法体制解决。即便是通过国际仲裁解决,由于仲裁的保密性特点,有些仲裁案件可能并未公布。因此上述数据不能完全反映投资者与东道国之间争议的完整情况,其真实数据应该大于上述统计数据。但根据这些数据基本可以判断,仲裁是解决投资者与东道国之间投资争议的重要方式。本文认为导致投资争议案件增加的原因主要有两个:第一,国际投资条约的广泛签订一方面促进了跨境投资的快速发展,另一方面也使争议发生的概率相应增加。目前大约90%的双边投资条约属于第一代双边投资条约,[③]对当代社会面临的环境问题、人权问题等缺乏相应的规定,因此在东道国采取相应的政策或措施以解决这些国际社会问题时,很有可能触及投资者的利益,这就不可避免地导致一些争议的发生。另外,第一代双边投资条约的东道国一般都是发展中国家或欠发达国家,他们在签订条约时主要考虑因素是尽可能吸引外国投资,而较为克制地行使自己作为主权国家的规则制定权,但在经济发展过程中由于情势变化又不愿或不能完全履行这种克制义务,因此也会导致争议的发生。第二,国际社会对

---

① 《世界投资报告 2018》,载联合国贸易和发展会议官网:https://unctad.org/en/PublicationsLibrary/wir2018_overview_ch.pdf,最后访问日期:2019年2月6日。

② 同上。

③ 所谓第一代双边投资条约主要是指缔结于20世纪90年代之前的条约,这些条约主要反映了作为资本输出国的工业化发达国家的需求,强调的是对这些国家投资者与投资的提供实质性保护,包括非歧视原则与公平原则,反对东道国采取征收措施等。

投资者与东道国仲裁机制的熟悉与认可程度的提高也使得投资争议数量增长。这方面尤其得益于 1965 年《关于解决国家与其他国家国民之间投资争端公约》(以下简称《华盛顿公约》)[①]的签订。《华盛顿公约》是在国际复兴开发银行("世界银行")主持下缔结的、为解决一缔约国与其他缔约国国民间的投资争议的多边国际公约,其目的在于为解决国家和外国私人投资者之间的争议提供便利,促进相互信任的气氛,并鼓励私人资本的国际流动。该公约决定在华盛顿成立 ICSID,作为解决缔约国与其他缔约国国民争议和实施公约的常设机构。1966 年,ICSID 成立,具有独立的法人资格,并享有公约规定的特权和豁免权。ICSID 在成立之后的 20 年间都没有案件,自 1987 年才开始管理第一起案件。从后面案件数量的增长来看,ICSID 得到了投资者与国家普遍认可,是目前世界上解决投资者与东道国投资争端的主要机构。近几十年来,国际社会不断对其进行完善,以更好地服务投资者与东道国,促进国际投资的良性流动,在对投资者的保护与促进东道国经济发展之间取得最大平衡。即便如此,投资者与东道国之间的投资仲裁机制在实践中面临来自各方面的检视甚至猛烈批判。为进一步完善该机制,国际社会做了很多努力,这些努力来自各个方面:包括政府间与非政府间的国际组织,前者如 ICSID、联合国国际贸易法委员会(United Nations Commission on International Trade Law, UNCITRAL)、UNCTAD,后者如国际律师协会(International Bar Association, IBA)、国际商事仲裁委员会(International Council for Commercial Arbitration, ICCA)等,以及很多知名的国际仲裁机构。根据 UNCITRAL 第三工作组的调研,目前投资仲裁主要存在以下 3 个问题:(1)投资仲裁裁决的一致性、连贯性、可预见性以及正确性;(2)仲裁员的指定以及仲裁员的公正性与独立性;(3)投资仲裁程序的费用和耗时。针对这些问题,国际社会提出了不同的解决方案,这些方案互相关联,但又侧重不同。针对第一个问题提出的解决方案包括设立投资仲裁上诉机制,本文将针

---

① "Convention on the Settlement of Investment Disputes Between States and Nationals of Other States", accessed August 25, 2019. https://icsid.worldbank.org/en/Pages/icsiddocs/ICSID-Convention.aspx.

对该问题进行论述,探讨该机制是否可行。[①]

二、投资仲裁裁决不一致的样态及成因

一致性,是指在某个法律体系下判决结果具有内在的连贯性和协调性,这种一致性能使法律适用具有可预见性,从而保障法律体系的公信力。相反,如果在相同的法律体系下判决结果互相矛盾,这就会损害法律适用的可预见性,从而导致人们对该法律的怀疑。在国际投资仲裁领域,仲裁裁决的不一致性已经受到广泛关注,很多学者试图通过对有关裁决进行分析找出导致这种不一致的原因,并试图提出解决方案。[②] 有学者将这种不一致性归纳为四种情况:[③]

第一,对相同条约作出不同解释。有些投资保护条约在实践中被多次援引,而不同的仲裁庭在裁决不同案件时可能对同一条约作出不同解释,如《北美自由贸易协定》(North American Free Trade Agreement,NAFTA)和《能源宪章条约》(Energy Charter Treaty,ECT),这两个条约在实践中被多次作为解决投资者与东道国争议的准据法援引。

第二,对不同条约中相同或类似用语作出不同解释。由于很多双边投资条约都是以一定的条约范本签订的,因此在用语方面有相同或类似的现象。在投资仲裁中当事人往往援引之前仲裁庭作出的对自己有利的条约解释结论,但是

---

① UNCITRAL, "Report of Working Group Ⅲ", accessed March 12, 2019. http://undocs. org/en/A/CN. 9/964.

② Gabrielle Kaufmann-Kohler, "Is Consistency a Myth?", in Emmanuel Gaillard and Yas Banifatemi (eds.), *Int' l Arbitration Inst*, *Precedent in International Arbitration*, Juris Publishing, 2008, pp. 137-148; Susan D. Franck, "The Legitimacy Crisis in Investment Treaty Arbitration: Privatizing Public International Law Through Inconsistent Decisions" 73 *Fordham L Rev.* 1521, 2005; Charles N. Brower, Charles H. Brower Ⅱ and Jeremy K. Sharpe, "The Coming Crisis in the Global Adjudication System", 19 *Arb Intl* 415, 2003; ICSID Secretariat, "Possible Improvements of the Framework for ICSID Arbitration, Annex, at 3 (22 October 2004)", Accessed March 12, 2019. https://icsid. worldbank. org/en/Documents/resources/Possible%20Improvements%20of%20the%20Framework%20of%20ICSID%20Arbitration. pdf.

③ Lise Johnson and Lisa Sachs, "Inconsistency's Many Forms in Investor-State Dispute Settlement and Implications for Reform", Accessed March 12, 2019. http://ccsi. columbia. edu/files/2018/11/Inconsistencies_ISDS_Briefing-Note_11. 28. 18. pdf.

国际投资仲裁中尚未确立先例原则,因此各个仲裁庭具有独立解释条约的权力,不受之前裁决的约束,这也导致了裁决不一致。

第三,对东道国就适用条约的意图作出不同解释。在根据 NAFTA 提出的投资仲裁中,这种情况时有发生,这促使美国、加拿大和墨西哥成立了 NAFTA 自由贸易委员会专门就条约有关术语作出有约束力的解释。[①]

第四,国际法或国内法与公众期望不一致导致裁决缺乏一致性。这种不一致性是一个新产生的现象,也是颇具争议的一个问题。公众对环境保护、公共健康、劳工权益以及人权保障等问题日益关注,就可能导致仲裁庭对相应日益复杂的国际法或国内法作出不一致的解释。

IBA 分委员会在 2018 年 11 月发布的报告中也对投资仲裁裁决的不一致情形做了分析。[②] 该报告认为,在投资仲裁中,条约起草者故意将很多法律用语的外延设定得较为宽泛,以使其能够适用于广泛情形,这就为不同的解释打开了“方便之门”。另外在投资仲裁中,当事人可以自由指定仲裁员,组成仲裁庭,将不同的案件置于不同的仲裁机构或仲裁庭管辖,这种非集中性(decentralized)也可能导致裁决的不一致。相较国际贸易以及其他领域仲裁的发展,投资者与东道国投资仲裁发展的历史很短,很多制度尚处于形成和完善当中,这也不可避免地导致裁决缺乏一致性。

此外,国际投资自身的特点也进一步放大了裁决不一致的问题,比如,东道国的某一项措施可能影响来自不同国家的投资者,这些投资者可能根据其母国与东道国签署的双边投资条约提起仲裁,组成不同的仲裁庭。这些仲裁庭可能对同样的措施以及类似的事实问题作出不同的解释,从而作出不同的裁决结果。这种情形加剧了对投资仲裁裁决结果不一致的批判。另外,由于国际投资

---

① NAFTA Free Trade Commission, “North American free Trade Agreement Notes of Interpretation of Certain Chapter 11 Provisions (31 July 2001)”, Accessed February 6, 2019. https://www.iisd.org/pdf/2001/trade_nafta_aug2001.pdf.

② IBA Subcommittee on Investment Treaty Arbitration, “Consistency, efficiency and transparency in investment treaty arbitration (November 2018) 6”, Accessed February 6, 2019. https://www.ibanet.org/LPD/Dispute_Resolution_Section/Arbitration/Default.aspx.

仲裁涉及东道国的国际形象和社会公共利益,甚至还可能涉及东道国官员的政治廉洁问题,因此一旦发生争议,往往受到较多关注,公众要求对投资仲裁程序以及裁决结果予以公布,提高透明度。很多ICSID仲裁裁决在ICSID网站上都能找到详细信息,包括仲裁案件的立案时间、仲裁庭的组成、有关仲裁程序令以及裁决结果等。这些公开的信息一方面满足了东道国国民对政府行为的知情权,另一方面也使仲裁裁决置于广泛监督之下,尤其是很多学者和实务人士对裁决所做的批判性研究,加剧了公众对国际投资仲裁裁决不一致的不满。

一方面,国际投资仲裁裁决不一致遭到强烈批判;另一方面,也有学者提出不一致性是国际投资仲裁所固有的特点。他们认为消除这种不一致性不利于仲裁庭以更精确、更诚实和更透明的方式对案件作出裁决。[①] 不过大部分观点认为对国际投资规则采取一致性的解释是一种理想状态,国际社会应当采取相应的措施达成此目标。在"萨伊博姆诉孟加拉国案"(Saipem v. The People's Republic of Bangladesh)中,虽然仲裁庭并不认为之前其他仲裁庭的裁决对其具有约束力,但认为应当对之前的裁决予以适当参考(due consideration),并明确表示确保裁决的一致性是仲裁庭的职责,是实现国际社会(包括国家和投资者)对法治确定性正当期望的必然要求。[②] 但是这种观点也远未获得一致认可,在"伯灵顿资源诉厄瓜多尔案"(Burlington Resources v. Ecuador)中,该仲裁庭的首席仲裁员和"萨伊博姆诉孟加拉国案"仲裁员为同一个人,即加布里埃尔(Gabrielle Kaufmann-Kohler)教授,但是该仲裁庭就裁决一致性问题并未能达成一致观点,作为边裁之一的布丽奇特(Brigitte Stern)教授明确表示她的职责是根据案件自身的情况作出裁决,而不受制于任何明显的判例法发展趋势的

---

① See Thomas Schultz, "Against Consistency in Investment Arbitration", in Zachary Douglas, Joost Pauwelyn, and Jorge E Vinuales (eds.), *The Foundations of International Investment Law: Bringing Theory into Practice*, Oxford University Press, 2014.

② *Saipem SpA v. The People's Republic of Bangladesh*, Decision on Jurisdiction, 21 March 2007, ICSID Case No. ARB/05/07, 67.

影响。[①]

综上可见,对国际投资仲裁裁决不一致的正当性问题的讨论远未结束,并可以预见该讨论在未来很长一段时间内还将继续。本文认为消除这种不一致性是不可能的,也不符合仲裁的基本理念,我们只能在适当的范围内控制不合理的不一致性。

三、应对投资仲裁裁决不一致的救济机制

目前国际投资仲裁大致可以分为 ICSID 仲裁与非 ICSID 仲裁,ICSID 仲裁有其自成体系的机制,包括救济机制与裁决的执行机制,而非 ICSID 仲裁主要是通过国际知名仲裁机构进行管理的仲裁,当事人在这种情况下享有的救济机制主要依靠仲裁地法院和裁决执行地法院提供。

(一)ICSID 仲裁的救济机制

如前所述,目前大部分投资仲裁都是在 ICSID 进行的,根据《华盛顿公约》,当事人就裁决享有如下救济机制:

第一,请求对裁决作出解释。根据《华盛顿公约》第 50 条之规定,当事人可以请求 ICSID 秘书长对裁决作出解释。

第二,请求对裁决进行审查。《华盛顿公约》第 51 条规定,裁决作出后,如果当事人发现某些事实可能会实质性地影响裁决结果,那么该当事人可以请求对裁决进行审查,只要这些事实在仲裁庭作出裁决时不为仲裁庭或申请人所知悉,或者申请人对该事实不知情并非出于其疏忽。

第三,请求撤销仲裁裁决。根据《华盛顿公约》的规定,当事人在满足下列情形之一时可以请求秘书长撤销仲裁裁决:(1)仲裁庭的组成不恰当;(2)仲裁庭明显超越权限;(3)仲裁庭成员具有腐败行为;(4)仲裁程序严重背离根本的程序规则;(5)裁决未能陈述据以作出的理由。

需要注意的是,无论是对裁决进行解释还是审查,抑或请求撤销,在性质上

---

① *Burlington Resources v. Ecuador*, Decision on Liability, 14 December 2012, ICSID Case No. ARB/08/5, 187.

都不属于对裁决进行上诉。在对裁决作出解释或审查时,如果秘书长同意申请,该解释或审查应当由作出裁决的仲裁庭进行。事实上,在实践中请求该救济的案件数量非常有限。① 对于撤销裁决,则应当组成新的三人特设委员会对裁决进行审查,特设委员会成员应当从ICSID仲裁专家名单中指定。审理的结果可能导致裁决部分或全部被撤销,也可能维持仲裁庭的裁决。在裁决被部分或全部撤销时,裁决相应地被认定为无效,该争议应当提交新的仲裁庭裁决。另外,在撤销程序中,特设委员会不得对裁决的事实问题进行审理,也就是说,只能就公约规定的撤销事由进行审查。事实上,该撤销程序设置的初衷就是为了确保仲裁程序的完整性与正当性。② 可以说,ICSID有其自成体系较为完善的争议解决机制,该机制随着实践的发展也在不断地改革完善。

(二)非ICSID仲裁的救济机制

尽管绝大部分投资者与东道国投资仲裁是通过ICSID解决的,但是也有一部分案件当事人选择在国际商会(International Chamber of Commerce,ICC)、瑞典斯德哥尔摩商会仲裁院(Arbitration Institute of the Stockholm Chamber of Commerce,SCC)以及常设仲裁法院(Permanent Court of Arbitration,PCA)解决争议,或者组成临时仲裁庭根据UNCITRAL仲裁规则解决争议。这些仲裁机构的仲裁规则和UNCITRAL仲裁规则都没有设置内部上诉程序,仲裁裁决属于一裁终局,也就是说,当事人不可能就事实问题提起上诉,当事人享有的救济机制主要是请求仲裁地法院撤销裁决。与ICSID仲裁不同,在这些仲裁机构或根据UNCITRAL仲裁规则进行临时仲裁需要确定仲裁地,仲裁地的法院对撤销裁决具有管辖权。各国规定撤销裁决的事由虽不完全相同,但一般来说属于程序性的,并且没有对仲裁裁决的当事人进行区分,从这个角度来看,投资者与东道国的投资仲裁此时具有很强的商事仲裁特征。鉴于《UNCITRAL仲裁示

---

① Lucy Reed, Jan Paulsson and Nigel Blackaby, *Guide to ICSID Arbitration*, Kluwer Law International, 2011, pp. 160-162.

② Ibid., p. 162.

范法》在世界范围内得到的广泛认可,其规定的撤销裁决的事由值得参考:[①](1)提出申请的当事人提出证据,证明有下列任何情况:①第7条所指仲裁协议的当事人有某种无行为能力情形,或者根据各方当事人所同意遵守的法律或在未指明法律的情况下根据本国法律,该协议是无效的;②未向提出申请的当事人发出指定仲裁员的适当通知或仲裁程序的适当通知,或因他故致使其不能陈述案情;③裁决处理的争议不是提交仲裁意图裁定的事项或不在提交仲裁的范围之列,或者裁决书中有对提交仲裁的范围以外事项的决定;如果对提交仲裁的事项所做的决定可以与对未提交仲裁的事项所做的决定互为划分,仅可以撤销含有对未提交仲裁的事项所做的决定的那部分裁决;④仲裁庭的组成或仲裁程序与当事人的约定不一致,除非此种约定与当事人不得背离的本法规定相抵触;无此种约定时,与本法不符。(2)法院认定有下列任何情形:①根据本国的法律,争议事项不能通过仲裁解决;或②该裁决与本国的公共政策相抵触。将该条规定与《承认及执行外国仲裁裁决公约》(以下简称《纽约公约》)关于拒绝承认与执行外国仲裁裁决的事由进行比较发现,两者基本是一致的,审查的内容基本属于程序性事项,不涉及实体问题的审理,从而保证仲裁裁决的终局性。

综上可见,在国际投资仲裁领域,当事人只能就仲裁程序问题提出救济,不得对实体问题申请再审,也没有所谓的上诉机制可供援引;正是在这种背景下,有人提出了设立上诉机制的方案。那么仲裁程序中的上诉机制能否解决裁决不一致的现象呢?其可行性有多大?本文将进一步对此进行论述。

四、上诉机制的合理性与可行性研究

在投资仲裁中设置上诉机制的讨论并非这一两年才开始的,早在2004年ICSID改革其程序规则时就正式提出设置上诉机制的建议,但该建议并未得到ICSID成员国的积极支持,因此只能作罢。2018年ICSID在其修改建议中没有

---

① 联合国国际贸易法委员会:《国际商事仲裁示范法》第34条第2款,载联合国国际贸易法委员会官网:https://www.uncitral.org/pdf/chinese/texts/arbitration/ml-arb/ml-arb-c.pdf,最后访问日期:2019年2月6日。

再次将设置上诉机制作为改革议案提出，但是关于该问题的讨论一直在持续。[①] 归纳起来，设立上诉机制的模式主要有两种：一是在双边投资条约中设立仲裁上诉机制，该机制约束的对象比较固定，就是双边条约的东道国和另一缔约国的投资者；二是设立多边投资仲裁上诉机制，该机制为常设性的，可以解决所有投资者与东道国之间的投资争议。无论是常设性上诉机制还是临时性上诉机制，其审理的对象都是仲裁裁决。尽管学者们对设立上诉机制提出了诸多建议和议案，论证其合理性与可行性，但是本文认为设立投资仲裁上诉机制无论是从法理上还是从实践上均不可能实现其设立目标，不具有可行性。[②]

（一）仲裁裁决的终局性问题

一裁终局是仲裁的一个基本原则，也是相对诉讼而言的一大优势，其目的是使争议能够得到快速低廉地解决。该原则在《纽约公约》《UNCITRAL 仲裁示范法》《ICSID 公约》以及国际主要仲裁机构的仲裁规则中得到了充分肯定。该原则也被世界各国所广泛认可，这从《纽约公约》和《ICSID 公约》缔约国的数量以及世界各国国内仲裁立法对《UNCITRAL 仲裁示范法》的广泛参考可以证明。在投资仲裁中，投资者对一裁终局原则也高度认可，认为该原则是国际仲裁的一个基本特征。[③] 当然一裁终局并不意味着无视裁决的一致性与正确

---

① 讨论该问题的文献不少，2015 年后发表的具有代表性的文章是：Gabrielle Kaufmann-Kohler and Michele Potestà，"Can the Mauritius Convention serve as a model for the reform of investor-State arbitration in connection with the introduction of a permanent investment tribunal or an appeal mechanism? Analysis and roadmap"，Accessed February 8，2019. http://www. Uncitral. org/pdf/english/commissions/unc/unc－49/CIDS－Research_Paper_－_can－the－mauritius－Convention－serve－as－a－model. pdf.

② 当然也有很多学者对设立投资仲裁上诉机制持否定态，具体可以参考 Jean E. Kalicki and Anna Joubin-Bret（ed.），Brill Nijhoff，"Reshaping the Investor-State Dispute Settlement System"，*Journeys for the 21st Century*，2015.

③ Loukas Mistelis and Emilia Onyema，"International Arbitration：Corporate Attitudes and Practices"，Accessed February 8，2019. http://www. arbitration. qmul. ac. uk/media/arbitration/docs/IAstudy_2006. pdf；*Loukas Mistelis and Rutger Metsch*，"2015 International Arbitration Survey：Improvements and Innovations in International Arbitration"，Accessed January 29，2019. http://www. arbitration. qmul. ac. uk/media/arbitration/docs/2015_International_Arbitration_Survey. pdf >；Stavros Brekoulakis and Adrian Hodis，"2018 International Arbitration Survey：The Evolution of International Arbitration"，Accessed January 29，2019. http://www. arbitration. qmul. ac. uk/media/arbitration/docs/2018International－Arbitration－Survey－report. pdf.

性;事实上,投资仲裁中的东道国或公众对裁决的正确性更为关注。那么裁决的一致性与正确性是同一个问题吗?它们是否可以通过设立仲裁上诉机制实现呢?本文认为值得商榷。

就裁决的一致性与正确性而言,这属于性质不同的两个问题。如前所述,一致性是指在相同的法律体制下,就相同的案件作出同样的裁决。在不考虑裁决作出者的情况下,一致性的实现需要一定的前提条件,那就是相同的法律和相同的案件事实。但是在国际投资中,目前并不存在像 WTO 体制下相对统一的法律制度,这从目前多达 3000 多个投资条约可见一斑,这说明国际投资法律体系具有碎片化特征,这主要是各国经济发展程度和投资环境的不同造成的。相同的法律制度作为一致性的前提之一,在国际投资仲裁中是不具有普遍性的,因此不可避免地导致裁决不一致。在国际投资仲裁中,招致广泛批评的关于裁决不一致的案件主要涉及阿根廷。① 阿根廷在 2001 年遭遇重大经济危机,政府采取了一系列措施应对危机,从而大范围引发了投资争议。② 在这些案件中,阿根廷提出的主要抗辩事由是国家危急免责,但是不同仲裁庭作出了不同裁定。之后阿根廷对几个裁决提出撤销请求,但均被特设委员会驳回。③ 在这几个案件中,阿根廷依据的撤销理由是仲裁庭的组成不当,但是特设委员会却保持了决定的一致性,认为其无权审查案件可能涉及的实体问题。不过特设委员会的决定和推理却遭到了批判,认为其没有很好地行使《ICSID 公约》第 52 条规定的审查职能,在一定程度上混淆了撤销和上诉职能的根本区别。④ 另外,投资条约中的有些法律用语本身就不易达成一致解释,如公平待遇原则

① 有学者将该问题纳入投资仲裁"平行程序"中讨论,认为裁决不一致的现象是由于平行程序导致的。参见肖军:《规制冲突裁决的国际投资仲裁改革研究——以管辖权问题为核心》,中国社会科学出版社 2017 年版,第 23~24 页。

② 根据 ICSID 统计,目前有 50 件仲裁案件是针对阿根廷提出的,大部分已经结案。参见解决投资争端国际中心网:https://icsid. worldbank. org/en/Pages/cases/AdvancedSearch. aspx,最后访问日期:2019 年 3 月 10 日。

③ 如 ICSID Case No. ARB/03/17,Case No. ARB/03/23,Case No. ARB/03/19。

④ Ba Duong (Donny) Trinh,"Arbitral Tribunal Not Properly Constituted: What is the Role of an ICSID Committee?",Accessed March 10,2019. http://arbitrationblog. kluwerarbitration. com/2019/02/14/arbitral-tribunal-not-properly-constituted-what-is-the-role-of-an-icsid-committee/.

(Fair and Equitable Treatment)、充分保护与保障原则(Full Protection and Security)、透明度原则(Transparency)、武断与歧视(Arbitrary and Discrimination)等。这些法律概念外延丰富,往往需要结合案件的具体情况进行解释。其实缔约国在缔结有关条约时也未必不清楚这些概念在实践中可能导致不同的解释,但是为了尽可能涵盖实践中可能发生的情形,有意选择这些较为宽泛甚至模糊的法律概念。这种立法技巧一方面反映了国际投资实践发展的需要,另一方面也导致了不同仲裁庭可能作出不同的解释,从而产生裁决不一致的情形。

裁决不一致是否意味着裁决不正确呢?或者反过来说,裁决一致是否就是正确的呢?本文认为不能简单地做肯定回答。裁决正确与否应当根据个案判断,需要检视的问题包括案件事实是否清楚、证据是否确凿、法律适用是否正确,而这些标准往往具有一定的主观性,在一定程度上取决于当事人律师的抗辩能力以及对仲裁庭的影响力,当然仲裁员自身的能力也会影响其裁决的作出。那么在这种情况下,很难将不同仲裁庭作出的裁决进行横向比较,从而得出哪个裁决是正确的、哪个是错误的;也就是说,裁决不一致并不必然缺失正当性,裁决一致也不必然说明裁决是正确的。从前述特设委员会对阿根廷撤销请求的决定就可以看出,一致的决定并不意味着免受挑战。而设立上诉机制的目的是想解决裁决的不一致性,从而实现裁决的正确性。那么在目前国际投资法体系下,即便存在上诉机制,也很难说审理上诉的法官或仲裁员能作出所谓正确的裁决。另外上诉审的法官或仲裁员无论是专职的还是临时的,都面临任职资格的问题。如何确保这些人士具有比现有仲裁员的水平更高,更有能力作出所谓正确的裁决,恐怕并非易事,因为目前活跃在国际投资仲裁界的仲裁员普遍都具有较高的法律水平与专业素养。如果上诉机制能制定出一套更先进、更完善的选择法官或仲裁员的机制,那么该机制事实上可以直接用于解决目前导致投资仲裁被批评的一个问题,即仲裁员的指定与任职资格,而无须再大动干戈地设立仲裁上诉机制。正如"IBA 2018 年报告"所指出的,"常设的或半常设的上诉机制并不能确保条约解释的精确性",其他机制,如国家之间设立的有约束力的联合解释机制也可能会取得裁决的一致性和精确性。[①] 因此，解决问题的关键是要找到导致问题产生的根本原因。导致目前仲裁裁决缺乏一致性的根本原因是国际投资条约体系的分散性、碎片化和重叠性，要从根本上解决问题各国应当将其旧的双边条约予以现代化，要么修订，要么重新签订。[②]

由此可见，仲裁上诉机制并不一定能取得其设立的主要目标，即裁决的一致性与正确性，但是该机制却有可能对投资仲裁产生其他负面影响。比如，败诉的一方当事人可能利用上诉机制拖延程序，使仲裁裁决无法得到执行，从而使本已遭遇诟病的冗长昂贵的投资仲裁雪上加霜。另外，上诉机制还有可能迫使投资者放弃仲裁，转而诉诸东道国国内救济或者其他争议解决渠道（如欧盟力推的国际投资法院），这从长远来看不利于投资仲裁的发展，最终的结果是影响投资者的积极性，不利于资本的国际流动，也就不利于东道国经济的发展，使国际投资陷入恶性循环。

（二）上诉机制对当事人意思自治的限制

意思自治是仲裁的另一个基本原则，相对诉讼而言，仲裁当事人享有高度自治权，包括是否将争议提交仲裁，选择临时仲裁还是机构仲裁，选择仲裁地、仲裁语言，指定仲裁员，选择仲裁程序规则等。但是在目前设计的上诉机制中，当事人将丧失选择仲裁员的权利，对仲裁地或程序规则也可能没有选择的余地。对当事人，尤其是对投资者来说，上诉机制完全不同于仲裁，该机制具有强烈的司法特征，而当事人之所以选择仲裁，其目的就是想避免司法中东道国太强的主权特性，使其争议能通过民间的、相对平等的方式得以解决。因此上诉机制的设立有悖仲裁的另一基石，即当事人意思自治原则。

（三）上诉机制设想尚未取得国际社会广泛认可

美国在 2002 年《两党贸易促进授权法案》（Bipartisan Trade Promotion

---

① IBA Subcommittee on Investment Treaty Arbitration（n 36）29-30. 不过 UNCITRAL 第三工作组认为在条约开始执行后缔约国很少也很难再作出联合解释，载 https://undocs. org/en/A/CN. 9/930/Add. 1/Rev. 1，最后访问日期：2019 年 1 月 8 日。

② UNCITRAL Working Group Ⅲ Secretariat，"Possible Reform of Investor-State Dispute Settlement（ISDS）：Consistency and Related Matters"（August 28，2018）para. 30.

Authority Act of 2002)中要求政府在进行贸易协定谈判时应当加入关于建立“旨在提供对贸易协定中的投资条款做出协调一致解释的上诉机制或类似机制”的条款。[①] 该法案这一要求在美国随后缔结的一些自由贸易协定中得到了体现。另外,美国《2004 年双边投资协定范本》(2004 US Model BIT)通过附件 D 再次重申了这一要求,根据该附件,美国要求在双边投资协定生效之日起 3 年内,双方应当就投资者与东道国争议解决条款考虑设置上诉机制。[②] 美国这一做法似乎对其他国家也有影响,如 2015 年中国和澳大利亚签订的《中澳自由贸易协定》中就有类似条款,要求缔约双方在协定生效后 3 年内启动关于建立双边上诉机制的谈判。[③] 然而有意思的是,美国在其《2012 年双边投资协定范本》(2012 US Model BIT)中将附件 D 予以删除,从而改变了之前要求设立投资者与东道国争议解决上诉机制的做法。[④] 换句话说,美国在谈判双边投资协定时,并不要求其他国家考虑设置双边上诉机制。但是对于多边上诉机制,美国 2012 年范本与 2004 年范本一样,如果国际社会将来能够设置这样的多边上诉机制,要求缔约方考虑将争议解决置于多边上诉机制之下。[⑤] 由此可见,美国已经放弃了设置双边上诉机制的想法,但是对多边上诉机制依然抱有期望。[⑥] 然而美国在 2018 年 11 月 30 日签署的《美国—墨西哥—加拿大协定》(United States-Mexico-Canada Agreement,USMCA)[⑦]中,似乎偏离了其 2002~2012 年关于设立双边或多边上诉机制的实践,与 2012~2016 年在 TPP 中的做法也不一致,主要表现在:第一,USMCA 对是否设立上诉机制审查仲裁庭就协议项下投资者与东道国争议作出的裁决未作规定;第二,USMCA 对是否就设立再审

① Bipartisan Trade Promotion Authority Act of 2002,19 USC § 3801-3813 (West Supp 2003).

② 2004 US Model BIT, Annex D, Accessed January 8, 2019. https://www.state.gov/documents/organization/117601.pdf.

③ 《中澳自由贸易协定》第 9.23 条。该协定于 2015 年 6 月 16 日签署,于同年 12 月 20 日生效。

④ 2012 US Model BIT, Accessed January 8, 2019. https://ustr.gov/sites/default/files/BIT%20text%20for%20ACIEP%20Meeting.pdf.

⑤ 2004 US Model BIT, Article 28.10;2012 US Model BIT, Article 28.10.

⑥ 美国在进行《跨太平洋伙伴关系》(TPP)的谈判时也不要求就该 TPP 本身设置上诉机制,而是考虑是否能设立一个多边上诉机制。不过美国已于 2017 年 1 月 30 日宣布退出 TPP。

⑦ 该协议的目的是取代 NAFTA,尚未生效。

机制进行谈判未作要求,也未有鼓励;第三,USMCA 偏离投资仲裁最显著的规定是取消了美国和加拿大之间投资者与东道国投资仲裁的做法,对于美国和墨西哥之间投资者与东道国的投资仲裁也做了明显限制。从美国关于投资仲裁的实践来看,我们似乎可以得出以下结论:美国对目前投资仲裁的实践并不满意,其试图通过设立投资仲裁上诉机制以消除其不满,但似乎这种努力并没有达到其目的,因此转而试图在更大程度上否定投资仲裁。

相对于美国的做法来说,欧盟似乎更激进。① 欧盟委员会试图通过设立一个多边投资法院(包含上诉机制)来取代现有的投资者与东道国投资仲裁机制。② 尽管欧盟在其与其他国家的投资协定谈判中都试图加入该内容,③但是并没有明确使用"投资法庭"(Investment Court)这样的字眼。事实上,是采用"投资法院"还是"仲裁庭",不仅是名称上的问题,它还关涉判决或裁决的执行问题。如果是"投资法院"作出的判决,该判决是否能够依据 1958 年《纽约公约》在缔约国得到执行? 考虑到执行上可能存在的困难,欧盟提出设立"多边上诉仲裁庭"(Multilateral Appeals Tribunal,MAT)的概念,以暂时取代"多边投资法庭"的说法。但是无论如何,这些所谓的多边机制的运转都取决于有多少其他国家参与,否则很可能沦为双边救济机制。

此外,作为国际上解决投资者与东道国投资争议的主要国际机构,ICSID 也在积极探索如何保障仲裁裁决一致性。早在 2004 年,ICSID 在其公布的《ICSID 仲裁机制改革公开讨论稿》中就包含了设立上诉机制的建议,但是成员国认为讨论该建议为时尚早。④ 2018 年,ICSID 再次公布《ICSID 仲裁机制改革讨论稿》,但是此次没有包含设立上诉机制的建议。ICSID 秘书长解释,关于

---

① 比如,在与日本进行自由贸易协定谈判时,欧盟委员会表示:对欧盟而言,ISDS 已经"死亡"。建立多边投资法院是其在所有欧盟协议中的诉求。

② European Commission,"The Multilateral Investment Court Project", Accessed January 24, 2019, http://trade.ec.europa.eu/doclib/press/index.cfm? id=1608.

③ The concluded EU's FTAs with Canada, Mexico, Singapore and Vietnam. The European Commission is negotiating similar agreements with Chile, China, Indonesia, Japan, Malaysia, Myanmar and the Philippines.

④ Meg Kinnear, "Appeal, Review, Annulment... What's it all about?", Accessed January 8, 2019, http://isdsblog.com/2015/10/23/icsid-guest-post-appeal-review-annulment-whats-it-all-about/.

设立上诉机制的愿望在成员国中并未取得充分一致。①

从美国、欧盟以及ICSID的实践可以看出,国际社会关于设立上诉机制的建议不仅没有达成一致意见,似乎还有放缓之趋势。本文认为,之所以出现这种情况,是因为上诉机制具有以下缺陷或问题:第一,上诉机制违背了仲裁的一些基本原则和理念,如一裁终局和当事人意思自治等,模糊了仲裁与诉讼的界限。第二,在目前国际投资法律体系碎片化的状态下,上诉机制不仅无法取得裁决的一致性,更不可能保障裁决的正确性,这将导致设置该机制的目的落空。第三,可能导致争议解决更加耗时昂贵,在有上诉机制可以求助的情况下,败诉一方当事人无论出于何种目的,往往都会选择上诉。这种情况可能在商事争议中不太可能出现,因为商事主体的目的是逐利,但是在投资仲裁中,如果东道国败诉,不上诉似乎无法给公众一个满意的交代,似乎说明政府或政府有关官员在案件中有渎职行为,甚至让人怀疑是否存在腐败行为,东道国唯有通过上诉机制证其清白。第四,上诉机制的设立本身也面临诸多困难。设置双边上诉机制的建议基本不会得到采纳,因为该机制和临时仲裁庭的功能基本一致,仅就个案根据某个特定的双边投资条约作出裁决,无法实现裁决在世界范围内的一致性。多边上诉机制面临更多挑战;其设立的前提是能得到世界各国的普遍认可,而这一点非常困难。从ICSID已被签署、批准、生效以及到正式受理案件的过程就可以看出,一个多边机制要得到世界的普遍认可是一个漫长的过程,而ICSID得到认可还有赖于世界银行的有力支持。而目前所谓的多边上诉机制似乎并没有这样的政府间组织作为基础,其得到认可的过程必将更加困难。此外,该机制还涉及诸多法律上的障碍,如该机制作出的决定在性质上属于仲裁裁决还是法院判决,根据什么法律承认与执行,是否还有撤销机制,该机制是否具有独立法律人格,是否享有豁免,是常设的还是临时的,仲裁员或法官的指定程序能否体现当事人尤其是投资者的意思,他们应当具备怎样的任职资格,等

① Crina Baltag, "Interview with Meg Kinnear, Secretary General of the International Centre for Settlement of Investment Disputes", Accessed January 8, 2019. http://arbitrationblog.kluwerarbitration.com/2018/04/15/updates-from-the-icsid-interview-with-meg-kinnearsecretary-general-of-the-icsid.

等。由此可见,设立上诉机制产生的问题远比它能解决的问题多,因此,其可行性是相当值得探讨的。

五、促进仲裁裁决一致性的建议

国际社会为促进投资仲裁裁决一致性所作的探讨和提出的建议是值得肯定的,无论是设立上诉机制,还是成立国际投资法庭,都有其合理性。但如前所述,这些改革措施尚且无法达成广泛认可。诚然,解决投资仲裁裁决不一致问题绝非易事,但是我们绝不能完全否定投资仲裁的积极作用,抛弃投资仲裁。我们需要做的是采取一切可行措施,尽量弥补其缺陷,为此,本文认为可以从以下几个方面对投资仲裁制度予以完善。

(一)制定统一的投资协定范本

如前所述,导致投资仲裁裁决缺乏一致性的主要原因是仲裁庭对不同投资协定中的法律用语作出不同解释。在目前存在3000多个双边投资协定或多边条约的情况下,这种情况不可避免。这些条约签订的时间可能不同,有所谓的第一代双边投资协定,也有所谓的现代投资协定,因此即便这些条约的用语一致,但是由于其签署的历史背景不同,可能具有不同的意思。要想较为彻底地解决该问题,最佳的办法是各国对现有双边投资协定进行修订,签署内容一致的投资协定。但是显然这是一种理想状态;而各国由于经济发展水平不同,法律环境和制度存在差异,对外资的需求也不一样,因此不可能签署内容完全一致的投资协定。不过这不影响国际社会就双边投资协定提供示范范本,这种做法绝非新鲜事物,如美国不定期地更新其双边投资协定范本。当然美国提供的范本主要是从其本国立场出发,不具有普遍代表性。要在国际范围内制定投资协定范本,有关国际组织可以发挥其作用。比如,UNCITRAL就国际商事仲裁制定了示范法,该示范法得到世界各国的广泛认可,在很大程度上作为各国国内仲裁立法的蓝本。在这方面取得显著成果的还有UNIDROIT制定的《国际商事合同通则》等。在国际投资法领域,UNCTAD一直致力于对国际投资的研究,因此可以担负起该任务,制定双边投资协定范本,当然条件成熟时可以拟定多边投资条约,如同国际社会通过谈判达成的WTO协定一样。UNCTAD制定的范本对成员国不具有法律约束力,仅供参考,但是由于该范本是基于对各国投资环境以及全球投资趋势的实证研究拟定的,因此它具有广泛的代表性,也容易为世界各国所接受。

(二)双边投资协定重述

虽然解决裁决不一致最理想的方法是签订统一的投资协定,避免国际投资法律体系碎片化现象,但是显然在短时间内还无法实现该目标。不过这不影响国际社会对现有双边投资协定中的主要法律条文作出相对统一的解释,只是该解释工作应由国际组织统一行使。具体设想类似于美国的"法律重述",我们知道美国是判例法国家,为了对司法实践进行总结,并对法理发展趋势进行预测,美国法学会组织专家学者对司法判例和有关学说理论进行梳理并归纳总结,即所谓的重述。虽然该重述不属于立法,也并非司法,不具有法律约束力,但它对司法实践的指导意义非常重大,不容忽视。那么在国际投资仲裁领域,也可以设立一个专家委员会对投资协定中普遍适用的规定或法律用语作出解释,该解释应当建立在对有关仲裁裁决进行梳理分析基础之上,并形成类似于指南的文献,供仲裁庭在实践中参考。尽管这种指南本身对仲裁庭不具有法律约束力,但是由于其结合仲裁实践和专家委员会的专业知识,因此具有很强的说服力,仲裁庭在实践中如果要背离该指南,应当予以充分的说理。如前所述,虽然在投资仲裁领域没有先例制度,但是仲裁庭在实际审理案件时往往会对之前仲裁案件的说理予以参考,投资者与东道国的律师也不会忽视之前裁决的推理,往往选取对自己有利的裁决或推理提供给仲裁庭。因此,在这种背景下,对投资协定进行重述是可能的,该工作依然可以由UNCTAC牵头,这为其制定投资协定范本也是大有裨益的。其实,对双边投资协定进行解释也早有实践,如美国、加拿大和墨西哥就NAFTA的解释成立了贸易协定解释委员会,并且该委员会作出的解释对投资者与东道国具有约束力。需要注意的是,UNCTAC成立的专家委员会在人选方面应当考虑以下因素:专家应当具有很高的国际法水平,熟知条约解释方法,具有地域、法律教育以及性别的多元性。

(三)加强仲裁员职业道德规范

正所谓仲裁的好坏取决于仲裁员的好坏,因此各国都要求仲裁员公道正派和公正独立,要求仲裁员对可能影响其公正性与独立性的情形予以披露。在投资仲裁领域,仲裁员缺乏多元性引起广泛重视,甚至遭到批评。[①] 缺乏多元性主要表现在仲裁员国籍主要集中在欧洲和北美,某些仲裁员被多次指定从而表现出一定的情感偏向性(如投资者友好型或东道国友好型)。另外,仲裁员身份的多重性和随时转换性也遭遇批评,这主要是因为国际投资仲裁中很多仲裁员兼具律师身份,他们可能在 A 案中担任仲裁员,但同时在 B 案中担任律师,这种身份的重叠和角色的交错可能会影响他们在仲裁中的立场与倾向,从而对投资条约作出具有倾向性的解释,背离条约法解释规则,因为在 A 案中裁决结果可能影响 B 案的结果,这无疑会影响案件裁决的正确性和一致性。鉴于此,UNCITRAL 第三工作组提出加强仲裁员职业道德规范的建议,提高仲裁员的公正性与独立性。[②] 此外,目前国际社会对仲裁员的专业素养没有明确规定,这可能也是导致仲裁裁决不一致的一个原因。投资仲裁与一般的商事仲裁不同,它不仅涉及对投资者与东道国政府或机构签订的投资合同的解释,还涉及对国际条约的解释,前者需要仲裁员具备合同法知识,后者需要其具备扎实的国际法知识,特别是国际公法中关于条约法和国家责任方面的专业知识。此外,由于投资争议往往涉及基础设施建设(包括航空、铁路、公路和桥梁建设等)、能源开采以及大型工程等,这需要仲裁员具备对这些领域争议特点足够了解的能力,并在必要时进行现场勘察等。由此可见,国际投资仲裁对仲裁员专业能力的要求往往要高于一般国际商事仲裁的要求。这进一步增加了实现国际投资仲裁裁决一致性目标的难度。

---

① UNCITRAL,"Report of Working Group Ⅲ, A/CN. 9/WG. Ⅲ/WP. 152", paras. 19-26, Accessed January 8, 2018. https://undocs. org/A/CN. 9/WG. Ⅲ/WP. 151.

② UNCITRAL,"Report of Working Group Ⅲ, A/CN. 9/WG. Ⅲ/WP. 151", Accessed January 8, 2019. https://undocs. org/A/CN. 9/WG. Ⅲ/WP. 151.

六、结论

一方面，投资者与东道国投资仲裁机制在较短的历史发展过程中取得如此广泛的认同实属不易，也说明该机制基本符合投资者与东道国利益，在一定程度上保障了资本的跨境流动，促进了东道国经济发展。另一方面，该机制在运用过程中也暴露出一些问题，如裁决不一致、仲裁费用较高以及仲裁程序冗长等。导致这些问题的原因是多方面的，既包括国际投资法律体系本身存在的问题，也包括仲裁制度基本原则和固有特征所可能产生的问题。为解决这些问题，国际社会提出了诸多解决方案，包括设立仲裁上诉机制、建立多边投资法庭、优化仲裁程序、改进仲裁规则、提高仲裁员的职业道德水平和专业素养等。毫无疑问，这些方案都具有一定的合理性。但是在决定采取何种解决方案时，不仅要考虑其合理性，还要考虑其可行性，即新的方案所带来的成效应当大于其可能产生的负面影响，这种方案才应纳入考量范围。与此同时，仲裁之所以成为替代诉讼解决争议的一种方式，是因为它与诉讼具有一些本质区别，包括其裁决的终局性与当事人的意思自治，那么在对投资仲裁进行改革时不得完全抹杀仲裁的基本特性，使其具有明显的诉讼特征。因此设立仲裁上诉机制绝非良方，不具有可行性。同时还应当认识到投资仲裁与商事仲裁的不同，表现在两者涉及的主体、援引的法律依据以及涉及的争议性质等方面，因此在商事仲裁中可由当事人自由约定的一些事项可能在投资仲裁中并不具有可行性。对于建立国际投资法庭，本文认为该机制是相对仲裁独立存在的诉讼机制，与仲裁不冲突，完全可以与仲裁并存。但是我们也要看到，设立多边投资法庭并非易事，其主要问题包括参与国的数量与判决的执行等，当然在诉讼机制下设立上诉程序则毫无问题，不过这种情形势必增加当事人的诉讼费用和时间成本，如果该机制不具有其他突出优势，则很难取代仲裁成为当事人的首选，不过国家在投资协定中直接排除仲裁而约定诉讼则是另一种争议解决模式。

因此，本文认为，对现有投资仲裁进行改革可以从以下两方面着手：一是对投资条约中的主要法律用语进行解释或重述，为仲裁庭提供参考或指南，同时提供统一的投资协定范本供各国参考使用,从而促进投资法律体系的统一化;二是设立投资法庭,直接通过诉讼解决争议,尽管这种方案已经不属于对投资仲裁本身的改革,但也不失为一种选择。

“对赌协议”交易结构及裁判中应厘清的法律问题

季　境*

摘要：本文通过对“对赌协议”交易结构经济目的的归纳，分析了法律实务中对其合法性质疑的成因，包括股权定价机制波及众多人利益、财务记账方式所形成的资产权属与其实际的法律属性产生偏差以及退出机制等。此一系列特殊交易结构产生的问题引发了司法裁判中诸多否定性评价，典型的如“滥用股东权利损害公司、其他股东和债权人的利益的行为”的认定，属于《合同法》第52条①“违反法律、行政法规的强制性规定”的情形。从合同效力障碍角度，应在清晰界定股权交易目的基础上，厘清投资财产在财务上的法律属性，从实体法和程序法两个维度，规范股权交易双方与股权所承载的利益相关者的利益冲突，方能有效排除股权交易中及司法认定中的侵害他人利益之虞。

关键词：对赌协议　交易结构　估值调整条款　回购条款

一、引言

2018年10月，最高人民法院就“强某延与曹某波、山东瀚霖生物技术有限

---

* 季境，民商法学博士，西南政法大学中国仲裁学院副教授，最高人民法院应用法学研究基地研究员。

① 对应《民法典》第146条。

公司股权转让纠纷案”(以下简称“瀚霖案”)①作出再审判决，在由公司回购本公司股份的责任认定上，较之前的“苏州工业园区海富投资有限公司与甘肃世恒有色资源再利用有限公司增资纠纷案”(以下简称“世恒案”)②的判决，在结果上有了很大变化。“瀚霖案”的判决再次掀起了关于“对赌协议”效力问题的热议。一时间，各种媒体版面出现关于“对赌新规则”的评论文章、视频和音频，尤其是《最高院：标的公司为对赌协议提供连带担保有效》③等音频在“喜马拉雅”电台的热播，引起广泛关注。在看过相关文章后，笔者发现很多评论者对交易基础事实缺乏充分的了解，其讨论内容和观点脱离了事实争议所指向的真实法律问题。令人担忧的是，法律人对外传达的这一系列有偏差的认知和偏颇观点将引发新的问题，最直观的即投资人基于此类误读容易作出错误的投资决策，可谓失之毫厘，谬以千里。故此，笔者立足实践，并结合该类问题的立法与理论，以最高人民法院提审改判的同类案件以及指导性案例为例，再次④撰

---

① 参见最高人民法院(2016)民再128号民事判决书，文中简称“瀚霖案”。该案主要案情为：投资人强某延与目标公司山东瀚霖生物技术有限公司(文中简称瀚霖公司)、瀚霖公司大股东曹某波签订《增资协议书》，约定强某延以增资的方式对目标公司(瀚霖公司)进行股权投资，投资款3000万元(其中400万元计入注册资本金，2600万元计入资本公积金)获得瀚霖公司0.86%的股权。合同约定，如瀚霖公司未能在2013年6月30日之前实现合格IPO，强某延有权要求曹某波以现金方式回购其所持的瀚霖公司股权，回购价格为实际投资额加每年8%的内部收益率，并由瀚霖公司为曹某波的回购义务提供连带保证。

② 参见最高人民法院(2012)民提字第11号民事判决书，文中简称“世恒案”。该案主要案情为：投资人海富投资有限公司(文中简称海富公司)与目标公司甘肃众星锌业有限公司(后更名为世恒有色资源再利用有限责任公司，文中简称世恒公司)、大股东香港迪亚有限责任公司(文中简称迪亚公司)、迪亚公司实际控制人陆某签订《增资协议书》，海富公司投资2000万元(其中114.7717万元计入注册资本金，1885.2283万元计入资本公积金)取得世恒公司3.85%的股权。关于估值调整和补偿条款，合同约定：“众星公司2008年净利润不低于3000万元人民币。如果众星公司2008年实际净利润完不成3000万元，海富公司有权要求众星公司予以补偿，如果众星公司未能履行补偿义务，海富公司有权要求迪亚公司履行补偿义务。补偿金额=(1-2008年实际净利润/3000万元)×本次投资金额。”关于回购条款，合同约定：“如果至2010年10月20日，由于众星公司的原因造成无法完成上市，则海富公司有权在任一时刻要求迪亚公司回购届时海富公司持有之众星公司的全部股权，迪亚公司应自收到海富公司书面通知之日起180日内按以下约定回购金额向海富公司一次性支付全部价款。”

③ 载https://www.ximalaya.com/jiaoyu/10234849/129368737，最后访问日期：2018年11月1日。

④ 针对该类相关问题的讨论，可参见季境：《股权交易创新与传统财产法理论反思》，载《华东政法大学学报》2019年第4期；季境：《回购权的性质与法律适用》，载《江汉论坛》2019年第6期；季境：《“对赌协议”的认识误区修正与法律适用》，载《人民司法》2014年第10期；季境：《私募股权投资中股权价格调整条款法律问题探究》，载《法学杂志》2014年第4期。

文分析“对赌协议”交易结构特点以及案件处理中应厘定的法律问题。希冀帮助交易双方在投资条款设计时符合法律规范,并对法律实务中处理此类案件有所启示。

二、实务困扰:交易结构特殊性及裁判

股权是金融实践中广为使用的一种重要的融资工具,被赋予了超出公司法规范的多种功能,针对股权的交易因服务于不同的交易目的而出现了多种样态。其中,“对赌协议”是对以股权为媒介的投融资实践中交易条款的俗称,从广义上来看,其包括估值调整机制、股权优先权机制以及附条件的投资协议等。在此类交易中,投资人以股权为媒介对目标公司进行投资,而目标公司则通过股份增发或股权转让的方式取得融资。其突出的特点在于投资人投资的目的是将来出售持股以获利,通常是通过目标公司上市(IPO)、被并购或实现管理层收购等资本市场运作,即使在目标公司不能通过上述方式实现投资人股权获利的情况下,投资人也会和目标公司或大股东通过约定回购权的方式实现退出公司的目的。因此,服务于这一目的下的交易结构有一定的特殊性,成为法律人理性认知和合理规范的难解之题。

(一)交易结构特殊性及实务质疑

一般而言,在股权投资交易结构设计中都要解决这样几个问题:第一,股权的价值如何确定。因为公司虽然没有上市但是其价值已经与公司设立之初有了本质的差异,尤其是投资人选定的具有投资潜力的公司,经过多年的发展,其股权比注册资金对应的价值有较高的溢价。因此,实践中常采取估值加调整的模式解决这一难题。第二,针对投资应配给何种保障机制和措施。不同于投资人与公司之间的借款交易,股权投资交易之“股权”已成为买卖的商品,投资人凭借这一商品实现了在利益价值及对公司治理的方式上与公司、股东链接,即通过赋予股权更多的功能来控制公司、股东,进而实现投资人掌控公司、大股东及未来抛售股份的主动权。因此,此类投资交易结构中多会通过意思自治的方式对股权功能进行扩充,从而实现对公司、大股东的控制,保护投资安全。第

三，投资人要考虑在所投资公司不能上市或被上市公司并购的情况下，如何实现退出公司的目的。同时，被投资公司及大股东也会考虑，在未来出现与投资人的重大分歧或其他必须终止投资交易的情况下，需要在交易结构中设计退出机制。由此，在此类交易中均有架构估值调整、股权功能的多样化以及退出机制条款，从而导致其在交易结构、标的物功能及合同履行上存在特殊性。因其法律后果与公司法理论上的资本维持原则、同股同权原则产生冲突，加之该类交易为服务于投资人、融资方特定需求的目的进而有损害这一系列原则所保护的群体利益之嫌。凡此种种，均成为司法裁判中诸多困惑的根源，具体分别阐释如下。

首先，股权定价机制及实施方式因波及众多人利益而在法律判定上存在损害第三人之忧。从合同所构建的法律关系来看，投资方支付投资款的对价是取得融资方给付的股权，而股权内涵所承载的是公司的价值。[①] 在投资合同签订之时，股权对应的公司市值并非双方交易的标的物，双方交易的股权指向的是在公司走向未来的某个时点所应体现的公司市值，届时，股权的对价与支付的投资款方是对等的。因此，合同签订时所支付的款项实为预付款，在双方约定的时点股权价格确定时，双方需要再进行一次"多退少补"结算。从法律上审视，公司资产维持原则是为债权人设置的保护性制度，而将来"多退少补"时的"退"会导致公司资产减少从而体现为对外承债资产减少，存在损害债权人利益的可能性。

例如，在"世恒案"中，合同约定："业绩目标：众星公司 2008 年净利润不低于3000 万元人民币。"这一关于业绩目标的约定就是双方关于股权价格的定价依据，即以当年的净利润 3000 万元人民币乘以该公司在资本市场市盈率所得就是公司的资产价值，进而就能推算出每股股份的价格。实践中，某公司的资本市场市盈率一般参照同类公司在资本市场的平均市盈率。按照海富公司投

① 公司作为一个复合型财产，法律人对其性质本身存在的争议颇多。此处将股权作为一项财产来讨论，作为一个被交易的产品，我们仅讨论其在体现对价过程中在股权交易结构的技术上产生法律争议的渊源。

资2000万元后取得了3.85%的股权推算,约定的市盈率应为17倍,那么各方对世恒公司估值定价约为5.1亿元。同时,双方在订立合同时必须考虑到,最终公司实现的业绩正好等于约定业绩的概率是极低的,所以必须约定一个调整的机制,以实现"多退少补",即"如果众星公司2008年实际净利润完不成3000万元,海富公司有权要求众星公司予以补偿,补偿金额=(1-2008年实际净利润/3000万元)×本次投资金额",此约定就是在业绩承诺基础上的估值调整条款。基于这样的约定,当双方进行结算的时候,如果最终实现的净利润不能达到3000万元,就意味着公司市值没有合同约定的那么高,也即每股股份的实际价值与投资款的对价不匹配,需要根据公平原则进行与其实际价值相当的调整。调整的方式就是"补偿金额=(1-2008年实际净利润/3000万元)×本次投资金额"。根据最高人民法院判决披露的要素,合同签订之时即2007年11月1日,此时世恒公司2008年净利润并未产生,双方根据以往经营情况和年度生产情况预估了3000万元净利润。而实际上,世恒公司2008年年度财务报告确定公司的净利润仅为26 858.13元,按照"(1-2008年实际净利润/3000万元)×本次投资金额"的调整公式,其应补偿金额投资人1998.2095万元。

其次,财务记账方式所形成的资产权属与其实际的法律属性产生偏差,从而导致向投资人支付补偿款情形下的请求权基础有违法之虞。此类股权交易履行中所形成的财务记账方式为,当投资款支付到公司后,被分别计入注册资本和资本公积金,从而整体地表现为公司的资产。例如,"瀚霖案"中投资人强某延支付给瀚霖公司3000万元投资款,其中400万元计入注册资本金,另外2600万元计入资本公积金。再如,"世恒案"中投资人海富公司支付给世恒公司2000万元投资款,其中114.7717万元计入注册资本金,1885.2283万元计入资本公积金。但根据合同,公司增资所对应部分股权的价值须业绩锁定以后方可确定,是一个或有资产的概念,并未确定地成为公司所有资产。因此,补偿款的支付对应了财务与法律两种概念体系下的资产权属认定,在目前的实务操作中,二者并不一致。

最后,退出机制因股转债及减资情形引发诸多对回购权行使方式及合法性的质疑。前文已述,该类投资实为"为卖而买、为退而进"的合同,因此,退出机制是合同必须存在的条款。在"世恒案"中,合同规定了由大股东回购股份的方式实现投资人退出的机制:"如果至2010年10月20日,由于众星公司的原因造成无法完成上市,则海富公司有权在任一时刻要求迪亚公司回购届时海富公司持有之众星公司的全部股权。"在"瀚霖案"中也有关于退出机制安排的条款:"如瀚霖公司未能在2013年6月30日之前实现合格IPO,强某延有权要求曹某波以现金方式回购强某延所持的瀚霖公司股权,回购价格为实际投资额外加每年8%的内部收益率,并由瀚霖公司为曹某波的回购义务提供连带保证。"

这些关于退出机制的合同条款表明,投资人进行投资的真实目的并非取得股权,而是通过将来出售股权赚取股权差价而获得收益。因此,在合同交易架构上必须存在"进"和"出"两个必需的环节。在"进"这一环节,正如上文所言,其突出集中在交易产品价格的不确定性及调整机制带来的法律问题,存在与公司法资产维持原则的冲突;在"出"这一环节,因未来出售股权方式多样化,如在二级市场抛售股份则不存在任何争议,但在公司不能实现上市或被并购的情况下,则会触发投资人要求大股东、公司回购的情形,因回购也会导致减资及公司资产减少等表象,实践中同样也一直受到是否损害公司、股东及债权人利益的质疑。

(二)主流裁判观点及成因考究

在"世恒案"中,最高人民法院支持了投资人要求大股东支付补偿金额的请求,但出于"损害了公司利益和公司债权人利益"的考虑,并未支持投资人要求目标公司支付补偿款的诉讼请求。这一"二元论"结论的原因一直备受实务界揣测和质疑。从理论上讲,"多退少补"条款的履行会出现两种情形:在目标公司超额完成业绩的情况下,投资人需要向目标公司补交投资款;而在目标公司未达标的情况下,则需要向投资人返还部分业绩补偿款。第一种情形,在实践中并不鲜见,但少有争议。第二种情形,即作为融资方的目标公司不能完成预估业绩需要向投资人补偿,却经常产生争议。[①] 业绩补偿条款是要退回投资人多支出的部分股权对价款,本有正当的合同基础,但从财务记账的角度,因为目标公司已将收到的款项分别计入了注册资本及资本公积金,在合同生效后投资款就已成为公司资产。很多观点认为,在争议发生时由目标公司返还补偿款会导致公司资产的减少,且以公司资产向股东支付补偿款属于公司与股东之间的关联交易,这种利益输送会损害公司和其他股东的利益,也会对因信赖公司资产(已计入资本公积金形成的权利外观)与之进行交易的债权人产生损害。[②] 根据《公司法》第20条的规定,目标公司的业绩补偿行为属于滥用股东权利损害公司、其他股东和债权人的利益的行为,属于《合同法》第52条"违反法律、行政法规的强制性规定"规范的范畴。这就是"世恒案"的裁判逻辑,最终判决大股东迪亚公司(目标公司股东)向海富公司支付协议补偿款1998.2095万元,而未支持投资人要求目标公司返还该款的诉讼请求。这一判决思路在法律上说是合理的,但目标公司的业绩补偿行为在事实上是否属于滥用股东权利损害公司、其他股东和债权人利益的行为,此种交易方式是否存在导致公司资产减少进而触及公司资本维持原则却值得进一步考证。同时,此类交易特殊目的和结构的设计是否还有其他引发裁判者担忧的问题也特别值得深入思考。

"世恒案"和"瀚霖案"引发法律争议的另一个问题涉及交易结构中"出"的环节,即增资协议中关于股权回购条款的定性。与"世恒案"不同的是,"瀚霖案"属于由大股东回购且目标公司承担连带责任的情形。因为回购权条款类似于对投资人购买股权投资款的返还,加之回购款的支付往往体现为本金加利息的方式,所以在实践中其备受诟病的方面集中在"名为投资实为借款"、"保底条款"以及"关联交易损害公司利益"等角度。同时,在具体裁判中适用法律规范时,该类投资行为曾一度被认为因违反"投资领域共担风险原则"而无

① 当然,实践中也有在投资协议中约定单项对赌甚至直接约定以实现某种情形为支付标的的真正"赌博"意义的条款,此类问题不在本文讨论之列。

② 参见任湧飞、丁勇:《估值调整协议的法律适用》,载《人民司法》2019年第4期;张先中:《私募股权投资中估值调整机制研究——以我国〈公司法〉资本规制为视角》,载《法学论坛》2013年第5期。

效，或因与“名为联营实为借贷”的相关司法解释[①]所规范的精神相抵触而无效。[②] 也有观点认为，回购权的约定系股东变相抽逃资金的行为，且因不符合《公司法》第142条法定回购情形应被认定为无效。[③] 最高人民法院2019年发布的《关于适用〈中华人民共和国公司法〉若干问题的规定(五)》第5条明确规定，在不违反法律、行政法规的强制性规定的情况下，对公司回购股份的行为予以支持。此举在一定程度上对实践中各种纷杂观点起到了定分止争的作用。但是，回购权的行使毕竟是一个复杂的法律问题，此问题之根本在于，在公司无法上市的情况下，公司回购将导致投资人取得的部分股权转化为债权，而股债两种权利本质不同将导致一系列后遗症。因股权这一标的物的特殊性，以及其导致的股权连接的法律关系发生的变化，其后果往往不仅影响投资方和融资方，还有涉其他股东、公司和债权人等利益主体，即涉及公司股东退出的类清算程序波及的各个利益相关主体。因此，在理论上，这种股权回购安排优先效力本身的合法性存疑，而且还受到公司资本维持原则和减资程序正当性的质疑。故而，上述司法解释的出台只是宣誓了司法对这一问题的态度，至于实践中的问题，尤其是此权利行使的特点及公司法与合同法衔接中的理念冲突问题，并未得到解决。

对上述问题，最高人民法院在其公布的第96号指导性案例(以下简称“大华餐饮案”)[④]中表达了更为明确的观点，认为“国有企业改制为有限责任公司，其初始章程对股权转让进行限制，明确约定公司回购条款，只要不违反公司法等法律强制性规定，可认定为有效。有限责任公司按照初始章程约定，支付合理对价回购股东股权，且通过转让给其他股东等方式进行合理处置的，人民

---

① “名为联营实为借贷”的相关司法解释主要包括1990年11月12日起施行的最高人民法院《关于审理联营合同纠纷案件若干问题的解答》与2015年9月1日起施行的最高人民法院《关于审理民间借贷案件适用法律若干问题的规定》。

② 《“对赌协议效力”研讨会综述》，载东方律师网：http://www.lawyers.org.cn/info/c7720d280fe34a06abe7854f0e9a3c26，最后访问日期：2019年1月28日。

③ 参见黄占山、杨力：《附“对赌协议”时股东承诺回购约定的效力》，载《人民司法》2014年第10期。

④ 最高人民法院《关于发布第十八批指导性案例的通知》(法〔2018〕164号)，指导案例第96号“宋某军诉西安市大华餐饮有限公司股东资格确认纠纷案”，文中简称“大华餐饮案”。

法院应予支持”。在该指导性案例的判决中,特别需要注意的是关于“初始章程明确约定公司回购条款”和“通过转让给其他股东等方式进行合理处置”两个关键事实要件的表述,以及“只要不违反公司法等法律强制性规定”的限定。笔者所要强调的是,虽然最高人民法院指导性案例中出现了支持回购权的结论,但实践中投资合同关于回购权的约定有林林总总的情形,其并非当然产生预期法律效力。从介入事实要素的角度考虑,对此类问题的评判一方面与合同主体知情权行使程度相关,另一方面也和合同相对方是否勤勉尽职和善意适当履行法定程序相关。否则,该类条款不但仍会因“损害公司、公司其他股东以及公司债权人的利益”而被诟病,也会再次被认为有违资本维持原则及应为《公司法》第142条所禁止。除此之外,回购权性质界定不明所导致的关于其行使的期限与方式法律适用争议①也会接踵而至。为了回应此类质疑和问题,本文就该类问题指向的民法理论问题进行深入探讨,反思其实践价值及现实意义。

三、解决出路:合同效力认定中应厘清的问题

“对赌协议”的签署和履行本身就是交易双方在合同自由、资本多数决和降低代理成本之间寻求平衡的过程。从经济合理性上来讲,合同双方最有可能会为了己方利益最大化而采取不同的方法损害其他利益相关者的权益。更为现实的问题是,股权交易结构为股权内容及功能的扩张带来的交易风险,以及金融创新带来的金融产品多样化等,给投融资双方带来很多机会,同时也是法律人对此类交易秩序难以规范的根本。目前的司法实践现状是,一方面,立法机关授权股东依意思自治自由设置股权交易内容,以扩充企业融资渠道以及活跃投资市场;另一方面,司法机关却屡屡因损害股东利益、第三人利益、债权人利益否认该等股权交易的效力。司法实践中认定“补偿条款”及“回购条款”效力争议的事实根源有二:一是“对赌协议”的履行或将导致公司资产的减少;二

---

① 案例可参见上海市高级人民法院(2018)沪民申1831号民事裁定书。同时可参见相关论文,如季境:《回购权的性质与法律适用》,载《江汉论坛》2019年第6期。

是“对赌协议”的履行可能损害他人利益。考虑到这两部分事实结构及所指向的法律问题并不相同,故下文将分两个角度分别论及。

(一)估值调整条款效力之争

与普通的股权交易不同,对赌协议所构建的交易包括存在于交易建立阶段的估值定价,也包括业绩确定后的价格调整结构、合同履行中出现各种情势下的权益变更调整机制及退出机制等。为解决交易产品价格的不确定性这一问题,金融实践中“先估值交易、再事后调整”的合同结构设计,解决了合同主体商事活动的需求,但给法律实务带来了难解之题。其症结之一即投资款在投资伊始即计入注册资本及资本公积,此种会计记账方式决定了公司资产的权利外观,这与融资方基于法律取得所有权的时点存在冲突。例如,在“世恒案”中,海富公司依约于2007年11月2日缴存世恒公司银行账户人民币2000万元,其中新增注册资本114.7717万元,资本公积金1885.2283万元。因海富公司2000万元投资款的对价3.85%股权,这是以世恒公司2008年净利润3000万元人民币计算出来的,其计价依据的公司市值是以预估的3000万元净利润乘以17倍市盈率,即5.1亿元。而该公司最终2008年实际净利润仅为26 858.13元,按照乘以17倍市盈率计算出来的公司市值为456 588.21元。以此为事实依据,投资人为取得3.85%股权应支付的投资对价款应为17905元。因此,投资人支付的2000万元投资款自然应予以调整。但是,在依据价格调整机制对投资款调整的时候,支付的补偿款1998.2095万元体现为公司财产的支付,既表现为公司向股东交易,还意味着公司减资的实施,从而在法律表象上均存在与公司资本维持原则的冲突。

法律人的逻辑是,投资人以增资方式进行投资后,投资款已成为公司的财产。当业绩未达约定需要对股价进行调整时,可能体现为调整给投资人更多的股权以达到与投入资金价值相当的程度,也可能体现为退回投资人多支付的价款。如果投资人(此时已经是股东)主张返还的投资款需要从公司资产中支付,那么客观上出现了损害公司利益、侵犯公司财产权的现象。假设资本维持原则是公司法上的一个强制性规范,这就涉及财务处理对法律认定的影响。因此,为了能厘清这个问题的事实前提是否存在,我们需要对财务记账方式进一步拷问。既然这种股权投资交易仅有与公司注册资本对应的估值部分计入注册资本,其余计入资本公积金,那么,计入资本公积金的投资款在财务上应该计入哪个科目,是或有事项、预计负债,还是或有资产?一个合乎逻辑的判断是:如果最终需要估值调整的那部分投资款计入预计负债,则其就不属于公司的财产,也就不存在对"侵犯公司及债权人利益"这一法律问题讨论的必要。

在《企业会计准则第13号——或有事项》中有如下关于或有事项、预计负债、或有资产的规定:第一,或有事项是指过去的交易或者事项形成的,其结果须由某些未来事项的发生或不发生才能决定的不确定事项。第二,与或有事项相关的义务同时满足下列条件的,应当确认为预计负债:(1)该义务是企业承担的现时义务;(2)履行该义务很可能导致经济利益流出企业;(3)该义务的金额能够可靠地计量。第三,企业不应当确认或有负债和或有资产。同时,企业应当在附注中披露与或有事项相关的信息。[①] 据此,"对赌协议"的业绩承诺首先应被判断为属于或有事项,当与"对赌协议"业绩承诺相关条款所确定的义务同时符合预计负债的上述3个构成要件时,企业应将此确定为预计负债。据此,"对赌协议"补偿义务的履行,包括大股东及公司的补偿义务均不涉及以公司资产履行合同义务的情况。因为基于或有事项、或有资产及或有负债的确认规则,"对赌协议"签订之时计入注册资本及资本公积的融资"收入",无论是基于合同双方关于多退少补的定价机制进行调整,还是基于《企业会计准则》的资产厘定,补偿款都不属于公司的资产,不存在关于公司法资本维持原则讨论的必要。司法实践以资本维持原则为基调,认为补偿款的支付损害公司、股东及债权人利益,从某种程度上来说是因会计记账方式错误给法律人制造的麻

① 《企业会计准则第13号——或有事项》第2条规定:"或有事项,是指过去的交易或者事项形成的,其结果须由某些未来事项的发生或不发生才能决定的不确定事项。"第4条规定:"与或有事项相关的义务同时满足下列条件的,应当确认为预计负债:(一)该义务是企业承担的现时义务;(二)履行该义务很可能导致经济利益流出企业;(三)该义务的金额能够可靠地计量。"第13条第1款规定:"企业不应当确认或有负债和或有资产。"第14条:"企业应当在附注中披露与或有事项有关的下列信息:(一)预计负债……(二)或有负债(不包括极小可能导致经济利益流出企业的或有负债)……(三)企业通常不应当披露或有资产……"

烦,是事实认定错误导致的法律障碍。

(二)回购条款效力认定

在对赌协议相关条款中,回购条款通常约定的情形是,如果被投资企业在一个约定期限内没有实现投资者期望的目的,如约定的净利润、业绩增长率或上市等,被投资企业或其实际控制人就有义务以事先约定的价格买回投资者所持有的全部或部分股份,从而实现投资者退出的目的。根据提出要求的主体不同,此权利可分为回购期权(Call Option)和回赎期权(Put Option)。其中,回购期权是指在公司业绩达不到期望值或其他约定的情况出现时,投资者主动向公司提出要求其股份被企业或其实际控制人回购从而收回股本并获得一定溢价的权利。回赎期权一般是指创始股东或控制权股东基于合同中在先约定的条款,或基于对目标公司未来发展的另外考虑,或出于对与投资人继续合作的顾虑等因素,可以要求把投资人的股份再买回来的一种权利。实践中,该条款表现为投资人"退出"公司时可以请求保本付息的固定回报,既属于金融法上的保底条款,又属于公司法和合同法上"不担风险"的投资行为。同时,在权利行使效果上,回购权导致股权转化为债权,打破了法律制度关于股权、债权不同调整方法的适用规则,这也是其引发争议的原因之一。

实践中,回购权的行使导致权利状态发生变化,这种变化既包括股东身份,也包括权利内容。具体而言,对于前者,在行使回购权前投资人既是股东也是债权人;在行使回购权后投资人则由股东身份转化为债权人。对于后者,则是由股东权利到债权请求权的变化。民法上的债一般仅涉及双方的法律关系,而在行使回购权的情形下,债的发生基础是股权法律关系的转化,并非单纯的双方法律关系,其不仅涉及其他股东、公司,还有与公司发生法律关系的债权人。因此,法律规范层面要关注相关利益人的权益保护,在某些情况下,需要相关义务人履行程序法上的告知义务以便利害关系人行使相应的权利,也可能需要其履行实体法上的类清算义务以实现利害关系人的利益受偿。

同时也必须认识到,虽然投资人与公司投融资法律关系因股权的内在结构存在利益多元化的特点,但是也并不必然形成对不特定多数人所承载的公共秩序的影响。在很多情况下,投资人与公司、其他股东之间的关系是依据公司章程、投资协议、股东大会表决程序等构建的特定主体之间的利益关系,在法律技术上通过民事法律关系的规范配置,可以实现利益主体之间的冲突解决。例如,如果股东或债权人认为回购权的行使侵犯了其利益,公司法上的异议股东制度、合同法上的第三人撤销制度均是补充、救济债权相对性规范瑕疵的制度。同时,由于此类交易的投资人本身就是债权人,债权平等原则在此类情况的适用也是存在正当性基础的。而且,从宏观层面来说,此类交易所构建的融资渠道本身不但能解决企业一定阶段内生存和发展中的困难,也能通过融资提升公司盈利能力,进而提高偿债能力,对整体债权人而言也是有益的。因此,站在公司是股东、债权人利益共同体的角度上看,此类交易模式的存在和履行本身在民法体系下能实现其合理性的论证。

但是,作为实现治理社会功能的法律实施者,在错综复杂的利益交织中,股权所承载的利益相关者可能受到的侵害、为交易秩序有序进行所产生的忧虑也并非空穴来风。从某种程度上来说,司法判决所传达的裁判理念往往对人的行为有指引作用,几乎所有的裁决者均是在自己的价值评判体系下实现法律治理社会功能的使命的。正如学者所言:"金融创新作为内生于市场的力量,不会因为立法滞后而停滞不前,也不会因为拒绝司法而鸣金收兵。由于风起云涌的金融创新往往是在没有法律规制的'真空'中进行,这种创新完全有可能侵犯相关利益群体利益并引发纠纷,此时就必然需要创造性的司法审查来补充完成。"①本文所讨论的"世恒案"、"瀚霖案"和"大华餐饮案"裁判法官均做到了这样的尝试和努力。不同的是,在价值评判立场上,"世恒案"是站在社会交易秩序保护的立场上审视股权投资合同的,而"瀚霖案"和"大华餐饮案"更多是倾向于投资者立场,对尽了谨慎、善意注意义务的股东利益保护给予充分的解说的。

因此,回购权行使中效力认定的核心障碍不是保底条款问题,也不是非法

---

① 冯果:《金融创新的司法审查》,载《人民法院报》2016年2月17日,第7版。

关联交易等问题,而是这种交易结构的设置是否经过公司、股东等利害相关者的知情和同意,其回购程序的行使是否经过法定程序履行告知义务等。除此之外,公司法关于回购权行使程序上的规范、股东退出公司“类清算程序”的规范,以及在合同法上基于形成权、解除权行使方式、期限的规范,都是回购权行使中可参照的法律程序。以程序正义的方式通过告知、提示、信息披露制度规范与特定、众多相关利益人的法律关系,或许是规范此类复杂法律关系的必经之路。否则,当纠纷发生时,在具体案件中仍会被质疑有违第三人利益保护制度。《公司法》第142条就体现了这一考虑,该条所体现的立法态度是,不禁止公司回购本公司股份,但在程序上兼顾相关利害关系人。可以看出,最高人民法院对该类案件的认识逐步清晰。在“瀚霖案”中,法院认定“该决议经过股东会决议表决,尽到审慎注意和形式审查义务”;在“大华餐饮案”判决中,法院认定:“有限责任公司按照初始章程约定,支付合理对价回购股东股权,且通过转让给其他股东等方式进行合理处置的,人民法院应予支持。”这些均是司法对该类行为予以规范、指引最好的例证。

四、结语

民法作为调整商品经济社会的财产基础法,重要的功能就是调整财产流转关系,典型即交易法律关系。按照民法规范一般财产的方法和逻辑,公司法理论上存在一系列关于公司股权权利外观和交易安全的制度构建和假定。我们必须看到,随着商事活动的发展,在如今资本市场交易实践中,商事主体竭尽所能完成的利益架构不但突破了这些规则的限制,而且使市场上出现了多种样态的股债权利界限模糊的金融衍生品,存在大量根据交易需求设计出来的随时间或条件而变换的“权利”。通过这些新型的股权功能扩张或股权功能的分离、转换,交易各方实现随时事变动的利益需求。其向法律界所呈现的难点在于:交易标的的性质并不十分清晰。例如,交易标的是股权还是债权,抑或股债连接产品,甚至有时在具体的法律关系中谁是债权人、谁是股东也难以说清。如此种种,无论从公司股权结构的规范角度还是对股权交易秩序的影响,都突破了普通财产权关于物权、债权分类下法律规范的技术效用。在以公司未来收益为客体的交易中，合同目的、交易方式、交易结构均出现了与普通财产交易相比更为复杂的问题。于是，该类交易普遍体现出相互交易以及涉他交易的特点。这不仅是法官们裁判中认定"损害公司和债权人利益"的根源，从其涉众性可能对社会秩序影响的角度，其无疑也已成为股权交易秩序的不安全因素。

股权是股东与公司之间的法律关系客体，其不是作为一个单独的有体物而存在的，它是时时处在法律关系群中的一个综合性财产，有关股权的交易本身就浸卧于公司治理结构中，波及众多的利害关系人。在中国推行资本市场多元化的今天，资本市场已经践行了股权集中、所有权与经营权分离、投资者多样化等"类别股""种类股"。[①] 面对金融创新及复杂交易带来的新问题，法官们在具体的裁判中传达的理念，既包括传统公司法理念，也包括法官对股权这一特殊财产、特殊交易结构下可能导致交易秩序混乱的深深的担忧。最高人民法院在一系列该类合同效力问题上作出不同认定的判决，既是对股权交易多样性予以一定程度的肯定，也反映出司法实践层面认识的不断深化。但司法毕竟不能承担立法应完成的使命，《公司法》《合同法》等一系列调整财产交易的法律规范，均需立足于中国股权创新及交易实践，在借鉴他国相关立法的基础上，明确优先股的地位，厘定公司章程的法律性质及公示效力，完善投资者保护、公司治理、信息披露规则等制度，从而引导股权投资行为在法律规制的轨道上健康有序发展。

---

① 参见朱慈蕴、沈朝晖：《类别股与中国公司法的演进》，载《中国社会科学》2013年第9期；任尔昕：《关于我国设置公司种类股的思考》，载《中国法学》2010年第6期；刘胜军：《类别表决权：类别股股东保护与公司行为自由的衡平》，载《法学评论》2015年第1期；刘小勇、周朴雄：《创业投资中类别股份的利用与公司法制的完善》，载《证券市场导报》2011年第6期；等等。

论国际投资争端解决中的可持续发展原则

——以联合国贸法会《透明度规则》为中心

张 建*

摘要：可持续发展已从环境治理领域延伸至国际法治的各个方面，其中，用于调整国际直接投资关系的法律体系亦受到其深刻影响。投资者与国家间争端解决机制近年来遭遇各方面的合法性质疑与正当性危机，为了应对此种现象，国际社会展开了不同程度的努力。透明度原则因符合现代社会要求信息公开与程序公正的理念而被广为接受，联合国国际贸易法委员会颁布的《透明度规则》为应对投资仲裁的危机提供了一种方案，有益于保障整个国际投资法的可持续发展。通过梳理相关文本与案例法实践，可以注意到透明度正从公众公平待遇的构成要素转变为一项相对独立的法律标准，引入这项原则对中国参与国际投资法律实践具有重要启示。

关键词：透明度　投资仲裁　国际投资协定　可持续发展

一、引言

可持续发展这一概念初现于国际环境法领域，其首次运用可溯及1980年联合国环境规划署委托国际资源和自然保护联合会出版的《世界自然资源保

---

* 张建，法学博士，首都经济贸易大学法学院讲师，研究方向为国际私法与仲裁法。本文为首都经济贸易大学2019年度科研启动基金项目“中国海外投资保护国际法体系现代化研究”的阶段性成果。

护大纲》第1条第2款[①]中,而其内涵的正式确立则规定于1987年环境与发展委员会颁布的《我们共同的未来》(或称《布伦特伦报告》)[②]中。简言之,这一原则特指,既满足当代人的需要,又不损害后代人满足其需求的能力的发展。[③]当下,随着跨国投资活动中平衡保护投资者权益与东道国公共利益的观念得到认可,可持续发展已经不再仅仅作为一项概念或目标,而是被国际社会广泛接受为一种价值标准和要求,其影响范畴延伸至经济、社会、人口、生态、法治等方面。[④] 在国际投资法视角下,可持续发展原则的适用不仅体现在实体法层面,也延伸至投资争端解决程序层面。[⑤] 2012年,联合国贸易与发展会议首次发布《可持续发展的投资政策框架》,呼吁各国秉持可持续发展原则制定和实施国内及国际投资政策。[⑥] 2016年,在中国杭州召开的"G20峰会"上,各国共同制定了《二十国集团全球投资指导原则》,其中第5条明确规定:"投资及对投资产生影响的政策应在国际、国内层面保持协调,以促进投资为宗旨,与可持续发展和包容性增长的目标相一致。"[⑦]由此可见,可持续发展的目标被纳入了全球投资指导原则,该原则为各国(尤其是发展中国家)协调制定国内投资政策和签订对外投资协定提供了重要指导。[⑧] 具言之,国际投资条约中直接反映

---

① IUCN, *World Conservation Strategy: Living Resource Conservation for Sustainable Development the Conservation of Nature and Natural Resource*, Geneva, United Nations Publication, 1980, p. 18.

② Gro Harlem Brundtland et al., *Our Common Future: Report of the World Commission on Environment and Development*, Oxford, Oxford University Press, 1987, p. 27.

③ 林灿铃:《国际环境法》,人民出版社2004年版,第170页。

④ 王传丽主编:《国际经济法》(第4版),中国人民大学出版社2015年版,第22页。

⑤ 蒋小红:《试论国际投资法的新发展——以国际投资条约如何促进可持续发展为视角》,载《河北法学》2019年第3期。

⑥ UNCTAD, *Investment Policy Framework for Sustainable Development*, Geneva, United Nations Publication, 2012, p. 3.

⑦ 袁勃:《二十国集团全球投资指导原则》,载《人民日报》2016年9月7日,第21版。

⑧ I. W. Ferreira and H. R. Lloyd, "Developmental Issues and Environmental Policy in South Africa", *Encyclopedia of Life Support Systems* 2, 2006, p. 6.

可持续发展原则的条款涵盖了:序言中一般性的原则式条款[①]、反腐败条款[②]、环境保护条款[③]、劳动权利与人权保障条款[④]、实体透明度规则[⑤]、程序透明度规则[⑥]、国家安全条款[⑦]、负责任的商业实践及企业社会责任条款[⑧]。这些条款的存在,集中反映了可持续发展原则业已在国际投资条约的制定过程中得以全面

---

① 例如,2012年《中华人民共和国政府和加拿大政府关于促进和相互保护投资的协定》序言部分规定,中国与加拿大双方进一步认识到需要依据可持续发展的原则促进投资,希望在平等互利基础上加强两国经济合作,达成协议如下。

② 例如,2018年《美国—墨西哥—加拿大协定》第27章专章规定国际投资与贸易中打击腐败的具体条款,包括立法措施(各签署国有义务对腐败行为予以刑事处罚)、行政措施(各签署国须采取并维持审计监管措施并保护告密者)、促进措施(各签署国应努力使公职人员熟知腐败法案及便利支付的有害效果)。Collmann Griffin, Richard Mojica and Marc Alain Bohn, "Takeaways from the Anti-Corruption Chapter of the USMCA", Accessed January 9, 2019. http://www. fcpablog. com/blog/2019/1/9/takeaways-from-the-anti-corruption-chapter-of-the-usmca. html.

③ 例如,2012年《中华人民共和国政府和加拿大政府关于促进和相互保护投资的协定》第33条第2款规定,只要相关措施不以武断或不合理之方式适用,或不构成对国际贸易或投资之变相限制,本协定中任何规定均不得被理解为阻止缔约方采取或维持下述措施,包括环境措施:确保遵守与本协定条款无不一致的法律法规所必要的措施;保护人类、动物或植物生命或健康所必要的措施;或与保护有生命或无生命的可耗尽自然资源相关的措施。

④ 例如,2012年《美国双边投资条约范本》第13条第2款规定,缔约双方认识到通过削弱或降低国内劳动法所承担的保护义务来鼓励投资是不恰当的。因此,在放弃或贬损国内劳动法将与劳工权利不一致时,或者因持续或不间断的作为或不作为未执行其劳动法时,各缔约方应保证其未放弃或贬损,或试图放弃或贬损此种法律,以鼓励在其领土内设立、获得、扩大或保留投资。

⑤ 例如,2012年《美国双边投资条约范本》第11条第3款规定,就依据本条公布的涉及条约覆盖范围内的中央政府层面的普遍适用的拟议中的法规而言,任一缔约方:应当在一个单独的全国发行的官方刊物中公布拟议中的法规,并且应当鼓励通过其他途径发行;在大多数情况下应尽可能在公众评论期限截止前不少于60天公布拟议中的法规;在公布中应当包括拟议中的法规制定目的的解释和理由。

⑥ 例如,2012年《中华人民共和国政府和加拿大政府关于促进和相互保护投资的协定》第28条第2款规定,在与争端投资者磋商后,如果争端缔约方认为公开审理系出于其公共利益,则在通知仲裁庭其决定后,依据本部分进行的仲裁庭庭审应向公众开放。但出于保护保密信息包括商业机密信息的需要,仲裁庭可就部分庭审进行非公开审理。

⑦ 例如,2004年《加拿大双边投资条约范本》第10条规定,该协议不能理解为阻止任何缔约方采取行动履行其在联合国宪章下维护国际和平与安全的义务。

⑧ 例如,《跨太平洋伙伴关系协定》第9章第17条规定,各缔约方重申每一缔约方鼓励在其领土内运营或受其管辖的企业自愿地将国际承认的、已被该缔约方认可或支持的企业社会责任标准、指南和原则纳入此类企业的内部政策的重要性。

贯彻。[1]

在国际交往关系中,资本的跨境往来被视为提升市场经济活力并有效配置世界财富资源的重要手段,为了实现资本跨境往来的长期稳定运转,将可持续发展的理念贯穿始终显得尤其重要。作为国际投资法的程序规则之一,投资者与国家间争端解决机制(Investor-State Dispute Settlement,ISDS)的公平性与民主性近些年来颇受质疑。一些发展中国家在屡屡被诉且大多数案件以败诉收场的情况下,开始有选择地退出 ISDS 机制或者对 ISDS 的管辖权设置种种限制。[2] 与此同时,一些发达国家也开始逐渐成为投资仲裁案件的被申请人,如"梅赛尼斯诉美国案"(Methanex v. US)、"迈尔斯公司诉加拿大案"(S. D. Myers v. Canada)等,这些案件的涌现使发达国家也开始反思 ISDS 机制对东道国规制权带来的约束与禁锢,于是开始提出种种可能的改革方案,欧盟所提出的《跨太平洋伙伴关系协议(草案)》(以下简称《TTIP 草案》)[3]第 2 条第 1 款及《欧盟与加拿大综合经济贸易协定》(以下简称《CETA 协定》)[4]第 8 章第 9 条第 1 款即典型例子。[5] 就其本质而言,这些举措都旨在通过制度的改良而维护国际投资法治的可持续发展。

作为改进程序机制的重要方案之一,2014 年 4 月,联合国国际贸易法委员会(United Nations Commission on International Trade Law,UNCITRAL)颁布的《投资人与国家间基于条约仲裁透明度规则》(以下简称《透明度规则》)开始施

---

① Manjiao Chi, *Sustainable Development Provisions in Investment Treaties: An Empirical Exploration of the Sustainable Development Provisions in BITs of Asia-Pacific LDCs and LLDCs*, Geneva, United Nations ESCAP, 2018, p. 17.

② Sergey Ripinsky, "Venezuela's Withdrawal From ICSID: What it Does and Does Not Achieve", Accessed March 10, 2018. https://www.iisd.org/itn/2012/04/13/venezuelas-withdrawal-from-icsid-what-it-does-and-does-not-achieve.

③ TTIP, "Transatlantic Trade and Investment Partnership", Accessed July 2, 2019. http://trade.ec.europa.eu/doclib/docs/2015/september/tradoc_153807.pdf.

④ CETA, "Comprehensive Economic and Trade Agreement Between Canada, of the One Part, and the European Union and Its Member States", Accessed July 2, 2019. http://trade.ec.europa.eu/doclib/docs/2014/september/tradoc_152806.pdf.

⑤ 张庆麟主编:《国际投资法:实践与评析》,武汉大学出版社 2017 年版,第 6 页。

行。[①] 为贯彻与实施这一规则，UNCITRAL 又于 2014 年 10 月颁布了《毛里求斯透明度公约》；截至 2019 年 7 月，该公约已有 23 个国家签署并被 5 个国家批准，毛里求斯、加拿大、瑞士、喀麦隆、冈比亚已先后批准该公约并成为公约的正式缔约国。[②] 鉴于此，本文选择以投资仲裁的透明度作为切入点，证明在国际投资争端解决中引入该原则不仅有助于吸纳案外人及公众充当“法庭之友”并提交书面意见，而且可借此向仲裁庭表达关于公共利益与可持续发展的诉求，兼及国际投资协定缔约与国际投资仲裁实践的双重考量，而这也正是真正实现国际法治民主化、多元化、持久发展的目的。为了阐明可持续发展原则在国际投资争端解决中的应用现状及发展趋势，本文将首先探讨跨国投资活动及投资争端解决与可持续发展原则的关系，在此基础上从宏观角度对国际投资协定文本中实现可持续发展的路径予以分析，继而从微观层面入手，重点围绕《透明度原则》的制定背景和主要内容思考这种发展趋势对中国仲裁实践的启示。

二、跨国投资活动及投资争端解决与可持续发展原则的关系

可持续发展作为一项被广泛接受的国际环境法原则，之所以被纳入国际投资争端解决中，是因为可持续发展与跨国投资活动之间存在相互促进的作用。同时，可持续发展在国际投资仲裁中的贯彻不但体现在投资实体规则的解释方面，更体现在程序公开与公众参与等方面，提升仲裁程序的透明度正是保障投资争端解决可持续发展的必然要求。

（一）可持续发展与外国直接投资的关系厘定

通常认为，国际投资法的核心要义在于保护外国投资，其主要目标包括确保资金转移、促进投资活动的长期进行，以及保护投资者对投资项目的管理等。

---

① UNCITRAL Rules on Transparency in Treaty-based Investor-State Arbitration, Accessed July 4, 2019. http://www.uncitral.org/uncitral/en/uncitral_texts/arbitration/2014Transparency.html.

② The United Nations Convention on Transparency in Treaty-based Investor-State Arbitration (the Mauritius Convention), Accessed July 4, 2019. https://www.iisd.org/project/transparency-and-uncitral-arbitration-rules.

而对外国直接投资(Foreign Direct Investment,FDI)的促进,也主要规定在国际投资协定(International Investment Agreement,IIAs)当中,这类条约的谈判旨在为外国投资者提供安全性与确定性保障,进而促进FDI,同时实现东道国发展的根本目标。对于FDI与可持续发展二者的动态关系,可以用"双重互动"(dual-natured)来描述。[①] 一方面,跨国公司(transnational corporations)与其他外国投资者的投资活动对东道国的可持续发展可能造成正反两方面的影响。[②] 从积极影响来看,比较明显的是:在可再生能源技术领域,外国投资可以为东道国缓和急剧的气候变化提供智力支持;在流域治理与生态多样性方面,外国投资可以为东道国公众的生活、生产用水提供保障;在新的农业生产技术领域,外国投资提供了开展有机农业所必要的经验积累;在信息与通信领域,外国投资改进了东道国社会公众的生活质量并为发展中国家带来了新的教育手段。然而,从消极影响来看,投资者的某些投资活动也可能使东道国的可持续发展目标受挫,其促进经济发展目标的同时也可能对投资外部的社会、环境、劳工等产生消极影响。例如,对碳排放量受限制的国家而言,寻求在东道国设立煤炭发电站的海外投资计划只会徒增其发展成本。另一方面,可持续发展也会反过来影响外国投资活动的进行。正面来看,可持续发展意义上的"绿色经济"计划有助于消除贫困,而促进贸易与投资增长的努力也能带来生态和社会方面的有益结果。[③] 反过来看,忽视可持续发展问题对商业本身也存在不良影响,这些经济与社会影响应尽可能做到事前防范,其意义不容忽视。总之,可持续发展与FDI之间存在双重的互动作用,积极影响与消极影响并存,妥善认识二者之间的关系是对具体问题展开思考的前提。

(二)投资争端解决中重视公众参与对可持续发展的意义

事实上,国际社会乃至国际法学界已经关注到了可持续发展与FDI之间不

---

① UNCTAD, *Making FDI Work for Sustainable Development*, Geneva, United Nations Publication, 2004, p. 8.

② Ans Kolk, Arno Kourula and Niccolò Pisani, "Multinational enterprises and the Sustainable Development Goals: What Do We Know and How to Proceed", *Transnational Corporations* 24, 2017, p. 9.

③ UNEP, *Towards a Green Economy: Pathways to Sustainable Development and Poverty Eradication: A Synthesis for Policy Makers*, Geneva, United Nations Publication, 2011, p. 10.

容忽视的重要性,将可持续发展理念纳入国际投资法中的理念已经深入人心,且这一共识正不断地从抽象理念转型为具体义务。[①] 如前文所言,在国际投资协定中,具有可持续发展功能的条款有多种,既有实体规则,也有程序规则。在程序规则中,于 ISDS 中贯彻透明度原则是可持续原则的重要表现,而这项原则是保障公众参与的重要路径。早在 2002 年,国际法协会即发布了《关于可持续发展的国际法原则宣言》,[②] 确立了公众参与原则;2014 年,UNCITRAL 颁布的《透明度规则》,又明确规定了公众及非政府组织在投资争端解决中提交"法庭之友"意见(*amicus curiae* briefs)的权利。

尽管目前投资仲裁中实体规则的解释更受关注,但大家完全忽视了投资仲裁将对可持续发展形成制约。倘若某欧盟投资者因为在美国的可再生能源投资项目而与美国(东道国)发生争议,并选择在美国境内寻求法律救济,一旦美国的州法院与联邦法院不愿公平保护外国公司,而作为投资者母国的欧盟成员国又不愿介入,那么如何确保对这项投资构建损失救济机制,将形成莫大的法律障碍。显然,在类似情形下,如果完全无视各类投资者与东道国之间的投资仲裁程序,将无法切实保障投资东道国的可持续发展。

而投资仲裁程序中的透明度原则,是可持续发展理念在争端解决层面的直接体现,通过透明度的提升而保证公众的充分参与,进而促使仲裁庭在多方意见的基础上作出公正且中立的裁决,不仅有利于仲裁裁决的公正性,从长远来看也可有效调和投资权益与环境、劳工、人权等公共利益的冲突,从根本上推进可持续发展原则的实现。

三、国际投资协定文本对可持续发展目标的实现路径

前文论证了可持续发展原则与跨国投资活动及投资争端解决存在密不可分的关联,那么,若从逻辑上追问,则需进一步解决可持续发展的实现路径。从

① 宁红玲、漆彤:《"一带一路"倡议与可持续发展原则——国际投资法视角》,载《武大国际法评论》2016 年第 1 期。

② Nico Schrijver, "ILA New Delhi Declaration of Principles of International Law Relating to Sustainable Development", *Netherlands International Law Review* 49, 2002, p. 299.

国际法角度审视,国际投资协定是解决投资争端的法律基础,也是投资者据以提出仲裁申请、仲裁庭据以作出裁决的法律依据,在国际投资协定中融入可持续发展的元素,是促进国际投资争端解决机制可持续发展的首选方案。总体而言,国际投资协定对可持续发展目标的实现路径主要有三:首先,各缔约国在谈判投资条约的过程中,宜尽可能地参照联合国贸易与发展会议(United Nations Conference on Trade and Development,UNCTAD)发布的新一代投资政策的制定依据,将可持续发展作为主要考量。其次,缔约方不仅要在环境、劳工、人权等具体条款的制度设计上将可持续发展原则具体化,而且有必要在条约序言中纳入可持续发展的表述,从而统领整个条约的解释与适用。最后,在现有的国际投资条约基础上,应当进一步通过制度化安排增强可持续发展义务的强制性,而融入透明度原则比重订投资条约更具可行性。

(一)在谈判条约时参照可持续发展的政策框架

为了促使国际社会及各主权国家兼顾投资自由化与东道国公共利益,UNCTAD在2012年《世界投资报告》中确立了新一代投资政策的制定依据,并将这一系列政策区分为三个主要子项目:在可持续发展理念引导下制定投资政策的11项核心原则、各国内部的投资政策指南、作为国际投资协定政策选择的要素。[①] 值得一提的是,UNCTAD发布的新一代投资政策的制定依据作为一种国际法律文件,其概念和文件性质不同于投资协定,也不同于各国国内政府部门拟定的投资政策,而是从更为抽象和动态的视角出发,为政府形成良好的投资政策、企业作出正确的投资决策提供参考。[②] 就其关键条款而言,主要涉及以下角度:其一,将包容性增长与可持续发展充实为政策依据;其二,维护国家在外资准入、管理等方面的规制权;其三,以法治与民主作为导引,允许各方利益相关者在政策制定阶段表达诉求,并尽量保障政策的连贯性与稳定性;其四,在国际层面强化共同合作,借此应对保护主义的挑战,平衡投资者与东道国

① UNCTAD, *World Investment Report* 2012: *Towards A New Generation of Investment Policies*, Geneva, United Nations Publication, 2012, p. 104.

② UNCTAD, *Investment Policy Framework for Sustainable Development*, Geneva, United Nations Publication, 2015, p. 6.

的权利义务。[①]

从可持续发展的角度来分析,投资条约的谈判者所面临的最主要挑战,莫过于如何平衡外国投资所涉及的各种相互冲突的利益。一方面,缔约方应当积极争取在条约中强化外资保护实体条款的谈判,给投资者提供一个安全、稳定的商业环境,促进投资的可持续性;另一方面,缔约方还有必要确保东道国拥有充分的制定和实施外资管制政策的灵活性,如将可持续发展的宗旨写入国际投资协定或自由贸易协定的序言部分,并经由《维也纳条约法公约》第31条第2款使序言用语作为条约解释的重要基础。在争端解决实践中,对投资条约关键法律术语的含义解释极易引发争议,如"征收""合理期待""类似情形"等,不同的仲裁庭解释方法和解释方向差异很大,当存在不同的解释方案时,条约序言用语所扮演的引导角色将显得尤为重要。

(二)在条约序言中纳入有关可持续发展的表述

当然,缔约方在拟定投资协定时还存在另一种策略,即虽然未将可持续发展本身作为目标或宗旨订入序言部分,但在投资协定正文中对缔约方施加了与可持续发展目标相一致的具体义务,这在美国式BIT(Bilateral Investment Treaty)范本中较为常见。以《美国—卢旺达BIT》为例,其条约序言部分首先将条约的目标设定为促进经济合作、刺激私人投资、创造稳定的商业环境,随后,序言第二段又阐明缔约方"期望以一种符合保护健康、安全、环境并促进国际公认的劳工权利的方式来实现上述目标"。与此同时,这一BIT的具体条款又配合了可持续发展目标的实现,如第11条规定了实体透明度规则、第12条规定了投资与环境问题、第13条规定了投资与劳工权利的协调、第14条规定了可继续存在的不符措施、第17条规定了利益拒绝条款、第19条规定了信息披露义务、第29条规定了投资仲裁程序中的透明度规则等。[②] 此外,投资条约的序言还可以使用"不减损"的语言文本加以呈现,这在荷兰、美国、芬兰、日本

① 余劲松:《国际投资法》(第5版),法律出版社2018年版,第13页。

② The Treaty Between the Government of the United States of America and the Government of the Republic of Rwanda Concerning the Encouragement and Reciprocal Protection of Investment, Accessed July 2, 2019. https://www.bilaterals.org/IMG/pdf/US-Rwanda_BIT.pdf.

等国签署的投资条约中比较常见。这类序言的特征是,明确规定条约目标(侧重经济目标)的实现应当以不损害东道国在环境、健康、安全等领域的管理权为限。

此外,在少数情形下,某些投资条约的缔约方还采用"参照适用"的方式在投资协定中援引含有可持续发展原则的国际文件。例如,《新加坡—欧盟自由贸易协定》的序言部分重申:"缔约方共同致力于遵守由《联合国宪章》和《世界人权宣言》所确立的原则";[①]再如,《能源宪章条约》的序言部分要求缔约方"铭记《联合国气候变化框架公约》[②]、《长程跨界空气污染公约》[③]及其议定书,以及其他与能源有关的国际环境协定"。[④] 上述文件都含有可持续发展原则。

(三)增强投资条约中可持续发展义务的强制性

经过比较分析不难发现,在有关国际投资保护的条约及文件中,可持续发展不再是任择性规定,而越发趋近强制性义务。在很多情形下,某项投资保护规则能否赢得社会认可,很大程度上取决于其在法益衡量方面是否充分对经济、环境等因素进行了考量。从现行制度出发,主要存在两种制度安排可增强投资条约中可持续发展义务的强制性:其一,对现存投资条约的适用和解释要进行反思,尤其是要融入适当的透明度规定,考虑到成本和效益比,这种方案并不旨在对现有条约进行重新谈判,而是由个案的裁判者,尤其是投资仲裁庭来

---

① Council of the European Union,"The European Union-Singapore Free Trade Agreement",Accessed July 2, 2019. https://www. mti. gov. sg/-/media/MTI/Microsites/EUSFTA/EUSFTA - Full - Text _ 12Oct18. pdf.

② IUCN,"United Nations Framework Convention on Climate Change", Accessed July 2, 2019. https://www. iucn. org/theme/global-policy/our-work/united-nations-framework-convention-climate-change-unfccc.

③ UNECE,"Updated Handbook for the 1979 Convention on Long-range Transboundary Air Pollution and Its Protocols",Accessed July 2,2019. http://www. unece. org/index. php? id=41371&L=0.

④ Thomas Wälde,"Sustainable Development And the 1994 Energy Charter Treaty: Between Pseudo-Action and Management of Environmental Investment Risk", in F. Weiss et al., (eds), *International Economic Law with a Human Face*,Netherland,Brill Nijhoff Publisher,1998,pp. 223-271.

平衡上述社会经济等价值目标;[①]其二,以欧盟为代表的行动派认为,有必要对大多数投资条约进行重新谈判和起草,这是平衡投资者投资权益与东道国社会公共利益的唯一途径。[②] UNCITRAL 所发布的《透明度规则》,更多是前一套方案下的程序创新,而非对制度内容整体进行变革的产物。就适用范围而言,该规则专门适用于投资者与东道国之间的投资仲裁程序,而不是宽泛意义上的投资仲裁。[③]

值得肯定的是,《透明度规则》对于在国际投资仲裁程序中保障公众知情权[④]、引入公众参与[⑤]、保护公共利益[⑥]提供了相当重要的根据,这一规则的实施从长远来看无疑有助于以公众参与仲裁程序来提升国际投资法领域对可持续发展的积极贡献。为了准确把握规则的要义,有必要从其制定背景、概念定义、核心条款、适用关键等入手进行研究。

---

① 这一方案的法律依据主要在于仲裁庭的条约解释权,即国际投资仲裁庭在个案审理和条约解释方面拥有广泛的自由裁量权,但其解释条约的权力应符合《维也纳条约法公约》第 31 条确立的解释通则。具言之,在实体方面,仲裁庭既要考虑条约解释方法在仲裁实践中的正确适用,还应当允许和鼓励缔约国通过有权解释的方式进一步丰富和确定投资条约内容,以彰显实体透明度;在程序方面,仲裁庭应重视先案裁决的证明力以保证裁决一致性,适当听取非争端当事方及缔约方的陈述意见,并可考虑设立上诉机制对裁决在条约解释方面的错误进行事后纠正。参见张生:《国际投资仲裁中条约解释方面的问题及其完善对策》,载《国际经济法学刊》2014 年第 1 期。

② Yoram Z. Haftel and Alexander Thompson, "When Do States Renegotiate Investment Agreements? The Impact of Arbitration", *The Review of International Organizations* 13, 2018, p. 25.

③ 所谓宽泛意义上的投资仲裁,即所有以投资争端为诉因的国际仲裁案件,既包括外国私人投资者与东道国的企业在举办合营企业或合作开发自然资源方面发生的争议,也包括外国投资者与东道国政府因外资监督及管理所引发的争议。宽泛意义上的投资仲裁,既可能是因投资契约而产生的争议,也可能是因国际投资条约而产生的争端。狭义上的投资仲裁,特指对外国投资者与东道国政府间因投资条约而产生的争端进行仲裁的案件。参见余劲松主编:《国际投资法》(第 4 版),法律出版社 2014 年版,第 343 页。

④ 《透明度规则》第 2 条规定,在仲裁程序启动时应公布案件信息,当被申请人收到仲裁通知时,争议各方即应迅速将仲裁通知副本发送给第 8 条所述及的存储处。存储处从被申请人处收到仲裁通知,或者存储处收到仲裁通知及该通知已发给被申请人的记录,即应迅速向公众提供关于争议各方名称、所涉经济部门以及提出有关申请所依据的条约的信息。

⑤ 《透明度规则》第 4 条第 1 款规定,经与争议各方协商后,仲裁庭可允许既不是争议方又不是非争议方条约缔约方的人(第三人)就争议范围内的事项向仲裁庭提交书面材料。

⑥ 《透明度规则》第 7 条第 5 款规定,被申请国认为信息披露将违背其基本安全利益的,本规则概不要求被申请国向公众提供有关信息。

四、《透明度规则》的制定、内容及其启示

(一)《透明度规则》的制定背景

东道国公众能否获得以本国政府为被申请人的投资仲裁案件信息并发表意见,直接关系可持续发展的要素能否在具体争议的审理中得以考虑。然而,国际投资争端解决中心(International Center for Settlement of Investment Disputes,ICSID)1976年《ICSID仲裁规则》,以及2010年《UNCITRAL仲裁规则》都没有确立透明度规则,而是采取了沉默的立场。具言之,这两版仲裁规则既没有要求当事人对案件信息保密,也没有要求当事人对外进行案件披露,外界对投资仲裁案件的信息知之甚少,根本无从表达见解,只有双方当事人都同意的基础上,仲裁庭才可对外公开裁决。2006年修订的《ICSID仲裁规则》针对这一问题特别作出了完善,要求在当事人没有相反意见的前提下,允许ICSID秘书处通过官方网站发布仲裁庭所作出的裁决背后的法律推理摘要。在此之际,社会公众有权知晓投资仲裁案件信息的法律依据主要是通过BIT中的透明度条款。具言之,《2003年加拿大BIT范本》《2004年美国BIT范本》等,确立了专门的透明度条款,在当事人据以提起仲裁的BIT中设置了透明度条款时,案外主体可以借助这类条款知晓立案信息、程序进行及裁决结果。①总体上,这种相对保密和闭塞的状况,阻碍仲裁庭在裁判投资争议时对非投资因素予以考虑,不利于可持续发展原则的具体实现。而BIT中的透明度规则提供了良好的矫正机制,因此被UNCITRAL关注,其试图订立专门规则予以完善和推广。

在2006年召开的UNCITRAL第四十四次会议期间,第二工作组(仲裁与调解工作组)讨论了未来改革仲裁与调解的可能性及其方案问题。在会议前期,工作组着力解决了对1976年《UNCITRAL仲裁规则》的修订问题。当年1月,工作组重拾2000年对仲裁程序中信息保密性问题的有关文件,作为供参会

---

① IISD, Investment Treaties & Why They Matters to Sustainable Development: Questions & Answers, Manitoba, IISD Publication, 2012, p. 45.

人员开放讨论的改革方向之一,2000 年的有关文件很大程度上是作为对 1994 年澳大利亚高级法院所审理的“埃索石油公司诉普洛曼案”(Esso v. Plowman)的回应。该案中,法院裁定支持仲裁程序应具有适当透明度。尽管有该案作为实践支撑,2000 年,第二工作组认为相比于其他问题而言,保密性问题尚不具有高度优先性。2006 年,工作组启动了《UNCITRAL 仲裁规则》的修订工作,并认为在该届会期内,没有必要在仲裁规则中增加要求仲裁保密的一般规定。在关于是否需要明示的保密性要求这一问题上,不同参会人员之间存在争议,但总体来看,不存在要求对现有仲裁体系更加保密化的主张。然而,考虑到仲裁庭在进行仲裁程序时拥有的自由裁量权,以及在“梅赛尼斯诉美国案”(Methanex v. US)的裁定中接受了法庭之友提交的书面意见,工作组承认“第三方介入仲裁程序是一项与仲裁保密性密切相关的议题”。

在 2006 年同届会期内,波尔森(Paulsson)与彼得罗基洛(Petrochilos)发布了一份关于 1976 年《UNCITRAL 仲裁规则》修订建议的报告,这份报告中仅顺便提及了透明度问题,却并未提及改进现行仲裁规则中关于第三方提交及参与仲裁程序的方案。[①] 这份报告后被分发给第二工作组的代表及观察员。作为观察员之一的非政府组织,国际环境法中心(Center For International Environmental Law),对这份修改建议报告进行了严厉批评:“这份由 UNCITRAL 委托两位仲裁界知名人士拟定的报告,在起草过程中显然毫无民间团体的参与,并且该报告并未充分反映出适用于投资仲裁的透明度及公众参与问题。此外,UNCITRAL 在起草报告前从未接触过相关领域的民间团体或其他国际组织,如联合国环境规划署或世界贸易组织。”[②]

UNCITRAL 的工作受到了其他法院及各类委员会决议的影响。在 2006 年同年,美洲国家间人权委员会曾认定,智利政府因拒绝了某企业提出的获取

---

① Jan Paulsson and Georgios Petrochilos, “Revision of the UNCITRAL Arbitration Rules: A Report”, Accessed July 3, 2019. https://www.uncitral.org/pdf/english/news/arbrules_report.pdf.

② CIEL, “UNCITRAL Arbitrations Involving State as a Party: Transparency, Public Participation and Accountability”, Accessed March 24, 2018. http://www.ciel.org/Publications/UNCITRAL_Statement_18Sep06.pdf.

投资者与国家间仲裁程序信息的请求,而被视为侵犯了请求方的信息权。据此,本案的决定确立了仲裁案外人要求获得案件信息的积极权利。此外,还有其他一些因素也影响了 UNCITRAL 的工作方向,例如,在"白瓦特高夫公司诉坦桑尼亚案"(Biwater Gauff v. Tanzania)和"阿古斯图纳里公司诉玻利维亚案"(Aguas del Tunari v. Bolivia)等涉及水权的投资争端,以及在"环球免税公司诉肯尼亚案"(World Duty Free v. Kenya)等涉及腐败的投资争端中,案件所波及的利益已经远远不局限于争端的当事人双方,而是因触及全球公共利益而引发了世界关注,以致案外人希冀以各种途径强化仲裁程序的透明度、了解案件信息,甚至借此向仲裁庭表达意见、提交书面报告等。[①]

在上述趋势的影响下,《北美自由贸易协定》(以下简称 NAFTA)项下的投资仲裁案件正在变得更加透明,2006 年修订的《ICSID 仲裁规则》第 37 条也明确了第三方提交的文件在仲裁程序中的地位,这使得反对投资仲裁透明度的主张在 UNCITRAL 第二工作组将难以立足。[②] 在 2006 年召开的 UNCITRAL 第二工作组第四十五届会议期间,工作组承认确实有必要在根据《UNCITRAL 仲裁规则》进行的仲裁程序中增加关于第三方提交文件的明确规定,并且在这方面确立的任何规则,将同样适用于私人间的商事争议、临时仲裁庭、投资者与国家间投资争端、主权国家间的公法争端。[③] 在 2007 年召开的 UNCITRAL 第二工作组第四十六届会议期间,工作组指出《UNCITRAL 仲裁规则》适用于争端当事方之间非常宽泛的法律关系,这种关系只要是确定的关系即可,无论其是

---

① M. Sornarajah, *The International Law on Foreign Investment*, third edition, Cambridge University Press, 2010, p. 455.

② Jason W. Yackee and Jarrod Wong, *The 2006 Procedural and Transparency-Related Amendments to the ICISD Arbitration Rules: Model Intentions, Moderate Proposals and Modest Returns*, Oxford, Oxford University Press, 2011, p. 11.

③ UNCITRAL, "Report of the Working Group on Arbitration and Conciliation on the Work of Its Forty-fifth Session (Vienna, 11-15 September 2006)", Accessed July 3, 2019. https://undocs. org/en/A/CN. 9/614.

契约性或非契约性。[①] 此外,部分国家建议,应当在仲裁规则中明确规定公众有权接触仲裁文件、旁听仲裁庭审、提交非当事人的意见陈述以及投资仲裁裁决的公开。作为回应,部分参会代表尝试在仲裁规则中增加保密性的专门规定。在这次会议闭幕前,工作组同意了仲裁规则宽泛的适用范围,但并不同意增加涉及透明度的有关规定。[②]

关于仲裁保密性的问题,最终在 2007 年 9 月召开的 UNCITRAL 第二工作组第四十七届会议上得到了解决。工作组认为,关于保密性的问题,完全可以允许争端当事双方进行约定,只要相关约定是为了寻求在法律程序进行期间的合法权利,这种约定即具有对抗仲裁强行法中关于裁决公开规定的效力。同时,工作组要求秘书处进一步考虑仲裁裁决公开的问题。除此之外,工作组同意将《UNCITRAL 仲裁规则》适用于投资者与东道国争端解决程序中。但遗憾的是,透明度的其他具体问题并未被与会者提及。[③]

除 UNCITRAL 外,作为非政府组织,国际环境法中心与国际可持续发展研究院(International Institute for Sustainable Development,IISD)都对增强投资仲裁的透明度贡献良多。2007 年 2 月,这两个组织共同起草了一份关于透明度问题的讨论稿,该讨论稿在小组会议上被与会者热议。作为对工作组报告的回应,两个组织又于 2007 年 9 月共同提交了其讨论稿初稿的修订版。[④] 两份报告都强调有必要增强投资者与东道国之间投资条约仲裁的透明度,并且建议仲裁庭应当在外国投资者根据投资条约对东道国提起的仲裁案件中主动履行透明

① 参见佚名:《贸仲派员参加贸法会仲裁和调解工作组第四十六届会议》,载中国国际经济贸易仲裁委员会、中国海事仲裁委员会、中国国际商会仲裁研究所主办:《仲裁与法律》(2006 年第 5 辑 总第 106 辑),法律出版社 2007 年版,第 5~6 页。

② UNCITRAL,"Report of the Working Group on Arbitration and Conciliation on the Work of Its Forty-sixth Session (New York,5-9 February 2007)",Accessed July 3,2019. https://undocs.org/en/A/CN.9/619.

③ UNCITRAL,"Report of the Working Group on Arbitration and Conciliation on the Work of Its Forty-Seventh Session (Vienna,10-14 September 2007)",Accessed July 3,2019. https://undocs.org/en/A/CN.9/641.

④ CIEL and IISD,"Ensuring Transparency in Investor-State Dispute Resolution Under the UNCITRAL Arbitration Rules", Accessed July 3, 2019. https://www.iisd.org/pdf/2010/unicitral_ensuring_transparency.pdf.

度义务。这些前期工作,为《透明度规则》的诞生做足了铺垫工作,同时也深刻影响理论界与实务界对透明度概念的进一步理解。在上述背景下,UNCITRAL于2013年7月11日通过了《透明度规则》,该规则于2013年12月16日召开的第68届联合国大会上获得第109号决议通过,自2014年4月1日起正式生效。

(二)《透明度规则》的主要内容

《透明度规则》作为一套程序规则,主要用于规范如何向公众提供关于投资条约下所发生的投资者与国家间仲裁的信息。就文本而言,《透明度规则》内容简明,仅有8个条文,但其极大地提升了《UNCITRAL仲裁规则》中有关透明度的规定。探讨《透明度规则》的主要内容,应遵循以下逻辑:首先,要厘清UNCITRAL与UNCTAD在国际投资仲裁透明度方面的工作有何关联;其次,要厘清规则的各项条款分别从哪些角度规范仲裁程序以实现透明度,条文彼此之间的关系何在;最后,要厘清《透明度规则》中的"透明度"具有何种法律含义,信息公开的对象有哪些,透明度的适用存在哪些例外,通过何种制度设计来保障透明度的适用效果。

在UNCTAD于2004年发布的《国际投资协定透明度报告》第一章A节第一段中,其首先提及,作为一项通用术语,"透明度"相当于公开,其所蕴含的意义是使任何一位社会主体愿意将自身的活动接受公众的审查与评议。继而,报告中又明确了在跨国直接投资关系中,透明度的首要目标是增强投资关系的可预测性和稳定性,国际投资协定中的透明度条款应明确其性质、目标和范围,要求促进磋商和信息交流、保障信息公开、规范对信息披露请求的答复和通知、确立透明度义务的若干适用例外等。[①] 相比之下,2012年新公布的《国际投资协定透明度报告》则列举并归纳了透明度外延的晚近发展,包括拟定具体措施前应尽早对外公布草案并商讨、利用修饰措辞限缩或延展透明度范围的边界

① UNCTAD, *UNCTAD Series on Issues in International Investment Agreements: Transparency*, Geneva, United Nations Publication, 2004, p. 5.

等。[①] 从文本来看,UNCITRAL 主持制定的《透明度规则》与 UNCTAD 的两项报告之间既有承继的关系,又有所阐扬和创新。具言之,该规则更侧重于争议解决的程序视角,其所确立的透明度义务重点针对仲裁案件的管理机构与仲裁庭,同时也及于案件的争端当事方对关键证据与文件信息的公示。

《透明度规则》的各个条款分别从不同的角度来提升投资仲裁的透明度,其内在的逻辑安排遵循仲裁程序进行的基本顺序,即"仲裁程序启动—文件公开—第三方提交—庭审公开—裁决公开",同时还特别列明透明度规则的例外。这一逻辑顺序,从各个条文的标题即可探知。具言之,第 2 条题为"在仲裁程序启动时公布信息",第 3 条题为"文件的公布",第 4 条与第 5 条分别为"既非争端当事方又非缔约方的第三人提交材料""非争端当事方但为条约缔约方的主体提交材料",第 6 条则要求整个审理程序(无论是书面证据提交抑或口头庭审抗辩程序)应向公众公开。可见,这些条款系从整个仲裁程序的时间逻辑与顺序作为轴心进行排列的。而与此同时,第 7 条则列明了不适用透明度的法定例外。这种同时从正反两个角度规定应予透明化处理的信息与享有证据特免权(privilege)的保密信息,是出于协调不同法益所作出的权衡与考量。其中,第 4 条与第 5 条之所以分立而列为不同条款,是考虑到非争端缔约方很可能在未来就因同一条约提起的案件中担任潜在的被申请人,其在解释与适用条款的过程中能够以条约当事方与谈判参与者的身份发表具有重要参考价值的法律意见。例如,在 NAFTA 第 1127 条、第 1128 条、第 1129 条中就直接规定了缔约国接触案件并向仲裁庭陈述己方意见的程序与文件。[②] 除此之外,对透明度的强化,能够在相当程度上使仲裁庭的裁决为公众所接受和认同,这对国际投资争端解决机制乃至整个国际投资法治的可持续发展是有益无害的。

作为国际法治发展中的一项重要原则,透明度本身既有实体法上的含

---

① 张建军:《国际投资协定之透明度规则研究》,中国社会科学出版社 2016 年版,第 12 页。

② 参见梁丹妮:《〈北美自由贸易协定〉投资争端仲裁机制研究》,法律出版社 2007 年版,第 156 页。

义,又具有程序法上的特殊性。实体法上的透明度旨在向国家规定披露义务,将本国制定的投资法律规则、行政法规、部门规章、政策等文件及投资实践面向社会公众充分开放,这是"善治"(Good Governance)的内在要义。[①] 而投资仲裁程序中的透明度原则,比实体法层面更进一步,以至于争端当事方与案外主体均可较为容易地获得、查看、验证与其切身利益息息相关的法律事件,因此可以说这项原则备受国际投资条约缔约方以外的主体关注。[②] 与此同时,透明度原则作为国际投资协定中的新兴条款,其充分调和并纳入了公法中的信息公开概念与私法中的信息披露义务,例如,《中华人民共和国政府与澳大利亚政府相互鼓励和保护投资协定》第6条第1款有此方面的规定。[③] 而《透明度规则》的颁布,亦对此有所彰显,其既包括对非争端当事方的条约缔约方进行特定的公开,也包括了对既非争端当事方又非缔约方的案外第三方主体进行公开的对世义务,两者共融于一体,有益于从整体上建构公开义务的对象与主张权利的多元主体,这实际上是对既有规则的进一步提炼与升级。

就其适用效果而言,在仲裁程序初始阶段,对立案信息进行有选择的披露,将使公众知晓相关仲裁程序的存在;除仲裁庭和仲裁机构的主动披露外,根据《透明度规则》第3条,案外主体还可以请求特定细节信息的披露;该规则还明确了第三方和非争端双方的条约缔约方拥有提交其书面意见的权利;仲裁庭审程序基本是对公众公开的,允许旁听。然而,案外人权利的行使受到第7条例外规则的限制。另外,根据第8条,为了确保该规则能正常发挥作用,联合国秘书长或UNCITRAL指定了专门的信息存管机构。[④]

---

① Manjiao Chi, *Sustainable Development Provisions in Investment Treaties: An Empirical Exploration of the Sustainable Development Provisions in BITs of Asia-Pacific LDCs and LLDCs*, Geneva, United Nations ESCAP, 2018, p. 19.

② 参见张潇剑:《国际法纵论》,商务印书馆2011年版,第437页。

③ 载中华人民共和国商务部条约法律司官网:http://tfs.mofcom.gov.cn/article/h/av/200212/20021200058345.shtml,最后访问日期:2019年7月1日。

④ Dimitrij Euler, Markus Gehring and Maxi Scherer, *Transparency in International Investment Arbitration: A Guide to the UNCITRAL Rules on Transparency in Treaty-Based Investor-State Arbitration*, Cambridge, Cambridge University Press, 2015, pp. 13-14.

(三)《透明度规则》的价值及启示

对于仲裁庭而言,在透明的环境下开展裁判活动,可以促使仲裁员"兼听则明",即考虑不同主体的见解从而避免轻易地被导向某一方的价值观念。与此同时,外部监督的存在,可以在一定程度上激励仲裁庭对相同的条约做相同的推论与解释,通过克服对立的裁决结果的冲突保证裁判的一致性、稳定性和连贯性,从而解除围绕在国际投资仲裁中的所谓"正当性危机"。《透明度规则》的出台,系旨在解决国际投资争端解决各环节暴露出的信息封闭性、决策内部化、救济优先性、程序保密性等弊端,为非争端当事方的案外主体发表书面意见或参与口头程序提供渠道。从其核心条款的释义可知,其对于促进信息公开、程序透明、结论公正具有重要的积极意义。

可以肯定的是,截至成文时,《透明度规则》是当下国际投资仲裁机制中透明度要求最高的规则,同时 UNCITRAL 又制定了《透明度公约》,进一步扩大《透明度规则》的适用范围,以国际公约的形式将投资仲裁透明度规则提升到了更高的层面,有助于建立公平高效解决国际投资争议的协调法律框架,提高透明度,加强问责制,促进善治,从程序法角度对国际投资法中可持续发展原则的落实起到了关键推力。

自 2014 年 4 月《透明度规则》实施以来,其不仅直接强化了适用《UNCITRAL 仲裁规则》的投资仲裁具体个案的透明度,而且也给国际投资仲裁制度的改革带来了深远的启示。具言之,这种规范层面的启示体现在制度建构与法治变革两个角度:一方面,自《透明度规则》实施以来,新加坡国际仲裁中心①、中国国际经济贸易仲裁委员会②、北京仲裁委员会③等仲裁机构先后颁行了专门的国际投资仲裁规则,这些规则无一例外地引入了透明度条款,对维

① 《新加坡国际仲裁中心投资仲裁规则》,载新加坡国际仲裁中心官网:http://www. siac. org. sg/our-rules/rules/siac-investment-arbitration-rules,最后访问日期:2019 年 8 月 27 日。

② 《中国国际经济贸易仲裁委员会国际投资争端仲裁规则(试行)》,载中国国际经济贸易仲裁委员会官网:http://cietac. org. cn/index. php? m = Page&a = index&id = 389,最后访问日期:2019 年 8 月 27 日。

③ 《北京仲裁委员会/北京国际仲裁中心国际投资仲裁规则(征求意见稿)》,载北京仲裁委员会官网:http://www. bjac. org. cn/news/view? id = 3369,最后访问日期:2019 年 8 月 27 日。

持国际投资争端解决机制的可持续发展大有裨益;另一方面,《ICSID 仲裁规则》的修改近年来备受关注,其中的一个发展方向也是参照《透明度规则》标准和要求在现有规则的基础上将透明度予以升华。

2017 年 10 月 1 日颁行的《中国国际经济贸易仲裁委员会国际投资争端仲裁规则(试行)》(以下简称《贸仲投资仲裁规则》)迄今已颁行逾两年。该规则是中国仲裁机构制定的首部国际投资仲裁规则,具有历史上的里程碑意义。值得一提的是,该规则相比于国内其他仲裁机构针对私人间商事争议解决而制定的商事仲裁规则而言,在仲裁程序的透明度上作出了颇具前瞻性的努力,汲取了国际投资仲裁发展的最新研究成果。就文本分析,《贸仲投资仲裁规则》第 44 条以多达 12 款的较长篇幅详细规范了仲裁当事人以外的第三方提交书面意见的有关问题,其总体上符合国际投资争端解决中的可持续发展原则,也与《透明度规则》的基本要求相契合。具言之,《贸仲投资仲裁规则》区分了两类可向仲裁庭提交书面意见的案外人主体:一是当事人之外的投资条约缔约方(以下简称非争议缔约方),其既对案件所涉投资条约解释具有发言权,又可对争议范围内的某一事项拥有发表意见的权利;二是当事人和非争议缔约方之外的个人或实体(以下简称非争议方),其仅可就案件所涉争议范围内某一事项提交书面意见,而不得就条约的解释发表意见。为了保证非争议方提交的书面意见能够尽量以独立、中立、客观、公正的角度对仲裁庭的裁判起到辅助作用并促进程序的透明度,《贸仲投资仲裁规则》第 44 条第 3 款要求其所提交的书面意见中应列明其组织成员和法律地位(如公司、贸易协会或其他非政府组织)、一般目标、活动性质以及上级组织(包括任何直接或间接控制该非争议方的组织)。书面意见应披露该非争议方是否与当事人存在任何直接或间接的关系,以及在其准备书面意见过程中向其提供财务资助或其他任何协助的政府、组织或个人。根据《贸仲投资仲裁规则》第 44 条第 10 款的规定,如确有必要,为便于非争议缔约方或非争议方参与仲裁,仲裁庭可以决定向其提供与仲裁程序相关的文件。这一款项不仅有助于强化仲裁程序本身的透明度,而且对案外人有效参与仲裁提供了规范保障。

值得关注的是,自2016年起,ICSID行政理事会启动了《ICSID仲裁规则》的第四次修订程序,并于2018年8月公布了全面修订《ICSID争端解决规则的征求意见稿》(Proposals for Amendment of the ICSID Rules,以下简称《征求意见稿》)。2019年3月,ICSID在吸取来自各方面意见的基础上,对拟议修正案进行了更新。[①] 就仲裁程序的透明度而言,2019年3月公布的《ICSID仲裁规则拟议修正案》对2018年8月公布的案文进行了进一步的修正,两版修正案在透明度问题的处理方面与《贸仲投资仲裁规则》第44条的基本理念高度一致,体现了国际投资争端解决中的可持续发展援助。具言之,在2019年3月公布的修正案中,第五章详尽规定了投资仲裁中的信息公开(Publication)、程序参与(Access to Proceedings)、非争端当事方提交意见(Non-Disputing Party Submissions)等内容。略有遗憾的是,在《ICSID仲裁规则》的两版修正案中,秘书处并没有纳入UNCITRAL《透明度规则》所确立的同等标准的透明度条款,这实际上与《华盛顿公约》本身的规定不无关联。依据《华盛顿公约》第48条第5款的规定,ICSID未经双方当事人的同意不得公布仲裁裁决,裁决的公开需要先行取得各方当事人的同意,这表明裁决透明度确立是选择方可适用(Opt-in)的法律模式。[②] 而根据《透明度规则》第3条第1款的规定,除第7条另有规定外,仲裁庭应向公众提供及仲裁过程中发布的命令、决定和裁决,这一规定将裁决公开视为原则,而将不公开视为例外,不公开的信息限于仲裁中的保密信息或公开后会对仲裁程序的完整性构成不当影响的信息。简言之,《透明度规则》中对裁决公开问题的处理模式是原则上应公开除非符合例外(Opt-out)的法律模式。《ICSID仲裁规则》的修正案及《贸仲投资仲裁规则》尽管试图强化仲裁程序及仲裁裁决的透明度,但总体上采取的是更为稳妥和慎重的制度设计,并未达到UNCITRAL《透明度规则》确立的较高标准。事实上,在中国《仲裁法》未作实质性修订的前提下,仲裁的保密性仍然是法定的制度基础,在透

---

① IISD, "Summary Comments to the Proposals for Amendments of the ICSID Arbitration Rules", Accessed June 28, 2019. https://icsid.worldbank.org/en/Documents/IISD.pdf.

② 参见李万强:《ICSID仲裁机制研究》,陕西人民出版社2002年版,第326页。

明度问题的处理上,稳妥的制度选择对于中国的国际投资仲裁而言,可能更为适宜。鉴于此,《贸仲投资仲裁规则》所规定的程序透明度条款,符合国际投资争端解决的总体趋势与中国国情,较好地平衡了透明度与保密性的不同要求、弥合了私人权益与公共利益之间的沟壑,具有可行性。

五、结语

2008年"经济危机"的爆发,导致各国政府加强其在经济发展中的监管作用。近年来,东道国公共利益与外国投资者私人经济利益之间的矛盾冲突,促使发达国家反思传统国际投资政策及本国的相关立场。发展中国家,特别是以中国为代表的新兴经济体,由于存在对外投资与吸引外资的身份混同问题,也开始倡导可持续发展的理念并呼吁平衡资本输入国与资本输出国的权益保护。[①] 越来越多的国际投资协定在序言中申明,条约并不会为了单方面保护和促进投资而牺牲其他的重要价值,如健康、安全、劳工保护和环境,也不会因外资的保护而损及东道国在公共利益方面的监管权和规制权,这正是可持续发展原则的直接体现。[②]

随着经济一体化的纵深展开和国际投资自由化的平稳发展,国际社会对国际投资政策的"共同路径"取得了初步共识,这也在一定程度上反映了国际投资政策的最新发展趋向。在"后金融危机时代",国际投资的全球治理正在发生重大变迁,这深刻影响了国际投资法的转型。从宏观层面来看,投资与贸易议题一体化、投资与非经济议题相互融合的趋势不断加强,这导致"新一代投资政策"越发复杂多样,相比于传统的投资政策,"新一代投资政策"具有更明显的平衡化和可持续发展的趋势。[③] 加之投资准入自由化、便利化、透明性的兴起,高标准、平衡化的全球投资治理正在兴起。如本文所言,国际投资仲裁的

① 钱嘉宁、黄世席:《国际投资法下东道国监管权的改革——基于可持续发展原则的分析》,载《北京理工大学学报》(社会科学版)2018年第4期。

② 钱嘉宁:《国际投资法下履行要求的可持续发展型改革》,载《国际经贸探索》2018年第3期。

③ 王彦志、王菲:《后危机时代国际投资全球治理的变迁:趋势、影响与成因》,载《国际关系与国际法学刊》2015年第5卷。

透明度正在逐步加大，但争端解决中不一致性和不平衡问题依然比较严重，全球投资治理正在从新自由主义范式转向内嵌自由主义范式。在"新一代投资政策"语境中，投资政策包括国内法方面的外国投资立法和国际法方面的国际投资条约实践。可持续发展的投资政策框架（Investment Policy Framework for Sustainable Development，IPFSD）是国际投资政策历经长期发展、面临重大转折点的产物。其产生背景是传统国际投资政策本身面临严峻挑战，发达国家与发展中国家的国际投资地位发生显著变化，引发了国际社会调整国际投资秩序的动机和需求。与此同时，可持续发展原则与中国着力推进的"一带一路"建设高度契合。实施"一带一路"倡议，发展海外投资，只有突出沿线国家和地区的可持续发展，才能行稳致远。[①] 可持续发展的投资政策从偏重保护外资权益到强调兼顾促进东道国可持续发展；从偏重保护外资到平衡当事双方权利义务；保护外资和监管外资从各行其道到融为一体。

透明度原则的提出与强化系作为国际投资法制与投资仲裁实践应对时代潮流与顺应新挑战的产物，这一原则不仅是在投资仲裁遭遇"正当性危机"的背景下进行的改革，而且是对保障整个国际法律实践可持续发展作出的一种重要努力。《2012 年美国 BIT 范本》（第 11 条）、2012 年《中华人民共和国政府和加拿大政府关于促进和相互保护投资的协定》（第 17 条）中均引入了这一原则，本文所述的 2014 年《透明度规则》及《毛里求斯透明度公约》则从争议解决的视角对此展开了更为深入的升华与更为普遍的推广。随着"一带一路"建设不断向纵深发展，只有以可持续发展的理念与透明度的原则作为指引，才有望获取更高水平的持久合作，从而使沿线国家间的经贸往来在人类命运共同体的整体框架内不断迈入新的高度。

---

① 参见宁红玲、漆彤：《"一带一路"倡议与可持续发展原则——国际投资法视角》，载《武大国际法评论》2016 年第 1 期。

金融开放背景下的国际金融仲裁发展路径

苏伟康　吕思齐　穆　帅*

摘要：长期以来，由于自身的制度性缺陷和运行中产生的障碍，仲裁在金融领域发挥的作用相当有限。在扩大金融开放的背景下，国际化、复杂化、私密化的金融纠纷需要仲裁来解决。中国金融司法的供给不足在客观上也为金融仲裁提供了发展机遇。在比较国内外机构的仲裁规则之后，笔者认为，提升专业与效率已成为发展金融仲裁的共识。就金融仲裁规则的具体构建而言：开放的仲裁员选任规则和专家名册机制将确保纠纷解决的专业性；快速仲裁程序的构建有助于提高仲裁效率；裁决的披露不仅是法律确定性的需要，也是树立金融仲裁形象、赢得当事人信任的关键。

关键词：金融开放　国际仲裁　仲裁员名册　裁决披露机制

一、引言

在“博鳌亚洲论坛2018年年会”开幕式上，习近平主席宣布，中国决定在扩大开放方面，大幅度放宽市场准入，放宽银行、证券、保险行业外资股比限制的重大措施要确保落地，同时要加大开放力度，加快保险行业开放进程，放宽外资金融机构设立限制，扩大外资金融机构在华业务范围，拓宽中外金融市场合

---

* 苏伟康，上海对外经贸大学法学院诉讼法学硕士研究生；吕思齐，上海对外经贸大学民商法学硕士研究生；穆帅，上海对外经贸大学国际法学硕士研究生。

作领域。[①]

中国金融市场扩大对外开放已成必然。国际上多元的金融资本在中国金融市场进行深度和广度上的扩展,必然会使国际金融纠纷的数量和复杂性上升,这给现有的金融纠纷解决机制带来了挑战。和谐的金融秩序需要多元化的纠纷解决机制。[②] 引入外部资源,探索和完善金融案件的多元化纠纷解决机制,也是司法改革的基本方向。[③] 中国仲裁机构在扩大金融开放的背景下可以有何作为,又应当如何作为?本文将探讨在不断变化的国际金融纠纷面前,仲裁程序所面临的挑战与发展机遇,以及金融仲裁规则的改革方向和具体构建。

展开论述之前,需要明确"金融纠纷"这一概念的边界。有学者将"金融交易"定义为金融机构之间以及金融机构与其他法人和自然人之间在货币市场、资本市场、外汇市场、黄金市场和保险市场上所发生的本外币资金融通、本外币各项金融工具和单据的转让、买卖等金融交易活动。[④] 在金融交易过程中产生的纠纷就是金融纠纷。这一定义也被仲裁机构接受。[⑤] 根据金融交易中产生纠纷的主体,可以将金融纠纷分为商事主体之间的商业金融纠纷(既包括金融机构之间也包括金融机构与非金融机构之间)、金融机构与一般消费者之间的消费金融纠纷和由主权债务引发的投资金融纠纷。本文的论述重点是商事主体之间的商业金融纠纷的仲裁解决。

二、挑战与机遇——金融仲裁的现实阻力和前景展望

仲裁不仅是解决纠纷的方法,也是一种产业,同时也是金融中心的重要标

---

① 新华社:《中国释放金融业对外开放强信号》,载新华网:http://www.xinhuanet.com/fortune/2018-04/11/c_1122668571.htm,最后访问日期:2018年6月21日。

② 参见白映福、毛玉光:《金融争议多元化解决机制理论与实务》,法律出版社2011年版,第27页。

③ 最高人民法院《关于进一步加强金融审判工作的若干意见》第26条规定:有效引入外部资源,探索完善金融案件的多元化纠纷解决机制。

④ 霍洪涛:《金融仲裁的独立化》,载《人民法院报》2005年7月18日,第B03版。

⑤ 《中国国际经济贸易仲裁委员会金融争议仲裁规则》(2015年版)第2条规定:"……金融交易,是指金融机构之间以及金融机构与其他法人和自然人之间在货币市场、资本市场、外汇市场、黄金市场和保险市场上所发生的本外币资金融通、本外币各项金融工具和单据的转让、买卖等金融交易……"

志之一。[①] 在很多商业领域,仲裁已经成了解决纠纷的重要途径。然而,在金融领域,仲裁并没有在一开始就发挥其效用。长期以来,金融机构对仲裁明显缺乏足够的信心。[②] 在金融纠纷面前,仲裁面临阻力与挑战。但是,在挑战的背后,应当注意金融仲裁尤其是国际金融仲裁积极的发展趋势,以及在这一趋势中所蕴含的发展机遇。

(一)金融纠纷提交仲裁阻力与挑战

早在2007年12月,上海市金融仲裁院作为中国第一家专门的金融仲裁机构正式成立。从2015年到2017年,上海市金融仲裁院共受理案件1416件,其中2017年受理592件,争议金额31.48亿元,较2016年的37.54亿元减少了6.06亿元,减幅为16%(见表1)。[③]

表1 2015~2017年上海市金融仲裁院受案数量及争议金额

项目	2015年	2016年	2017年
受案数量(件)	483	341	592
争议金额(亿元)	30.78	37.54	31.48

与之相对应的是,从2012年到2017年,上海市法院共审结一审金融案件47.8万件,同比上升358.3%。[④] 仲裁与诉讼受案量增长速度之间如此巨大的差异值得思考。事实上,这并非孤例。伦敦大学玛丽女王学院在2013年进行的调查表明,56%的能源部门受访者和68%的建筑部门受访者倾向于使用仲裁来解决国际纠纷;而在金融服务领域,82%的受访者更倾向于优先通过诉讼程

① 参见朱伟一:《金融纠纷仲裁的若干问题》,载《中国法律》2012年第3期。

② Klaus Peter Berger, "The Aftermath of the Financial Crisis: Why Arbitration Makes Sense for Banks and Financial Institutions", *Law & Fin. Mkt. Rev.* 3, 2009, p. 54.

③ 数据由笔者自行整理。来源自上海金融仲裁院"本院动态":http://jr.accsh.org/index.php?m=content&c=index&a=show&catid=75&id=96&menu=77-75-,最后访问日期:2018年5月6日。

④ 数据来源自《2017年上海市高级人民法院工作报告》。

序来解决国际纠纷。[①]

仲裁在金融纠纷解决领域中缺位的原因是金融机构对仲裁机制的专业性、效率、解决纠纷的资格存在担忧。

首先是对仲裁专业性的担忧。国际掉期与衍生工具协会(International Swaps and Derivatives Association,ISDA)指出,当事人在运用仲裁作为争议解决方式时遇到的问题是:具备关于金融衍生品专业知识的仲裁员的数量远远比不上那些精通公司法、建筑工程或船运知识的仲裁员。[②] 在国际仲裁中,仲裁员可能来自当事人以外的国家,仲裁员的法律背景和从业经历都不一致,甚至会不熟悉仲裁地的金融法律规定。仲裁庭可能会作出不专业的“劈开孩子”(split the baby)[③]的裁决。[④]专业性的不足是金融机构怀疑仲裁的重要原因。

其次是对仲裁效率的担忧。从仲裁本身的特性来看,“一裁终裁”的仲裁在效率上具有不可比拟的优势。然而越来越多实践证明,组建一个仲裁庭的时间不见得比一次上诉的时间要少;从金融纠纷的特性来看,大量金融业的纠纷往往是“一次性的货币纠纷”,[⑤]即由简单交易引起的纠纷,如因借款人不履行还款义务的借贷纠纷。这类纠纷往往不涉及复杂的金融技术或事实发现问题。与仲裁相比,向法院提起诉讼的解决方式可能会更加快捷简单。

再次是对“仲裁不能”的担忧。某些金融纠纷落入法院专属管辖的范围,无法被提交仲裁。例如,在ISDA 1992年和2002年的主协议中,示范管辖条款规定了所有有关场外衍生品的争端必须在纽约或伦敦的法院解决。在贷

---

① Queen Mary University of London and Pricewaterhouse Coopers, “2013 Corporate Choices in International Arbitration: Industry Perspectives”, Accessed December 9, 2018. http://www. arbitration. qmul. ac. uk/research/2013/.

② 戴楚文:《国际金融紧急仲裁程序研究》,复旦大学法学院2013年博士学位论文,第19页。

③ 即“所罗门的审判”。所罗门的审判故事出自《圣经旧约》:所罗门是以色列的一代明君,圣经记载曾有两个女人争抢一个婴儿,请所罗门明断。所罗门说:那就把孩子分成两半,每人一半好了。一个女人说:“不要!我宁可他不在我的身边,也希望他能健康地活着。”另一个女人说:“这样也行,如果不能给我,也不把孩子交给她。”于是所罗门作出了明智的判决。这里意为不专业的判决。

④ James Freeman,“The Use of Arbitration in the Financial Services Industry”, *Jones School of Law Library*, 16 *Bus. L. Int'l* 77, 2015, p. 78.

⑤ A. Connerty, “Documentary Credits: A Dispute Resolution System from the ICC”, *Journal of International Banking Law* 14(3), 1999, p. 65.

款市场协会(Loan Market Association)的标准条款中也有类似于把争端提交法院的条款。[①] 在这种情况下,仲裁庭无法获得案件的管辖权。在纠纷涉及多方当事人的情况下,仲裁也往往无法发挥作用。协商一致作为仲裁的基础,此时却成了缺陷。在广泛存在第三方、关联方的金融交易中,"一案一裁"的基本原则可能会导致不同仲裁庭作出相互矛盾的裁决。例如,在一个担保纠纷中,一项裁决要求担保人向被担保人履行担保义务,而在另一项裁决中却驳回了担保人向反担保人求偿的请求。在涉及多方主体的纠纷中,仲裁庭的管辖权同样受到质疑。

最后是对"拒绝仲裁"的担忧。并非所有的金融纠纷都能进入仲裁庭,仲裁庭为进入仲裁程序的纠纷设立了程序和实体的双重条件。《承认及执行外国仲裁裁决公约》(Convention on the Recognition and Enforcement of Foreign Arbitral Awards,以下简称《纽约公约》)对仲裁协议的形式有效性做了严格的规定。《纽约公约》第2条明确了仲裁的前提要求是双方签署仲裁协议。在德国,证券相关纠纷的可仲裁性受到德国证券交易法的限制。德国《证券交易法》(Wertpapierhandelsgesetz)第37条(h)项规定,对因证券服务业务、有价证券附加服务或金融期货交易而引发的未来法律争议的仲裁协议,只有当协议双方均是德国《商法典》(Handelsgesetzbuch)中所指的商人或公法意义下的法人时才具有约束力。[②] 如果争议是可仲裁的,仲裁协议必须满足严格的形式要求。美国司法系统最初也对金融纠纷的可仲裁性有诸多争论。在1953年的"威尔科诉斯旺案"中,[③]美国联邦最高法院认为,金融仲裁程序存在仲裁员滥用法律的风险。而根据美国《联邦仲裁法》,司法机构无法推翻仲裁裁决。允许证券仲裁实际上将迫使申请人放弃美国《证券法》所提供的保护。[④] 直到1989年,在"罗德里格斯德奎加斯诉希尔森/美国运通公司案"(以下简称"罗

① Inka Hanefeld,"Arbitration in Banking and Finance",9*N. Y. U. J. L. & Bus.* 917,2013,p. 920.

② 参见中国证券监督管理委员会组编:《德国证券法律汇编》,法律出版社2016年版,第465页。

③ Wilko v. Swan. 346 U. S. 427,438(1953).

④ Shahla F. Ali,"Lessons for the US System of Financial Arbitration: A Responsive Empirical Exploration of Arbitration and Ombudsman Services",8 *Frontiers L. China* 651,2013,p. 662.

德里格斯德奎加斯案”)中,[①]美国联邦最高法院才推翻了之前的认定,认为“仲裁程序并不会从本质上损害美国《证券法》赋予当事人的任何实质性权利”。

总之,先天的制度性缺陷和后天运行中所产生的障碍严重影响了金融从业者将纠纷诉诸仲裁的意愿。

(二)金融仲裁的发展趋势及原因

然而,在金融行业中,形势正在发生着变化。在美国的证券领域,以 1989 年“罗德里格斯德奎加斯案”为界,此案之后,美国金融业监管局受理的证券纠纷仲裁案件显著增加。[②] 欧洲交易所(Euronext N. V.)[③]这样的大型交易所将仲裁规定为解决市场交易争议的重要渠道;[④]2013 年制定的《ISDA 仲裁指引》规定了关于金融衍生品争议提交仲裁的内容和指引,并向当事人提供了可纳入 ISDA 主协议的大量标准仲裁条款。由中国银行间市场交易商协会发布的《中国银行间市场金融衍生产品交易主协议》(2007 年版)也规定,由协议产生的纠纷应通过仲裁解决。[⑤] 这些提交仲裁的倡议与专业化的金融仲裁机构和规则相辅相成、交相呼应。专业化的金融仲裁机构有海牙的国际金融市场专家组(Panel of Recognised International Market Experts in Finance,以下简称金融专家组)、香港金融纠纷调解中心(Financial Dispute Resolution Centre)、美国金融业监管局等;专门的金融仲裁规则也并不鲜见,如《中国国际经济贸易仲裁委员

---

① Rodriguez de Quijas v. Shearson/AmericanExpress, Inc. 490 U. S. 477, 109 (1989).

② Shahla F. Ali, “Lessons for the US System of Financial Arbitration: A Responsive Empirical Exploration of Arbitration and Ombudsman Services”, 8 *Frontiers L. China* 651. 2013, p. 662.

③ 欧洲交易所(Euronext N. V.)是欧洲首家跨国交易所,是欧洲第一大证券交易所、世界第二大衍生产品交易所。

④ Euronext Rule Book Book 1: Harmonised Rules, Rule 1701. 载 https://www.euronext.com/en/regulation/harmonised-rules,最后访问日期:2018 年 7 月 3 日。

⑤ 《中国银行间市场金融衍生产品交易主协议》(2007 年版)第 18 条第 2 项规定了争议的解决方式:交易双方可通过协商方式解决双方之间在本协议下或与本协议相关的任何争议、索赔或纠纷。若交易双方不进行协商或协商未果,交易双方同意应将争议、纠纷或索赔提交中国国际经济贸易仲裁委员会按照届时有效的《中国国际经济贸易仲裁委员会仲裁规则》在北京以仲裁方式解决,仲裁庭由三名仲裁员组成,仲裁裁决是终局的,对交易双方具有约束力。

会金融争议仲裁规则》(以下简称《金融争议仲裁规则》)等。[①] 2018 年伦敦大学玛丽女王学院所进行的调查报告清晰地表现了这一变化。56%的受访者预计仲裁会在金融领域中得到更广泛的运用。金融机构及其律师正也比以往任何时候都大得多的兴趣考虑仲裁。而对著名仲裁机构的访问证实,仲裁机构正尽一切努力加强其仲裁规则,以便在仲裁程序中更好地解决财务纠纷。[②]

金融纠纷自身演化所产生的需求,是金融仲裁逐渐受到青睐的原因。具体分析如下:

1. 国际化的金融纠纷需要仲裁

在选择跨境纠纷解决方式的时候,裁判结果的执行是重要的衡量因素。法院判决无法在世界范围内"流通"。法院判决的承认与执行只能通过区域性的协定(如欧盟成员国签订的《布鲁塞尔公约》)或是双边协定(如中国内地和香港特别行政区签订的《关于内地与香港特别行政区法院相互认可和执行当事人协议管辖的民商事案件判决的安排》)进行。除制度性障碍外,判决的执行还受到执行地法律的影响。在很多地区的执行程序中,金融债权人需要开始新的法庭程序,甚至要完全开始新的诉讼程序。

受益于《纽约公约》,仲裁拥有不可比拟的跨境执行优势。它实现了仲裁裁决在全世界范围内的承认与执行。随着苏丹 2018 年 4 月的加入,现有 159 个国家成为《纽约公约》的缔约国。《纽约公约》的缔约国法院负有承认和执行仲裁裁决的义务,只需凭借仲裁裁决和仲裁协议,当事人就可以申请法院强制执行。法院仅能在十分有限的理由下拒绝执行。正因如此,大部分国际银行(如世界银行或欧洲复兴开发银行)的贷款协议中一直将仲裁作为争端解决的主要方式。

当然,仲裁的执行也并不是在任何时候、任何地点都畅通无阻。在一些伊

---

① 广东省商务厅:《金融机构与国际仲裁》,载广东省商务厅网:http://go. gdcom. gov. cn/article. php? typeid=9&contentId=7104,最后访问日期:2018 年 7 月 3 日。

② Queen Mary University of London and Pricewaterhouse Coopers, "2018 International Arbitration Survey: The Evolution of International Arbitration", Accessed December 9, 2018. http://www. arbitration. qmul. ac. uk/research/2018/.

斯兰国家如沙特阿拉伯等,仲裁庭的裁决被视为违反《古兰经》,仲裁的执行同样面临困境。[①] 但是,在世俗国家法院拒绝适用伊斯兰法规的情况下,仲裁是适用国际合同中宗教性质规则的重要或唯一方式。

此外,司法公正也是金融纠纷解决的考量因素之一。根据透明国际(Transparency International)的统计数据,腐败在世界大部分地区仍然普遍存在。[②] 选择仲裁,是规避司法不公的重要方式。

2. 复杂化的金融交易需要仲裁

日趋复杂的金融交易导致金融纠纷呈现多种多样的形态。即使在最简单的借款合同中,也会出现各种复杂的法律问题。金融产品的不断创新使得法院和法官难以跟上金融业的发展步伐。以项目融资纠纷为例,融资技术涉及从特定项目产生的现金流中支付的高度结构化贷款。对这些现金流的评估需要对经济学有全面的了解,并对市场预期有基本的判断。面对金融纠纷这样专业性极强的纠纷,只具备法律背景的法官能够给出的建议很少,而来源多样化的仲裁员在专业性判断上有着更多的可能性。

在程序灵活的仲裁中,当事人可以调整仲裁程序、仲裁所使用的语言、仲裁员的选任以及证据的出示方式,这对复杂的金融纠纷来说具有重要意义。有限的上诉机制也是金融机构青睐仲裁的重要原因。仲裁的终局性为复杂金融纠纷的解决提供了"快车道",避免纠纷陷入旷日持久的诉讼。

3. 私密性的金融交易需要仲裁

金融机构需要通过保密的方式来解决他们的商业纠纷,以保持其客户的信心、维持其在金融业务中的地位和商誉。纠纷的公开会严重影响金融机构的形象。尤其是在中国这样一个容易受到负面舆论影响的商业环境中,这种影响所带来的破坏是巨大的。

仲裁能够屏蔽纠纷信息的泄露。仲裁有两个相关但不同的特征:隐私和保

---

① A Gemmell, "Commercial Arbitration in the Islamic Middle East", *Santa Clara Journal of International Law*. 5, 2006. pp. 169-188.

② 参见透明国际发布的 2017 年全球腐败感知指数,载透明国际网:https://www.transparency.org/news/feature/corruption_perceptions_index_2017,最后访问日期:2018 年 6 月 30 日。

密。隐私意味着仲裁庭不会像法院一样对外开放,一般社会公众不得旁听仲裁庭的庭审。保密则要求涉及仲裁的参与者有义务不向第三方披露与仲裁有关的任何信息。这种义务不仅限于听证,也可能存在于仲裁前和仲裁后阶段。这样的特征契合了金融纠纷解决私密性的要求。同时,有私密性的解决方式也提升了争议双方在裁决作出前达成和解的可能性。

在解决B2B商业金融纠纷上,仲裁具有明显的优势。①

(三)金融仲裁在中国的发展机遇

金融纠纷本身的特性决定了其诉诸仲裁的必要。此外,金融仲裁在中国还拥有独特的发展机遇。

1. 金融法律供给不足

中国金融法律制度的完善程度落后于金融市场发展的速度。② 金融产品强烈的创新性与金融法规的稳定性之间存在冲突。我国的金融立法大多是针对曾出现过或当前存在的问题进行总结性的立法,很少有对未来可能出现的问题进行前瞻性的立法。国内金融立法如此,遑论国际金融?在金融开放的初期,法律规范的缺失必然会限制很多金融交易的达成,尤其是新型的金融产品交易。与诉讼不同,仲裁裁决的作出并不完全依赖于具体的法律规定,诚信、公平等基本原则同样可以成为仲裁员裁决的依据。仲裁这一特性大大提高了金融争议解决的灵活性。在国际金融交易和新型金融产品的交易中,选择仲裁无疑是规避风险、解决纠纷的最佳方式。

2. 金融司法"退避三舍"③

从1998年最高人民法院《关于中止审理、中止执行涉及场外非法股票交易经济纠纷案件的通知》开始,最高人民法院陆续出台了多个司法解释或文件,其中包括了《关于受理证券市场因虚假陈述引发的民事侵权纠纷案件有关问题的通知》《关于审理证券市场因虚假陈述引发的民事赔偿案件的若干规

---

① Klaus Peter Berger, "The Aftermath of the Financial Crisis: Why Arbitration Makes Sense for Banks and Financial Institutions", *Law & Fin. Mkt. Rev.* 54, 2009, p. 54.

② 参见黄韬:《中国法院受理金融争议案件的筛选机制评析》,载《法学家》2011年第1期。

③ 同上。

定》《关于对于证券交易所监管职能相关的诉讼案件管辖与受理问题的规定》等。2006年中国《企业破产法》颁布，其中第134条规定，国务院金融监督管理机构依法对出现重大经营风险的金融机构采取接管、托管等措施的，可以向人民法院申请中止以该金融机构为被告或者被执行人的民事诉讼程序或者执行程序。这些规范或设定了将金融纠纷提交诉讼的前置程序，或直接拒绝金融纠纷案件进入法院。

尽管上述规范性文件有的已经被废止，但总体来说，中国司法对于证券纠纷的基本立场是消极的。[①] 例如，对证券市场上“权证”这一创新金融产品而引发法律纠纷，不少法院的态度基本上是采取“鸵鸟政策”，把争议挡在了法院的院墙之外。[②] 鉴于此，最高人民法院在2017年印发了《关于进一步加强金融审判工作的若干意见》，其中提道，“遵循金融规律，依法审理金融案件……依法审理证券、期货民商事纠纷案件……依法审理欺诈发行股票、债券案件，违规披露、不披露重要信息案件，内幕交易案件，利用未公开信息交易案件和操纵证券、期货市场案件”。该意见的发布说明了中国司法机关正视司法程序在金融纠纷解决中缺位的问题，也体现了司法机关解决问题的决心。可以预见，金融纠纷的诉讼解决途径会得到一定的优化。然而，司法缺位的解决不可能是一蹴而就的，长期形成的“司法惰性”也不是一纸公文就可以彻底扭转的。诉讼外纠纷解决机制仍然是金融纠纷的“避风港”，仲裁理应在金融纠纷解决中扮演更加重要的角色。

三、专业与效率——金融仲裁规则的比较观察

金融仲裁的迅速发展得益于仲裁机构和仲裁规则不断发展。[③] 一些非专业性的普通仲裁机构和专业性的金融仲裁机构已就金融纠纷仲裁颁布了特别

---

① 参见朱伟一：《金融纠纷仲裁的若干问题》，载《中国法律》2012年第3期。

② 参见黄韬：《“全国”金融市场与“地方”法院——中国金融司法的央、地关系视角》，载《法学评论》2016年第3期。

③ Susanne Kratsch, “The Financial Crisis: Arbitration as a Viable Option for European Financial Institutions”, *Sweet & Maxwell and its contributors* 76, 2012, pp. 680-685.

规则。例如,2015 年国际商会(International Chamber of Commerce,ICC)建立了金融专家书面争议解决机制(Documentary Instruments Dispute Resolution Expertise,DOCDEX)。[①] DOCDEX 规则的适用范围涵盖了广泛的金融交易领域。除 ICC 受理的传统金融纠纷外,还包括许多新型金融纠纷,如贸易贷款、风险购买协议、优先权冲突和信用证欺诈等。这是一个机密、快速、性价比高的纠纷解决机制。DOCDEX 的决定会在专家组收到相关文件的 30 日内宣布。决定在各方当事人都明确同意的情况下才具有约束力,且对外保密。[②] 类似这样的专业金融纠纷解决规则不胜枚举,本文选取了四个仲裁机构进行详细的比较观察。它们分别是:解决普通纠纷的仲裁机构——美国仲裁协会、专业性的金融仲裁机构——国际金融专家组、"一带一路"沿线的新兴金融仲裁机构——迪拜—伦敦国际仲裁院和中国国际经济贸易仲裁委员会。

(一)美国仲裁协会

美国仲裁协会(American Arbitration Association,AAA)的《商业金融纠纷仲裁规则》[③]是关于"涉及任何商业金融安排、产品或其他事项或与之相关的行为"的仲裁规则。[④]

该规则规定了金融仲裁员的任职资格标准:拥有至少十五年专业或商业经验、完成 AAA 调解员/仲裁员培训计划、取得相关专业证书和许可证、掌握了争议管理的技巧、作出了作为仲裁员或调解员的中立承诺等。[⑤] 其仲裁员名册包括律师、前法官和来自金融机构的商界人士。他们都通过了培训并取得了任职资格。

为了提升纠纷解决的专业性,美国仲裁协会还和美国商业金融律师学院(The American College of Commercial Finance Lawyers)进行了合作。美国商

---

① ICC DOCDEX Rules,载 ICC 官网:https://iccwbo.org/publication/icc-docdex-rules-english-version/,最后访问日期:2018 年 7 月 11 日。

② 值得注意的是,DOCDEX 决定不是仲裁裁决。

③ Commercial Finance Rules 2011,载 ADR 网:https://www.adr.org/sites/default/files/Commercial%20Financial%20Rules%20Oct.%2021%2C%202011,最后访问日期:2018 年 7 月 11 日。

④ Commercial Finance Rules 2011,art. 1.

⑤ Commercial Finance Rules 2011,Introduction.

业金融律师学院是一个由律师和学者组成的非营利性组织,其成员都是有经验的、高素质的律师和学者,在商业金融、破产和诉讼领域享有极高的声誉。商业金融律师学院帮助仲裁协会建立了从事商业金融事务调解和仲裁的仲裁员任职资格标准和培训要求,同时还为美国仲裁协会建立了一个全国性的商业金融纠纷专家名册,名册上的成员来自各种商业领域或金融领域,都具有金融和法律方面的专业知识,其中包括了拥有大量实务经验的会计师、律师和公司经理人。

考虑到解决金融纠纷时间紧迫,为了在短时间内使仲裁顺利进行,该规则制定了多种加快仲裁的规定和机制。其第 1 条规定:“各方应尽最大努力在仲裁开始后 120 日内完成仲裁;在仲裁地的选择、仲裁员的任命或听证后的裁决上,都明确限定了时间。”[①]此外,该规则还规定,在没有披露的索赔和反索赔超过 7.5 万美元或经双方同意的情况下,可以加速提起仲裁。[②] 在加速程序中,AAA 将从仲裁员名册中指定一名仲裁员,而不向双方提供拟议仲裁员名单。在所有当事人都要求提供仲裁员名册时,AAA 会同时向每一方提交 5 名建议仲裁员的名单,名单完全相同。由各方当事人指定仲裁员,每一方都可以且必须从名单上划掉两个仲裁员。双方都保留的仲裁员即成为本案的仲裁员。[③]

(二)国际金融市场专家组

国际金融市场专家组是 2012 年 1 月于荷兰海牙成立的专业型仲裁机构,其仲裁规则是基于《联合国国际贸易法委员会仲裁规则》(2010 年修订)(以下简称《贸法会仲裁规则》)制定的,并尽量与该规则保持一致。[④]

金融专家组的仲裁员来自其财务委员会批准的仲裁员名册,该名册包含了超过 130 名的金融争端解决专家,包括在职和退休法官、央行行长、监管人员、

---

① Commercial Finance Rules 2011, arts. 6, 11, 13-15, 39.

② Commercial Finance Rules 2011, art. 9.

③ Commercial Finance Rules 2011, art. 52.

④ The P. R. I. M. E. Finance Arbitration Rules (In force as from 9 February 2016), 载 http://www.primefinancedisputes.org/page/arbitration-rules, 最后访问日期:2018 年 6 月 24 日。

学者、律师和衍生品市场参与者。[①] 当事人、仲裁员或者专家组也可以指定不在仲裁员名册上的仲裁员。[②] 除仲裁员名册之外，专家组还发布了一份金融专家名单。仲裁庭可以在与各方协商后指定这类专家来陈述特定的问题，指定与否，由仲裁庭决定。与仲裁员名单不同，金融专家名单没有约束力。[③] 同时，如果仲裁庭认为确有必要，可以应一方当事人请求或自行决定，邀请政府、组织或个人出庭，对争议提出意见。[④]

金融专家组规则拥有多种机制以适应当事人对时间的要求。各方当事人可合意约定缩短规则规定的时间限制。[⑤] 当事人如因需要紧急措施而不能等待仲裁庭的组成，则可提出紧急仲裁申请。[⑥] 紧急仲裁员的任命在 72 小时内作出。紧急仲裁员可以决定在任何地点开庭，也可以考虑通过视频会议、电话或其他方式进行听证。但是必须在案件发生后 15 日内作出裁定。[⑦] 同时，申请人必须在任命仲裁员后 10 日之内提交仲裁申请，没有提供的，紧急仲裁员终止紧急仲裁程序。[⑧] 作为紧急仲裁的替代办法，双方可根据荷兰《民事诉讼法》第 1043(b)条第 1 款的规定，就仲裁程序提出紧急临时措施的申请(仅限于仲裁地在荷兰的申请)。[⑨]

金融专家组还对裁决的货币单位以及利息计算做了规定。仲裁庭的最终裁决和任何其他决定，应当以争议的标的合同中约定的货币种类为单位。合同未约定货币种类的或者申请不是基于合同的，仲裁庭可根据本案的实际情况确定货币的单位。[⑩] 仲裁庭可以就支付的款项，确定应支付的利率。同时也可以

---

① 专家小组成员包括一位退休的英国最高法院法官、前商品期货交易委员会主席、国际掉期与衍生工具协会创始人主席、原英国和威尔士总检察长、前国际审判法院院长，载 http://www.prime-financedisputes.org/page/history，最后访问日期：2018 年 6 月 24 日。

② The P. R. I. M. E. Finance Arbitration Rules, art. 10a.

③ The P. R. I. M. E. Finance Arbitration Rules, art. 29.

④ The P. R. I. M. E. Finance Arbitration Rules, art. 30.

⑤ The P. R. I. M. E. Finance Arbitration Rules, art. 2a.

⑥ The P. R. I. M. E. Finance Arbitration Rules, art. 26a.

⑦ The P. R. I. M. E. Finance Arbitration Rules, Emergency Arbitral Proceedings art. 7.

⑧ The P. R. I. M. E. Finance Arbitration Rules, Emergency Arbitral Proceedings art. 5.

⑨ The P. R. I. M. E. Finance Arbitration Rules, art. 26b.

⑩ The P. R. I. M. E. Finance Arbitration Rules, art. 38.

裁定支付单利或复利。利息应按仲裁庭规定的付款截止日期计算到实际付款日。[①] 值得关注的是,根据金融专家组规则所作出的裁决可以以节选或匿名的形式对外公开。[②]

2015 年 12 月,金融专家组与海牙常设仲裁法院(Permanent Court of Arbitration)签订了协议。根据该协议,常设仲裁法院将根据金融专家组的仲裁规则管理仲裁案件。

(三)迪拜—伦敦国际仲裁院

迪拜—伦敦国际仲裁院(The DIFC-LCIA Arbitration Centre,以下简称仲裁院)成立于 2008 年。作为迪拜国际金融中心(Dubai International Financial Centre,DIFC)纠纷解决机制的一部分,仲裁院与迪拜国际中心法院(DIFC Court)以及金融中心特有的民商事法律规范共同构成了一个独立的司法体系。仲裁院与伦敦国际仲裁院(London Court of International Arbitration)合作。根据双方达成的协议,仲裁院规则下的仲裁将由伦敦国际仲裁院协助管理。时任迪拜国际中心法院首席法官安东尼·埃文斯爵士将其描述为"本质上是迪拜国际金融中心和伦敦国际仲裁院的合资企业,是仲裁世界的主要参与者之一"。[③] 与阿联酋本国的大陆法系法律不同,迪拜国际金融中心的诉讼和仲裁程序都采用英美法,并以《贸法会仲裁规则》为范本制定了仲裁院的仲裁规则。[④]

仲裁院规则充分适应了金融纠纷解决所追求的兼顾效率与公正的特性。其规定,在当事人申请后 35 日内组建仲裁庭;除非双方另有约定,仲裁庭应由独任仲裁员组成;仲裁院指定仲裁员应考虑所涉及的交易、争议的性质、标的的

---

① The P. R. I. M. E. Finance Arbitration Rules, art. 39.

② James Freeman, "The Use of Arbitration in the Financial Services Industry", *Bus. L. Int'l* 77, 2015, p. 89.

③ The DIFC-LCIA Arbitration Centre Overview,载 http://www.difc-lcia.org/overview.aspx,最后访问日期:2018 年 6 月 27 日。

④ DIFC-LCIA Arbitration Rules (2016),载 http://www.difc-lcia.org/arbitration-rules-2016.aspx#3.,最后访问日期:2018 年 6 月 27 日。

大小、各方当事人的语言和文化背景以及其他相关因素;[①]当事人之间国籍不同的,除当事人书面约定外,由仲裁院指定的独任仲裁员或者首席仲裁员不得与任何一方当事人具有相同的国籍。[②]

仲裁院还规定了当出现多方争议主体时的处理办法。当争议主体数量超过两个,且无法以书面方式形成相对的两方时,仲裁院将不会考虑任何一方当事人所选择的仲裁员,而是由仲裁院任命仲裁庭。在这种情况下,当事人之间的仲裁协议应被视为当事各方单独同仲裁院签订的提名和任命仲裁庭的书面协议。[③]

当事人在紧急情况下可向司法常务官(Registrar)申请紧急仲裁,3日内司法常务官会委任一名紧急仲裁员,紧急仲裁员无须与当事人(无论是当面、电话或其他方式)举行任何听证会,并可根据现有文件对紧急救济请求作出决定。紧急仲裁员在任命后的14日内作出裁决。紧急仲裁员的任何命令一旦成立,都会受到仲裁庭的审查。仲裁庭可经任何一方当事人申请或自行确认、变更或撤销紧急仲裁命令。[④]

仲裁院规则还对"法庭之友"制度做了详细规定。仲裁庭在与各方协商后,可任命一名或多名专家向仲裁庭和双方就仲裁中的具体问题提交书面报告,任命与否,由仲裁庭决定。在当事人要求或仲裁庭认为有必要的情况下,仲裁庭可以要求专家参加听证会。在听证会上,各方可以对专家提出质询。委任专家的费用可从双方提前支付的保证金中支付,并将之视为仲裁费用的一部分。[⑤]

(四)中国国际经济贸易仲裁委员会

中国国际经济贸易仲裁委员会(以下简称贸仲委)于2015年发布了专门的金融仲裁规则。这是另一个对因金融交易而引起或与金融交易有关的争端

---

① DIFC-LCIA Arbitration Rules (2016), art. 5.

② DIFC-LCIA Arbitration Rules (2016), art. 6. 1.

③ DIFC-LCIA Arbitration Rules (2016), art. 8.

④ DIFC-LCIA Arbitration Rules (2016), art. 9.

⑤ DIFC-LCIA Arbitration Rules (2016), art. 21.

颁布特别规则的仲裁机构。[①] 与荷兰国际金融专家组规则类似,《中国国际经济贸易仲裁委员会金融争议仲裁规则》(2015 年版)[以下简称《金融争议仲裁规则》(2015 年版)]也规定,仲裁员原则上应从贸仲委提供的仲裁员名册中产生。然而,当事人可以不受此名单的约束。当事人在仲裁委员会仲裁员名册之外选定仲裁员的,经贸仲委主任确认后可以由名册之外的人士担任仲裁员。确认与否,无须理由。[②]

该规则规定了各方提交文件的严格期限。被申请人应在收到仲裁通知之日起 15 个工作日内向贸仲委提交答辩书和证据。[③] 当事人没有约定或者仲裁庭没有确定举证期限的,当事人应当在首次开庭 3 个工作日前将全部书面陈述和证据材料交至贸仲委。[④] 经双方当事人同意,仲裁庭可以只依据书面文件进行审理,而不必开庭审理。[⑤] 金融仲裁的裁决应在仲裁庭组成后 45 日内作出。[⑥]

与此同时,贸仲委规则还在普通仲裁程序和投资争端仲裁程序中引入了紧急仲裁制度。[⑦] 根据当事人的申请,仲裁委员会仲裁院院长在收到申请书及申请人预付的紧急仲裁员程序费用后 1 日内指定紧急仲裁员,[⑧]紧急仲裁员的决定应在接受指定后 15 日内作出。

以普通仲裁规则和金融仲裁规则相结合,贸仲委已经构建了较为完善的金融仲裁规则体系。

四、包容与创新——金融仲裁规则的具体构建

金融业选择仲裁解决纠纷的意愿正在上升。相较于临时仲裁,机构仲裁因

① 《金融争议仲裁规则》(2015 年版),载贸仲委网:http://www.cietac.org.cn/index.php? m = Page&a = index&id = 66,最后访问日期:2018 年 10 月 25 日。

② 《金融争议仲裁规则》(2015 年版)第 6 条。

③ 《金融争议仲裁规则》(2015 年版)第 13 条。

④ 《金融争议仲裁规则》(2015 年版)第 17 条。

⑤ 《金融争议仲裁规则》(2015 年版)第 18 条。

⑥ 《金融争议仲裁规则》(2015 年版)第 22 条。

⑦ 《金融争议仲裁规则》(2015 年版)附件三、《中国国际经济贸易仲裁委员会国际投资争端仲裁规则(试行)》附件二。

⑧ 《金融争议仲裁规则》(2015 年版)附件三第 2 条。

其拥有既定的仲裁规则,并且习惯于处理复杂及高标的额的纠纷,而受到金融从业者的偏爱。在扩大开放的背景下,国际金融纠纷的解决也需要成熟的金融仲裁机构和仲裁规则。如何把握金融开放的历史机遇和应对纷繁复杂的金融纠纷,成为仲裁机构的重要课题。

选择合适的仲裁机构和仲裁规则是通过仲裁解决金融纠纷时需要特别注意的两个问题。每个仲裁机构所提供的服务各不相同,规则也并不一致。金融仲裁规则的制定,是发展金融仲裁的逻辑起点和基本要求。仲裁机构应从仲裁制度的基本原理出发,把握国际金融纠纷的时代特征,以金融业的现实需求为导向,构建专门的金融仲裁规则。具体而言,金融仲裁规则的改革可以从以下四个方面入手。

(一)开放、包容的仲裁员选任规则

1.提供专业化的仲裁员名册

仲裁员的专业知识、裁决经验和个人素质是影响仲裁程序质量的关键。① 当事人和律师在考虑选择将未来争议提交某仲裁机构进行仲裁时,最核心的因素就是相信这个机构的裁决是专业的、公正的。② ISDA 在 2011 年 11 月的咨询文件中指出了金融业在使用仲裁过程中遇到的问题,其中一个问题就是缺少经验丰富的仲裁员。很少有专职仲裁员对金融交易中使用的模型结构有所了解。③

仲裁机构应该提供更加专业化的仲裁员名册。金融纠纷解决对于专家的依赖程度是其他类型纠纷所没有的,仲裁员的专业化程度将直接影响当事人对仲裁机构的选择。邀请金融专业人士进入仲裁员名册是提升专业性最直接和有效的方式,专业人士包括但不限于金融机构从业人员、金融监管机构人员、金融行业协会人员、高校教师和执业律师等。

---

① Inka Hanefeld, "Arbitration in Banking and Finance", 9*N. Y. U. J. L. & Bus.* 917, 2013, p. 932.

② 参见陶修明:《关于实现优质仲裁的几点思考》,载陈福勇主编:《北京仲裁》(2018 年第 1 辑),中国法制出版社 2018 年版,第 134~140 页。

③ James Freeman, "The Use of Arbitration in the Financial Services Industry", *Bus. L. Int'l* 77, 2015, p. 88.

现行法律对仲裁员资格采取的是严格资格立法模式,中国《仲裁法》第 13 条确立了仲裁员任职资格的“三个八年”原则,①为仲裁员设置了极高的门槛。大部分金融专业人员并不符合这一条件。

立法论和解释论提供了两种解决问题的路径。从立法论的角度出发,重新建构仲裁法律体系是解决问题的根本出路。事实上,中国《仲裁法》的修订也提上了日程;②从解释论的角度入手,对现行中国《仲裁法》进行合乎立法目的和法律基本原理的解释,直接通过适用现行法来解决问题,是更为现实、可行的路径。现行中国《仲裁法》也存在解释论适用的空间。中国《仲裁法》第 13 条关于仲裁员任职资格条件规定:“……(五)具有法律知识、从事经济贸易等专业工作并具有高级职称或者具有同等专业水平的。”通过对法条的字面含义进行具体化阐明,采取扩张解释的方法,即把“同等专业水平”解释为从事金融行业,并具备相应的专业能力。这样宽松的解释在不违反法律原则的前提下,为专业人士进入仲裁员名册提供了可能性。

此外,对现有的仲裁员进行金融专业知识培训,也是提升专业性的重要方法。仲裁机构应当加强与金融机构和金融行业的联系,建立长效的沟通机制,及时把握最新动向。仲裁员应当听取来自专家和监管者的声音,进行多角度、多方面的学习。在裁决的过程中,真正做到鼓励创新与维护公正的统一。

2. 允许当事人在仲裁员名册之外选择仲裁员

允许当事人在仲裁员名册之外选择仲裁员是提升纠纷解决专业性的另一方式。贸仲委的仲裁规则就体现了支持仲裁员多元化的倾向。在其现行规则中,当事人可以约定在仲裁委员会仲裁员名册之外选定仲裁员。当事人选定或

---

① 中国《仲裁法》第 13 条规定:仲裁员应当符合下列条件之一:(1)通过国家统一法律职业资格考试取得法律职业资格,从事仲裁工作满八年的;(2)从事律师工作满八年的;(3)曾任法官满八年的;(4)从事法律研究、教学工作并具有高级职称的;(5)具有法律知识、从事经济贸易等专业工作并具有高级职称或者具有同等专业水平的。

② 中国《仲裁法》(修改)已列入十三届全国人大常委会立法规划。参见《十三届全国人大常委会立法规划》,载新华网:http://www.xinhuanet.com/legal/2018-09/08/c_1123397570.htm.,最后访问日期:2018 年 11 月 7 日。

指定的人士经仲裁委员会主任确认后可以担任仲裁员。[①] 有学者认为,这样的规定保证了仲裁员的公正性和独立性,有效地防止当事人利用指定仲裁员的权利而拖延仲裁程序的执行。[②] 但是,这样的规定可能会增加当事人的忧虑。在仲裁员的选任上,应当赋予当事人充分的意思自治。对其所选任仲裁员的公正性和独立性的隐忧,不应通过减损意思自治效力的方式解决。仲裁机构可以通过完善相关配套规则、加强管理水平、制定仲裁员惩戒措施等方法来进一步规范当事人选任仲裁员。

(二)建立金融专家名册机制

如前所述,在中国《仲裁法》的限制下,金融专家成为仲裁员的渠道有限。提升纠纷解决专业性的另一个方式就是构建金融专家名册。专家名册中的金融专家由仲裁机构挑选,并向当事人出示。在裁决过程中,双方当事人都可以向仲裁庭申请指定专家就某一专业问题进行解释,是否批准由仲裁庭决定。仲裁庭也可以自行指定专家进行询问。专家的意见不是证据,仲裁庭采纳与否,由其自行判断。与仲裁员名册不同,金融专家名册不具有强制约束力。当事人在名册之外申请专家就某一问题发表意见的,仲裁庭不应以该专家不在名册内为由拒绝申请。

金融专家名册不应是一成不变的,仲裁机构应当根据金融业的发展及时调整名册,及时吸纳新兴金融业态(如人工智能、区块链领域)的专家;建立专家退出制度,对于没有适当履行专家职责的人选,也应当及时更换。同时,专家名册机制中的回避程序也是必不可少的。

(三)构建快速程序

金融行业的当事人尤其关注解决金融纠纷的速度和灵活性。[③] 纠纷解决所使用的时间是当事人选择纠纷解决方式时所考量的重要因素。金融资本的

---

① 《中国国际经济贸易仲裁委员会仲裁规则》(2015年版)第26条。

② 陈胜:《中国金融仲裁制度的构建》,中央财经大学法学院2016年博士学位论文,第149页。

③ Queen Mary University of London and Pricewaterhouse Coopers, "2018 International Arbitration Survey: The Evolution of International Arbitration", Accessed December 9, 2018. http://www.arbitration.qmul.ac.uk/research/2018/.

高流通性也不允许纠纷长期处于“悬空”状态。减少时间、提升效率,增强仲裁程序的竞争力和吸引力是仲裁机构面临的重要课题。

仲裁的时间在很大程度上取决于仲裁庭是否具备积极的案件管理技巧,仲裁员是否具备“时间意识”。[①] 快速仲裁的关键在于减少裁决作出的时间。新加坡国际仲裁中心作为引领者,率先于 2010 年引入快速程序规则(Expedited Procedure Rules),[②]并于 2016 年引入提前驳回索赔和抗辩程序(Early Dismissal of Claims and Defences)。[③] 贸仲委在现行的《金融争议仲裁规则》中要求裁决在仲裁庭组成之日起 45 个工作日之内作出,即使在贸仲委普通仲裁规则的简易程序中,规则也只是要求其在组庭后 3 个月内作出裁决。贸仲委《金融争议仲裁规则》最大限度地满足了金融纠纷解决对时效的追求。

此外,除了明确限制裁决作出时间外,仲裁规则还可以从以下方面加快仲裁进程:第一,构建独任仲裁员机制,优先适用独任仲裁员解决纠纷,除非当事人已选择 3 名仲裁员组成仲裁庭。第二,在审理程序上,采取书面审理的方式,对当事人提交书面材料的次数和篇幅做合理限制,明确规定开庭的次数等。国际商会仲裁院仲裁规则修订版于 2017 年 3 月出台,规定对争议数额不足 200 万美元的案件自动适用快速程序。[④] 该程序的主要特点包括:(1)争议通常由独任仲裁员审理;(2)免除“审理范围书”阶段;[⑤](3)在与当事人协商后,仲裁庭有权决定在不开庭审理、无文件出示和不询问证人的情况下审理案件。

当然,快速仲裁程序的首要前提是尊重当事人的选择。基于仲裁契约性原

---

① Klaus Peter Berger, “The Aftermath of the Financial Crisis: Why Arbitration Makes Sense for Banks and Financial Institutions”, *Law & Fin. Mkt. Rev.* 54, 2009, p. 55.

② Arbitration Rules of the Singapore International Arbitration Centre SIAC Rules (6th Edition, 1 August 2016) Rule 5: Expedited Procedure,载 http://www.siac.org.sg/our-rules/rules/siac-rules-2016#siac_rule5,最后访问日期:2018 年 11 月 11 日。

③ Arbitration Rules of the Singapore International Arbitration Centre SIAC Rules (6th Edition, 1 August 2016) Rule 29: Early Dismissal of Claims and Defences.

④ ICC Rules of Arbitration(2017): Appendix VI-Expedited Procedure Rules,载 https://iccwbo.org/dispute-resolution-services/arbitration/rules-of-arbitration/.,最后访问日期:2018 年 11 月 11 日。

⑤ 此处是指 ICC Rules of Arbitration Article 23: Terms of Reference 中规定由仲裁庭制作的确定当事人争议焦点和争议金额和仲裁员基本信息的文书。

则,所有的仲裁规则都没有排除当事人选择适用加速仲裁程序处理国际商事纠纷的权利。[①] 例如,在贸仲委仲裁规则的“简易程序”[②]中,第56条规定:除非当事人另有约定,凡争议金额不超过500万元人民币,或争议金额超过500万元人民币但经一方当事人书面申请并征得另一方当事人书面同意的,或双方当事人约定适用简易程序的,适用简易程序。这项规定使得所有的金融纠纷都可以进入快速仲裁的程序。仲裁机构不能主动适用快速仲裁程序,快速仲裁程序是当事人选择的结果。

(四)引入裁决披露制度

法律上的确定性具有重要的经济价值。[③] 裁决的确定性和可预测性是影响当事人选择仲裁的重要因素。如果金融机构不能确定其在仲裁庭获得支持的概率,他们将很难选择仲裁作为解决纠纷的方式。仅凭仲裁员在裁判中所秉持的公正品质,无法树立裁决的确定性,也达不到当事人对金融纠纷裁决的可预测性程度的要求。

此外,仲裁裁决的保密性与金融纠纷遵循先例的需求产生了矛盾。若要在两者之间取得平衡,则应当增加金融仲裁的透明度和公开性。具体而言,就是建立适当的仲裁裁决披露机制,这也是金融市场参与者的要求。ISDA就建议,应当在删除当事人的姓名和其他机密信息的前提下公布仲裁裁决。[④] 2010年,美国律师协会(American Bar Association)也建议在仲裁程序终结后公布裁决,除非当事人明确禁止。

裁决披露制度并非新事物。金融专家组在其规则的第34条中规定,任何

---

① 参见张成奇:《论国际商事仲裁中的加速仲裁程序》,上海师范大学法政学院2018年硕士学位论文。

② 《中国国际经济贸易仲裁委员会仲裁规则》(2015年版)第56条至第64条。

③ The Use of Arbitration Under an ISDA Master Agreement, Memorandum for Members of the International Swaps and Derivatives Association, Inc,载 http://www2.isda.org/functional-areas/public-policy/financial-law-reform,最后访问日期:2018年7月11日。

④ The use of arbitration under an ISDA Master Agreement: feedback and policy options,载 https://www.isda.org/2011/11/10/the-use-of-arbitration-under-an-isda-master-agreement-feedback-and-policy-options/,最后访问日期:2018年7月11日。

一方在收到裁决书后1个月内都不反对的情况下，专家组可以匿名的形式发布全部的裁决书或命令。[①]

当然，仲裁裁决的披露绝不等同于法院判决的公开。首先，仲裁裁决的披露内容是案件的法律关系和仲裁员的裁决理由，当事人及案件的相关信息是严格保密的。其次，与法院判决的强制公开不同，仲裁裁决的披露建立在当事人自愿的基础上。最后，被披露的裁决不会对其他裁决或法院的判决产生任何先决效力。裁决披露机制将在坚持仲裁保密性的前提下，加强裁决的可预测性，树立起当事人参与仲裁的信心。

五、结语

在中国日益开放的金融环境中，仲裁在执行、保密、解决复杂问题上的优势会使金融机构会对仲裁投入更多的关注，金融机构选择仲裁解决纠纷的意愿也会上升。金融仲裁规则的构建应着眼于提升专业与效率，具体包括扩大仲裁员的选任范围、赋予当事人更多的意思自治、设立更加快捷的仲裁模式。然而，由于金融机构长期以来对诉讼的偏好和对仲裁的陌生，金融仲裁的发展道路注定不会一帆风顺。正如学者所言，当事人对仲裁的"恐惧"常常是对责任的"恐惧"。[②] 仲裁机构应当主动消除这种"恐惧"，用包容的态度和创新的思维回应金融当事人的需求，树立起当事人对仲裁的信心，构建更优、更具中国特色的金融仲裁规则。

---

① Inka Hanefeld, "Arbitration in Banking and Finance", *N. Y. U. J. L. & Bus.* 9, 2013, p. 937.

② Klaus Peter Berger, "The Aftermath of the Financial Crisis: Why Arbitration Makes Sense for Banks and Financial Institutions", *Law & Fin. Mkt. Rev.* 54, 2009, p. 60.

第六届"中伦杯"获奖论文选登

编者按：

为进一步推进我国商事仲裁的发展，中国国际经济贸易仲裁委员会与中国人民大学法学院、中华全国律师协会、北京律师协会联合发起了"中国仲裁周"活动。"中国仲裁周"旨在打造一个全国性、国际性、开放性的仲裁宣传、交流和研讨的平台，每年举办一届。在2018年举办的"中国仲裁周"活动期间，"中国仲裁周"活动组委会举办了第六届"中伦杯"全国国际商事仲裁征文大赛活动，面向有志于研究国际商事仲裁理论与实践的教师、学生和实务工作者征文。

征文活动得到了广泛的欢迎和热烈的响应。经"中国仲裁周"活动组委会邀请多位国内知名专家通过公开、公平、公正的程序进行评审，最终评选出30篇获奖论文。获奖论文对国际商事仲裁理论与实践中存在的问题进行了翔实的解读和深度的思考，提出的意见和建议对我国商事仲裁的未来发展不乏参考和借鉴价值。经"中国仲裁周"活动组委会推荐，本书将发表部分获奖论文，以飨读者。

中国仲裁司法监督机制的变革和重构

——兼评最高人民法院仲裁司法审查最新司法解释

陈 梦*

摘要:中国的"双轨制"仲裁司法审查标准本不完善且富有争议。在国内仲裁事业飞速发展的背景下,现有仲裁司法审查立法变得捉襟见肘,加上各自贸区仲裁创新蓄势待发,我们有必要重视仲裁司法监管机制的研究。最高人民法院在2017年至2018年年初连续发布仲裁司法解释,着力从仲裁司法审查和裁决执行等方面改革中国的仲裁司法监督机制。在仲裁司法审查弱化的国际趋势下,中国在重构仲裁司法监督机制时,应当继续整合撤销、承认和执行程序,着力提高审查效率,注重司法机关的辅裁作用和仲裁行业自治。

关键词:仲裁司法监督 商事仲裁 最高人民法院司法解释 仲裁法

一、引言

商事仲裁的监督机制是仲裁研究的一个古老而又恒新的议题。平衡当事人意思自治和仲裁监督主导着商事仲裁发展的主旋律。尽管仲裁监督机制构成多样、手段繁多,但是目前最为有效的依然是各国法院对商事仲裁的司法审

---

* 陈梦,深圳大学法学院助理教授,中山大学法学学士,对外经济贸易大学国际法硕士,美国威斯康星麦迪逊大学法学博士。本文为2018年国家社科基金项目《中国仲裁司法监督机制研究》(批准号:18CFX034)的阶段性成果。

查。广义的司法监督包括法院认定仲裁协议效力、撤销或承认执行仲裁裁决以及保全和临时措施等。国际仲裁权威朱利安·卢(Julian Lew)教授曾经全面分析了仲裁程序中法院可以扮演的各种角色。[①] 在种种措施中,法院对仲裁裁决的撤销权和承认执行权占有最大的比重,也是各国仲裁司法监督最重要的组成部分。美国杜克大学的赖斯曼(Reisman)教授一直认为,各国法院对仲裁的司法监督是仲裁制度得以稳定安全发展的最基本保障。但在实践中,各国仲裁司法监督的具体内涵却在"非国内化""国际公共政策""裁决撤销权废弃"等多种理论的冲击影响下不断发生变化。中国的情况亦是如此。近两年可谓是中国仲裁司法监督变革之年。最高人民法院的一系列举措对中国仲裁界产生了诸多深远影响,几乎以一己之力有力地推动了中国仲裁体制改革和国际化。此外,在自贸区建设和"一带一路"倡议下,仲裁也被赋予更多解决涉外纠纷和提升中国国际规则话语权的使命,重构中国仲裁司法监督体制任重而道远。

二、仲裁监督机制的理论争端与最新发展

从某种程度上来说,国际商事仲裁的魅力就在于它的产生和发展依赖于意思自治和国际化,但却不得不受到国家司法监督,甚至于最终依靠国家公权力强制执行。因此,平衡仲裁自治化、国际化和相对应的监督机制是仲裁理论发展的永恒议题。纵观仲裁历史,仲裁经历了民间萌芽阶段、国家对可仲裁性严格管制阶段到仲裁自治化阶段。对仲裁的监督也相对应地经历了由无至紧再至松的过程,经历了由以国家司法监督为主到法院对介入仲裁的自我克制的过程。其中不得不提的就是以赖斯曼教授为代表的学者对不断放松的仲裁司法监督体制提出的谴责和警告。赖斯曼教授的一系列著作都认为,整个国际仲裁体制的安全性是建立在《承认及执行外国仲裁裁决公约》(以下简称《纽约公约》)框架下各个缔约国严格履行对仲裁裁决的司法审查的基础上的。他认为,随着若干国家逐步放弃对区域内裁决的撤销权,以及在实践中执行法院更

---

① Julian D. M. Lew, "Does National Court Involvement Undermine the International Arbitration Process?", *Am. U. Int' lL. Rev.* 24, 2009, p. 489.

为谨慎地依据《纽约公约》拒绝承认与执行国际仲裁裁决，再加上所谓的以“超国家的”和不确定的“国际商事实体法”(Lex Mercatoria)来代替仲裁案件中所应当适用的国内准据法来裁判纠纷，各个国家对国际仲裁的司法监督将会形同虚设，而仲裁中的不公平和不正义将会逐渐脱离管制最终导致整个仲裁制度的崩溃。① 尽管许多仲裁界学者认为赖斯曼教授的论断有些危言耸听，但是不可否认的是，他提出的仲裁司法监督的弱化已经逐渐成为现实。

首先，从裁决撤销权的弱化来看，早在《纽约公约》生效之后，比利时和瑞士为了吸引仲裁业务均立法放宽了对境内仲裁案件的司法审查。其中比利时《诉讼法》第 1718 条就规定，如果仲裁当事人不是比利时公民或居民，当事人可以在仲裁协议中或者事后明确约定排除比利时法院的裁决撤销权。与之类似，瑞士《联邦国际私法法典》第 192 条规定，如果当事人不是瑞士公民或者居民，当事人可以明确约定排除瑞士法院的裁决撤销权，或者对该撤销权进行限制。例如，约定法院只可以依据特定的理由才可以撤销仲裁裁决。比利时和瑞士由于颁布了偏向于国际仲裁的法律，一跃成为十分热门的商事仲裁地。这一现象遭到很多国际法学者的抨击，他们认为国家不能出于经济利益的驱动，而枉顾对仲裁监管的职责，并把监管的责任成本转嫁至无辜的当事人和其他国家。不少国际法学者甚至预言，如果其他国家注意到比利时和瑞士的“搭便车”行为，便会纷纷效仿，放弃对管辖地的仲裁监管，那么所谓的裁决撤销权将形同虚设。长此以往，国际商事仲裁将变成一个彻底国际化、无监管乃至危险的争议解决机制，变成少数利益团体利用不公平的争端解决机制来伤害他人利益甚至是公共利益的避风港。无独有偶，瑞典《仲裁法》第 51 章和法国《民事诉讼法典》第 1522 条纷纷效仿，规定了当事人可以约定排除或者限制当地法院的仲裁裁决撤销权。

其次，从法院对裁决承认与执行的司法审查实践中看，《纽约公约》中“公共政策”的适用范围逐渐缩小。《纽约公约》第 5 条第 2 款规定执行法院可以

---

① See W. Michael Reisman, *System of Control in International Adjudication and Arbitration Breakdown and Repair*, Duke University Press, 1992.

依据“违反公共政策”的理由来拒绝承认与执行国际仲裁裁决。“公正政策”这个模糊的概念曾经为执行法院审查裁决实体内容和拒绝执行违反国内强行性规则的仲裁裁决提供依据。但是以皮埃尔 · 迈耶(Pierre Mayer)教授(以下简称迈耶教授)为首的仲裁员和学者团队提出的“国际公共政策”概念(“International Public Policy” or “Truly Transnational Public Policy”)在仲裁实践中的大量运用逐渐缩小“公共政策”条款的适用范围。例如,许多执行法院都已经明确提出违反国内强行性规则不构成对国际公共政策的违反,而执行法院只有在仲裁裁决违反“国际公共政策”的情况下才可以拒绝承认与执行该裁决。尽管时至今日,迈耶教授等专家依然没有清楚界定“国际公共政策”的范围,但毋庸置疑的一点是它的范围远远小于“国内公共政策”,甚至只有在极端罕见的情况下(如涉及反腐败、种族灭绝等)才可能构成对“国际公共政策”的违反。那么执行法院对裁决司法审查的自由裁量将被限制在极为狭小的空间里。实践中,即使当事人仍然以违反“公共政策”为由对执行裁决提出抗辩,执行法院最终也很少支持这个抗辩。值得一提的是,“国际公共政策”的概念不仅被广泛运用于裁决的执行阶段,越来越多法院也将其运用于其他仲裁司法审查阶段。例如,荷兰法院在2017年最新的“尤科斯案”(Yukos)和“尼古拉案”(Nikolai)中都表示,如果一项仲裁裁决已被外国法院撤销,只有当该撤销决定违反“国际公共政策”尤其是违反正当程序时,执行法院才可以无视裁决已被撤销的影响,最终承认与执行该仲裁裁决。①

国际仲裁司法监督的弱化仅仅只是国际仲裁自治化和国际化的一个缩影。在国际仲裁不断寻求意思自治和国家监督动态平衡的进程中,还有许多理论对其产生了深远的影响,其中最为极端的理论运动应当是仲裁的非国内化(Delocalization)学说。非国内化学说起源于一部分致力于推进国际商事仲裁自由自治及国际化的欧洲学者。非国内化学说力图剥离国际商事仲裁程序与

---

① Albert Jan Van Den Berg, *ICCA Yearbook Commercial Arbitration vol.* 42, Kluwer Law International, 2017, pp. 1-43.

仲裁地国家的各种联系,建立所谓无国籍的商事仲裁。[①] 首先,该学说认为国际商事仲裁不应当适用仲裁地国家的程序法,而应该以当事人的选择或者是仲裁机构的规则为优先。尤其是仲裁地程序法中一些强行性规则,除非是属于国际公共政策的范畴,否则不应当强制适用于仲裁。[②] 其次,非国内化学说还包括仲裁裁决的非国内化,即不承认仲裁所在地法院具有撤销仲裁裁决而使其自始无效的权力。也就是说,在仲裁地法院所谓的撤销权与执行地法院的拒绝承认与执行一样,仅仅只在其管辖地有效,而不影响裁决在其他国家的承认与执行。尽管许多非国内化理论由于过度推崇仲裁国际化和自治化而被国际实践摒弃,但不可否认的是,相关的许多观点仍然在不断影响各国对仲裁的司法监督实践。各国逐步放宽仲裁司法监督已经是一个不争的事实。

与国际仲裁中的司法监督有所不同,各国对国内仲裁的司法监督属于国内法规范的范畴。但是国内与国际仲裁从来都不是绝对独立的两个系统,而是互相影响融汇互通的。以中国对国内仲裁的司法监督为例,自《仲裁法》颁布以来,中国采取国内和涉外仲裁“双轨制”司法审查标准就一直为业界热议。肖永平教授和陈安教授所引导的学术争论更是让仲裁司法监督研究成为一场学术盛事。当时的争论已经平息已久,但是相关的研究则从未停止。起初,相关学术争论主要集中在以下两个问题:一是中国是否应当区分国内和涉外仲裁,从而适用不同的司法审查标准;二是法院对仲裁裁决的司法审查是否应当涉及实体内容。[③] 但在随后几十年的仲裁实践中,中国仲裁司法监督体制不断面临新的质疑和挑战。例如,仲裁司法审查内容、权责不清;“撤销程序”和“承认与执行程序”并存影响仲裁终局性;执行法院拖延仲裁司法审查程序已成常态;当事人对法院裁定无法上诉;仲裁司法审查标准不明,个别法院任意撤销国内仲裁裁决;等等。在中国《仲裁法》和《民事诉讼法》所规划的仲裁司法

---

① 参见郭玉军、陈芝兰:《论国际商事仲裁中的“非国内化”理论》,载《法制与社会发展》2003 年第 1 期。

② 参见何其生:《国际商事仲裁司法审查中的公共政策》,载《中国社会科学》2014 年第 7 期。

③ 参见陈安:《中国涉外仲裁监督机制申论》,载《中国社会科学》1998 年第 2 期;肖永平:《也谈我国法院对仲裁的监督范围》,载《法学评论》1998 年第 1 期。

审查“双轨制”基调不变的情况下,仲裁司法实践中不断暴露出的种种问题更是不断冲击中国的仲裁司法监督体制。如果把仲裁司法监督的范围扩大到各级法院对仲裁程序的支持上,如对仲裁保全及临时措施上,中国相关的立法规则和司法实践更是乏善可陈。

商事仲裁制度发展到今日,一团锦簇下也隐患重重。一方面是国际仲裁实践中各国不断放宽对仲裁的司法监督,商事仲裁自治化与全球化程度空前。另一方面是学界对逐渐脱离国家控制的商事仲裁程序存有隐忧。中国的情况尤其复杂,其本不完善甚至富有争议的“双轨制”司法审查标准一直广受诟病。而现有仲裁司法审查立法则在国内仲裁事业飞速发展下逐渐捉襟见肘。不仅如此,仲裁司法审查实践中暴露出的众多问题也不容忽视。在众多学者呼吁修改《仲裁法》以完善仲裁司法监督体制的多年之后,我们似乎终于站到了一个重要的时间节点。

三、中国仲裁司法审查的变革

近年来,中国仲裁事业飞速发展,仲裁机构数量,仲裁案件数量和标的都屡创新高。高速发展的另一面是仲裁乱象(如虚假仲裁、仲裁腐败)频发,仲裁司法审查也隐患重重。2017年年初,伴着自贸区建设和“一带一路”的东风,最高人民法院试验性地对自贸区开放了临时仲裁,也放开了《仲裁法》对涉外仲裁协议的一些限制。2017年至2018年年初,最高人民法院发布了4份有关仲裁的司法解释,分别是:2017年5月发布的《关于仲裁司法审查案件归口办理有关问题的通知》(以下简称《归口办理通知》)[①];2017年12月29日发布的《关于仲裁司法审查案件报核问题的有关规定》(以下简称《报核问题司法解释》)[②];《关于审理仲裁司法审查案件若干问题的规定》(以下简称《仲裁司法审查司法解释》)[③];2018年2月23日发布的《关于人民法院办理仲裁裁决执行

① 最高人民法院《归口办理司法解释通知》(法〔2017〕152号)。
② 最高人民法院《报核问题司法解释》(法释〔2017〕21号)。
③ 最高人民法院《仲裁司法审查司法解释》(法释〔2017〕22号)。

案件若干问题的规定》(以下简称《仲裁裁决执行规定》)[①]。这一系列举措大力改革中国仲裁司法审查模式。组合拳下中国仲裁司法监督的内涵和结构已经产生了较大的变化,总其内容主要如下[②]。

(一)中国仲裁司法监督的结构和法律依据

自《仲裁法》颁布以来,中国建立了对涉外仲裁裁决和国内仲裁裁决适用不同审查标准的“双轨制”仲裁监督体制。尽管2017年年底最高人民法院出台的《仲裁司法审查司法解释》对“双轨制”做了一定的修改,但是依然没有脱离《仲裁法》和《民事诉讼法》的相关规定。《仲裁司法审查司法解释》第17条只是取消了“涉外仲裁机构作出的仲裁裁决”这个概念,而规定涉外仲裁裁决的承认与执行适用《民事诉讼法》第274条,非涉外仲裁裁决承认与执行适用《民事诉讼法》第237条的规定。因此,最新司法解释不如业界之前取消“双轨制”的传闻一般统一所有裁决承认与执行的审查标准,这点也实属意料之中。在《仲裁法》和《民事诉讼法》明文规定“双轨制”不变的情况下,最高人民法院的司法解释能在多大程度上与之相异实在是一个很有争议的问题。最高人民法院在制定司法解释中的谨慎态度也不失为中国法治精神的体现。

依据《仲裁司法审查司法解释》第1条的规定,法院对仲裁司法审查主要包括三类案件:确认仲裁协议效力,撤销仲裁裁决以及承认与执行仲裁裁决。此外广义上仲裁司法监督还包括法院对仲裁程序的其他介入,如保全措施和临时措施。综合目前中国各项法规和司法解释,分析中国法院在仲裁程序中的各种司法监督措施及其法律依据,可以整理出一个完整的仲裁司法监督结构,如表1所示:

① 《仲裁裁决执行规定》2018年2月23日发布于最高人民法院网。参见《最高人民法院关于“执行和解、执行担保和仲裁裁决执行”三个司法解释新闻发布会》,载中华人民共和国最高人民法院官网:http://www.court.gov.cn/fabu-xiangqing-81912.html,最后访问日期:2018年12月5日。

② 高晓力:《中国法院承认和执行外国仲裁裁决的积极实践》,载《法律适用》2018年第5期。

表1　中国仲裁司法监督结构

司法监督措施	程序	法律依据	备注
确认仲裁协议效力	由仲裁协议约定的仲裁机构所在地、仲裁协议签订地、申请人住所地、被申请人住所地的中级人民法院或者专门人民法院管辖	《仲裁司法审查司法解释》第2条	仲裁协议或者仲裁裁决具有最高人民法院《关于适用〈中华人民共和国涉外民事关系法律适用法〉若干问题的解释(一)》第1条规定情形的，为涉外仲裁协议或者涉外仲裁裁决；根据其第19条的规定，涉及香港特别行政区、澳门行政区的仲裁协议和仲裁裁决参照涉外仲裁裁决的规定
撤销仲裁裁决	当事人可以向仲裁委员会所在地的中级人民法院申请撤销裁决	《仲裁法》第5章	
承认与执行仲裁裁决	【外国仲裁裁决】当事人直接向被执行人住所地或者其财产所在地的中级人民法院申请	《民事诉讼法》第283条、《纽约公约》、《仲裁裁决执行规定》	
	【涉外仲裁裁决】当事人向被申请人住所地或者财产所在地的中级人民法院申请执行	《仲裁司法审查司法解释》第17条、《仲裁法》第7章、《民事诉讼法》第274条、《仲裁裁决执行规定》	
	【非涉外仲裁裁决】当事人申请执行仲裁裁决案件，由被执行人住所地或者被执行的财产所在地的中级人民法院管辖	《仲裁司法审查司法解释》第17条、《仲裁法》第7章、《民事诉讼法》第237条、最高人民法院《关于适用〈中华人民共和国仲裁法〉若干问题的解释》第29条、《仲裁裁决执行规定》	
仲裁保全措施	当事人或者仲裁机构向被保全财产所在地、被申请人住所地或者对案件有管辖权的人民法院申请采取保全措施	《民事诉讼法》第101条、《仲裁法》第28条和第68条、最高人民法院《关于实施〈中华人民共和国仲裁法〉几个问题的通知》第2条	

值得注意的是,新规《仲裁裁决执行规定》引入了一个富有争议的案外人申请不予执行的制度。《仲裁裁决执行规定》第 9 条、第 18 条规定,案外人有证据证明仲裁案件当事人恶意申请仲裁或者虚假仲裁,损害其合法权益,可以在知道或者应当知道人民法院对该标的采取执行措施之日起 30 日内提出不予执行的申请。可以说 2018 年年初的这一最新规定是最高人民法院对仲裁执行案件的一项创新,主要是考虑打击虚假仲裁,保护第三人利益。[①] 同时也是对仲裁意思自治和效率性的重大挑战,很有可能会进一步加重执行程序拖延,从而损害仲裁的终局性和高效性,因此引发很大争议。《仲裁裁决执行规定》于 2018 年 3 月 1 日生效,其对仲裁实践的影响还有待观察。

(二)仲裁裁决消极裁定的报核制度及归口办理

最高人民法院在 1995 年和 1998 年分别发布的《关于人民法院处理与涉外仲裁及外国仲裁事项有关问题的通知》和《关于人民法院撤销涉外仲裁裁决有关事项的通知》。这两份文件确立了仲裁裁决消极裁定的报核制度,即人民法院对涉外仲裁协议及涉外仲裁裁决作出消极裁定必须上报至高级人民法院,直至上报给最高人民法院审核。自该报核制度确立以来,中国对涉外仲裁裁决的撤销及拒绝承认与执行的裁定一直保持在较低的比例。据最高人民法院统计,2013 年至 2015 年,中国撤销涉外仲裁裁决的比例为 5. 33%,不予执行涉外仲裁裁决的比例为 0. 14%。而同期国内仲裁裁决的撤销比例约为 15. 77%,不予执行占比达到 4. 67%,远远高于涉外仲裁裁决。[②] 最高人民法院之所以建立报核制度,是因为中国《民事诉讼法》规定撤销和拒绝执行仲裁裁决的裁定不可以上诉,这种规定有可能导致中国《仲裁法》和《纽约公约》无法得到统一实施。为了统一各级法院对涉外仲裁裁决的司法审查,确保《纽约公约》的施行,扭转中国在国际仲裁界“仲裁行政化”和“地方保护主义”的负面形象,保护涉外仲裁当事人的利益,最高人民法院建立涉外仲裁裁决消极裁定的上报制

---

① 参见任雪峰:《〈最高人民法院关于审理仲裁司法审查案件若干问题的规定〉解读》,载《人民法治》2018 年第 3 期。

② 参见杨弘磊:《回顾仲裁司法审查的 2017》,于中国仲裁法学研究会 2017 年会员代表大会暨第十届仲裁与司法论坛的发言。

度,自上而下地确保中国司法机关对涉外仲裁裁决的承认与执行符合《纽约公约》和中国《民事诉讼法》的规定。尽管报核制度对统一中国涉外仲裁司法监督功不可没,但其仅适用于涉外仲裁这一局限性也让人遗憾。从数据上来看,报核制度实施以来,各级人民法院对涉外仲裁裁决作出的消极裁定都远远低于国内仲裁裁决。[①] 这也许是由于涉外仲裁裁决平均水平高于良莠不齐的国内仲裁裁决。国内仲裁裁决的当事人寻求执行裁决的合理期待和合法权益也不应当忽视。2017年最高人民法院《归口办理通知》和《报核问题司法解释》终于直面这一问题。[②]

首先,《归口办理通知》要求各级人民法院审理涉外商事案件的审判庭作为专门业务庭负责办理仲裁司法审查案件。其次,专门业务庭经审查裁定认可和执行仲裁裁决的交由执行部门执行。最后,该文件规定由最高人民法院民事审判第四庭与人民法院信息技术服务中心具体负责建立仲裁司法审查案件的数据信息集中管理平台,加强对各级人民法院仲裁司法审查案件的监督和管理。

而《报核问题司法解释》则把报核制度扩展到所有的仲裁裁决上,但对我国内地仲裁裁决以及涉外、涉港澳台的仲裁裁决适用不同的报核规则。具体而言,涉港澳台和涉外仲裁裁决及仲裁协议的消极裁定由中级人民法院报高级人民法院,直至最高人民法院审核批准;而我国内地仲裁裁决和仲裁协议的消极裁定只需上报至高级人民法院审核批准;如果我国内地仲裁司法审查案件中当事人住所地跨省级行政区域或法院以违背社会公共利益为由不予执行或者撤销我国内地仲裁机构的仲裁裁决,必须报至最高人民法院审核批准。该司法解释是比较符合实践需求的。首先,《报核问题司法解释》将报核制度扩展至国内仲裁裁决,解决了国内仲裁裁决消极裁定的救济“真空”问题,是我国内地仲裁司法监督体制变革的一大进步。其次,考虑高级人民法院和最高人民法院的案件受理量问题,作出区别对待也可以理解。事实上,考虑到各省市高级人民

---

① 参见刘敬东、王路路:《“一带一路”倡议下我国对外国仲裁裁决承认与执行的实证研究》,载《法律适用》2018年第5期。

② 参见张勇健、任雪峰、梁颖:《〈关于仲裁司法审查案件报核问题的有关规定〉及〈关于审理仲裁司法审查案件若干问题的规定〉的理解与适用》,载《人民司法(应用)》2018年第4期。

法院的审案水平和多年以来最高人民法院统一各级仲裁司法审查的各项工作,上报至高级人民法院已经完全可以起到统一裁判尺度和保障当事人权益的目的。最后,该司法解释规定,对于当事人跨省级和以公共利益为由作出的撤销和不予执行的裁定,在高级人民法院同意下级法院消极裁定的情况下仍然需要上报至最高人民法院审核。之所以作出这样的规定,笔者揣测也许是因为要避免地方保护主义,对"公共利益"这个较为模糊并极易被滥用的审查标准做进一步的审核和规制。

(三)仲裁协议效力认定

确认仲裁协议的效力是仲裁司法监督中的一个重要内容,同时也是以司法手段保障仲裁程序启动的一项工具。中国《仲裁法》第16条严格规定了仲裁协议必须包括"选定的仲裁委员会",第18条又再次强调如果当事人无法约定"仲裁委员会"则仲裁协议无效。这两项规定一直以来被解读为中国只允许机构仲裁。但在仲裁实践中,由于《仲裁法》这两条较强硬的规定导致许多仲裁协议面临被认定无效的风险。尤其是在当事人选择"仲裁委员会"不确定、名称错误或者选定两个仲裁委员会等情况发生时,这些仲裁协议很有可能被认定无效。在有限的司法解释空间里,中国司法机关一直尽可能挽救较能体现当事人仲裁意志的仲裁协议。例如,最高人民法院《关于适用〈中华人民共和国仲裁法〉若干问题的解释》就对《仲裁法》的若干条款进行扩充解释,规定只要依据当事人仲裁协议可以确定选择的仲裁机构即符合《仲裁法》要求。中国《涉外民事关系法律适用法》生效后,涉外仲裁协议的当事人已经明确可以通过选择仲裁协议准据法和选择域外仲裁地的方式明示或者默示排除适用《仲裁法》,从而选择临时仲裁。在2015年"上海黄金置地有限公司与西门子国际贸易(上海)有限公司执行仲裁裁决纠纷案"中,上海市第一中级人民法院经逐级报告至最高人民法院并获答复后,认为自贸区外商独资企业间的纠纷可被认为具有涉外因素,因此可以选择国外的仲裁机构。[1] 随后在2016年年底,最高人

---

[1] "西门子国际贸易(上海)有限公司与上海黄金置地有限公司申请承认与执行外国仲裁裁决案",(2013)沪一中民认(外仲)字第2号民事裁定书。

民法院发布《关于为自由贸易试验区建设提供司法保障的意见》进一步对仲裁协议效力的认定作出扩充解释,具体内容如下:自贸试验区内注册的外商独资企业相互之间约定商事争议提交域外仲裁的,可以认定具有涉外因素;一方或者双方均为在自贸试验区内注册的外商投资企业,约定将商事争议提交域外仲裁,发生纠纷后,如果当事人没有在仲裁程序中对仲裁协议效力提出异议,事后不得以此为由主张拒绝承认、认可或执行仲裁裁决;在自贸试验区内注册的企业相互之间约定在内地特定地点、按照特定仲裁规则、由特定人员对有关争议进行仲裁的,可以认定该仲裁协议有效。因此,最高人民法院既放开了涉外仲裁协议的范围至自贸区注册的外商独资或外商投资企业,又试验性地开放了自贸区企业间的临时仲裁。这一开创性举措极大鼓舞了中国仲裁界。中国司法机构已经在权限范围内尽可能地弥补由《仲裁法》规定过于严格而对仲裁协议带来的诸多消极判断。特别是在自贸区建设的国策之下,最高人民法院更是大胆创新,终于为中国临时仲裁打开一扇窗。

(四)撤销、拒绝执行仲裁裁决的审查标准

正如前文所述,商事仲裁裁决的撤销和执行是仲裁司法审查的两个核心任务。前者通常被称作"初级管辖权"(Primary Jurisdiction),即指仲裁所在国或者仲裁程序法的国家法院具有撤销(set aside)本属地的仲裁裁决的权力,从而取消该裁决的可执行性。[①] 后者被称为"次级管辖权"(Secondary Jurisdiction),即执行地法院具有拒绝承认与执行仲裁裁决的权力。而执行地法院的判决仅在执行国具有效力而并不影响该仲裁裁决在其他国家的可执行性。两种职权互为补充,共同建构成仲裁司法监督体制的主要部分。[②] 传统的国际商事仲裁理论甚至认为初级管辖的撤销权的设立是国际商事仲裁监管中的核心。[③] 因为一旦仲裁裁决被撤销,则它自始无效,避免当事人在各个国家都需

---

① W. Michael Reisman, *System of Control in International Adjudication and Arbitration Breakdown and Repair*, Duke University Press Durham and London, 1992, pp. 127-128, 140.

② 宋连斌:《国际商事仲裁管辖权研究》,法律出版社2000年版,第246~248页。

③ 赵秀文:《论国际商事仲裁裁决的国籍及其撤销的理论与实践》,载《法制与社会发展》2002年第1期。

要应付仲裁裁决的执行程序。考虑到国际商事仲裁的当事人通常在多个国家具有财产而经常面临多国重复的仲裁裁决执行程序，设立"Primary Jurisdiction"的重要性不言而喻。

对国际仲裁裁决而言，自《纽约公约》生效以来，其逐渐代替了有差别的国内法规定，统一了缔约国法院对国际仲裁裁决的承认与执行审查标准。而对撤销权的行使标准，尽管《纽约公约》公约第5条暗示了仲裁裁决的撤销权，但其并没有规定撤销仲裁裁决的依据。《联合国国际贸易法委员会国际商事仲裁示范法》(以下简称《示范法》)第34条详细规定了撤销仲裁裁决的依据。但因为《示范法》毕竟不是有强制性的国际法规，所以即便其影响广泛，仍不能起到统一各国撤销仲裁裁决司法审查标准的作用。其他有影响力的国际法规还有《1961年欧洲国际商事仲裁公约》。该公约第9章详细规定了裁决地法院可以撤销仲裁裁决的4项依据，它们分别为：(1)仲裁协议无效；(2)当事人未受到适当通知；(3)仲裁庭越权仲裁；(4)仲裁庭组成不当。除此之外，撤销仲裁裁决的标准主要看各国国内法的规定，如法国《民事诉讼法典》第1520条、德国《仲裁法》第1059章、比利时《仲裁法》第1717条、荷兰《仲裁法》第1065条和瑞士《联邦国际私法法规》第190条都详细规定了各国在撤销域内作出的仲裁裁决时所依据的标准。

而由于中国区分涉外仲裁和非涉外仲裁，因此撤销和承认与执行仲裁裁决的依据更为复杂，具体情况如表2所示：

表2 中国撤销仲裁裁决、承认与执行仲裁裁决的法律依据

撤销仲裁裁决	涉外仲裁裁决	《民事诉讼法》第274条
	国内仲裁裁决	《仲裁法》第58条
承认与执行仲裁裁决	国外仲裁裁决	《纽约公约》第5条
	涉外仲裁裁决	《民事诉讼法》第274条
	国内仲裁裁决	《民事诉讼法》第237条、《仲裁裁决执行规定》

详细比较中国撤销仲裁裁决、承认与执行各类仲裁裁决的法律依据后，笔者发现：

首先，所撤销的仲裁裁决的必须是中国的仲裁委员会作出的裁决。因为中国《仲裁法》对仲裁司法审查的管辖权一直采用仲裁委员会所在地法院标准，而没有采用"仲裁地"标准，所以如果是外国仲裁机构在中国作出的仲裁裁决则面临十分尴尬的境地。依照中国法律，没有人民法院对该仲裁裁决具有撤销的管辖权。这一问题在最高人民法院的司法解释中也没有得到解决。

其次，中国《民事诉讼法》中撤销和拒绝承认与执行涉外仲裁裁决的依据基本是依照《纽约公约》第5条制定的，甚至从内容上还略少于公约的规定。因此，中国对涉外仲裁裁决的审查标准是相对宽松，而且符合国际规则的。而撤销和拒绝承认与执行国内仲裁裁决的依据从内容上远远多于涉外仲裁裁决，除违反正当程序和公共利益的理由外，还包括裁决证据伪造、当事人隐瞒证据或仲裁员贪污受贿、徇私舞弊、枉法裁决的情况。中国施行"双轨制"司法审查标准带来的一系列问题已经有诸多学者撰文讨论，由于本文篇幅有限，在此不予赘述。笔者认为，值得补充的是，2017年《仲裁司法审查司法解释》第18条规定，针对以"仲裁员贪污受贿，徇私舞弊，枉法裁决"为由申请撤销和拒绝承认与执行仲裁裁决的情况，人民法院必须要有生效刑事法律文书或者纪律处分决定予以佐证才可以认定。因此避免当事人随意以仲裁员可能存在的贪污、舞弊或适用法律错误的行为为由申请撤销和拒绝承认与执行。此外，新规《仲裁裁决执行规定》也进一步明确了《民事诉讼法》第237条中法院拒绝执行国内裁决的依据。其主要是明确了法院对国内裁决进行实体审查时所应当考虑的情形，进一步限制了法院滥用实体审查权来拒绝执行国内裁决。

再次，中国拒绝承认与执行仲裁裁决的标准与撤销该仲裁裁决的标准完全一致。对撤销和拒绝承认与执行仲裁裁决采用同样的审查标准是较为合理且符合国际通行做法的。虽然前文论述中提到的国际规则中很少有关撤销仲裁裁决依据的规定，但是主流的仲裁界学者都认为撤销仲裁裁决的依据应当与拒绝承认与执行仲裁裁决的依据一致，也就是适用《纽约公约》第5条的规定。

但是因为目前各国撤销权的行使主要依据差异较大的各国国内法,所以容易产生执行国法院以裁决被撤销的理由不被执行国认可而最终承认与执行了已被撤销的仲裁裁决的情况。如近几年在国际仲裁界引起很大争议的“尤科斯案”就是此种情况。

最后,针对国内裁决而言,如果在同样的审查标准下是否有必要重复适用撤销和拒绝承认与执行程序是一个问题。仲裁裁决作出之后,当事人可以在 6 个月内申请撤销仲裁裁决程序,法院对申请撤销仲裁裁决案件的审结期限为 2 个月。依据《仲裁裁决执行规定》,在上述 8 个月的期限过后,如果被申请执行人不服驳回撤销裁决的裁定,还可以在执行通知书送达之日起 15 日内向法院申请不予执行仲裁裁决,人民法院原则上应当在立案之日起 2 个月内完成执行审查并作出裁定,有特殊情况需要延长的,经执行审查法院的院长批准,可以延长 1 个月。[①] 此外,最高人民法院《关于适用〈中华人民共和国仲裁法〉若干问题的解释》第 26 条规定:“当事人向人民法院申请撤销仲裁裁决被驳回后,又在执行程序中以相同理由提出不予执行抗辩的,人民法院不予支持。”结合以上条款来看,从理论上说如果当事人的撤销申请经法院审查后被驳回,申请人请求不予执行的抗辩理由同样不能成立。《仲裁裁决执行规定》也规定不予执行仲裁裁决申请被裁定驳回后,再次提出申请的,人民法院不予审查。但是在实践中,当事人能采取很多拖延对策,如变动抗辩理由。尽管从前文列举的数据上来看,不予执行仲裁裁决的概率比撤销仲裁裁决要低,对比当事人的申请数量来说更是成功率很小。但是对以效率为生命的纠纷解决机制来说,司法审查程序的重复拖延直接影响仲裁的发展。

国际仲裁中设置撤销权是为了有一个安全机制使仲裁裁决完全失去可执行性,从而避免当事人在全球范围疲于应付各地的执行程序。尽管随后撤销权的实践并不完全符合初衷,但是这个制度设计非常契合仲裁效率和公平的追求。就国际仲裁而言,仲裁地法院的撤销权和执行国法院的承认与执行权相辅

---

① 韩红俊:《仲裁裁决不予执行的司法审查研究》,载《河北法学》2010 年第 7 期。

相成共同构建仲裁司法监督体制。但在国内仲裁中,一个国家对国内的仲裁裁决同时存在撤销和不予承认执行的审查。尽管中国区分涉外仲裁和国内仲裁,但对同一仲裁裁决,撤销和执行审查的依据及理由完全相同。为了避免出现管辖权冲突,最高人民法院的若干司法解释对执行和撤销程序重合等程序问题做了进一步的规定,如规定申请人向两个以上有管辖权的人民法院提出申请的,由最先立案的人民法院管辖。新规《仲裁裁决执行规定》也有规定避免程序重复竞合,禁止当事人以相同理由重复申请撤销和不予执行。可见仲裁司法审查中程序重复拖延问题已经引起了最高人民法院的重视并下决心着力改革。尽管如此,以上规定在实践中容易被当事人规避。就仲裁裁决的司法审查效果来说,一次裁决撤销审查已经可以对仲裁裁决起到监督的作用,以相同的审查标准再进行一次承认与执行审查既是对司法资源的浪费,也是对仲裁效率和终局性的损害。

四、重构中国仲裁司法监督体制

仲裁司法监督是仲裁顺利进行的立身之本,是仲裁程序公平公正的保障,同时也是仲裁效率和自治性得以体现的守护者。因此,仲裁司法监督体制的构建不仅需要考虑对仲裁程序的监督,对仲裁裁决公平公正的审核,也需要符合纠纷解决高效性和当事人意思自治的要求。中国仲裁司法监督体制的各项问题已经有许多学者著文研究,其中最多被提及的自然是中国"双轨制"的仲裁司法审查制度。由于众多学者珠玉在前,本文就不在此过多叙述。尽管仲裁界已经看到了中国《仲裁法》修订的曙光,但在相关法律没有修订前,最高人民法院的各项司法解释已经不断完善现有立法,改革中国的仲裁司法监督机制。[①] 2017 年和 2018 年是中国仲裁司法监督体制的变革之年,最高人民法院在这两年连续出台了 4 项有关仲裁司法审查的司法解释。此外,据最高人民法院民四庭法官介绍,更多司法解释还在研究讨论中,将会在不久的将来适时公

① 宋连斌:《仲裁司法监督制度的新进展及其意义》,载《人民法治》2018 年第 3 期。

布。具体内容包括:详细规定和统一各级法院撤销和不予执行仲裁裁决的依据;对虚假仲裁案件的司法审查规则,例如,案外人有理由证明虚假仲裁的,可以申请不予执行仲裁裁决;还有国外仲裁机构申请证据保全等临时措施的司法支持等。①

在国际仲裁层面,国家司法监督的弱化和限制已经是大势所趋。② 中国仲裁本就没有深厚的历史传统,配套立法和规则也不完善,想要在世界经济格局变动的时机下打破劣势,弯道超车,自然困难重重。但中国的优势在于仲裁事业发展迅速,十分繁荣,仲裁与调解等手段的结合运用广泛,经验丰富。中国经济体量庞大,国际和国内贸易量都位于世界前列,因而仲裁市场潜力无穷。如何运用好这些优势,弥补缺失,提升中国仲裁的国际竞争力乃至不断加强中国在国际纠纷解决领域的话语权,重构仲裁司法监管体制势在必行。笔者认为,除近几年最高人民法院引导下作出的种种变革外,未来的发展重点在以下几个方面。

(一)限制仲裁实体审查,统一撤销和不予执行的裁判尺度

笔者认为,中国司法审查采用"双轨制"有多种原因造成。也许不与世界多数国家和国际规则相同,但是依然符合目前国情。中国具有大量的仲裁机构,仲裁事业繁荣但并不成熟,仲裁员素质也良莠不齐。可以说对国内仲裁实施较严格的审查标准是有必要的。但是要警惕法院以此为由滥用实体审查,任意撤销或不予执行仲裁裁决。考虑到中国仲裁日益发展成熟,采取"并轨"和国际化的司法审查标准也是应有之义。因此,在法律法规还未修订的情况下,应限制法院对仲裁裁决的实体审查,同时把重点放在规范和统一各级法院的司法审查尺度的裁决标准上。③ 尤其应当避免各级法院对"公共利益"作出扩大或任意解释,以此为由撤销和不予执行仲裁裁决。

---

① 参见杨弘磊:《回顾仲裁司法审查的2017》,于中国仲裁法学研究会2017年会员代表大会暨第十届仲裁与司法论坛上的发言。

② 参见宋连斌:《论中国仲裁监督机制及其完善》,载《法制与社会发展》2003年第2期。

③ 参见张勇健、任雪峰、梁颖:《〈关于仲裁司法审查案件报核问题的有关规定〉及〈关于审理仲裁司法审查案件若干问题的规定〉的理解与适用》,载《人民司法(应用)》2018年第4期。

(二)撤销、承认与不予执行程序高效配合

法律规定法院撤销和不予执行仲裁裁决适用依据相同。双重程序监督造成了司法资源的浪费和纠纷解决的低效。此外,有些法院由不同部门从事承认和执行仲裁裁决程序,同样造成程序拖延和资源浪费。笔者认为,应当更为重视人民法院撤销权的效力,即一项裁决若被撤销则自始无效,不具有可执行性。如果当事人的撤销之诉被驳回,则法院执行部门在当事人的请求下可以执行裁决而不需要再次经当事人请求不予执行的抗辩。应促使当事人重视法院的撤销之诉,避免其滥用拖延战术。同理,法院应当整合承认与执行程序,统一由执行部门实施;同时要求当事人如有对该裁决效力的异议,必须在撤销程序阶段提出,或者提起撤销之诉,否则法院不予考虑。

(三)规定撤销和执行审限,避免法院拖延

执行难和司法程序拖延是中国司法体制的两大顽疾,短时间内无法根除。但实践中许多仲裁执行和撤销程序拖延是由个别法院故意为之的。笔者认为,应当进一步明确法院撤销和执行仲裁裁决的审限。目前尽管有规定撤销之诉的审理期限为2个月,但真实数据远高于此。从最高人民法院层面对审限进行明确将大大减少下级法院故意拖延的可能,维护仲裁的高效和终局性。

(四)重视仲裁行业自治和自我监督,警惕虚假仲裁和仲裁贪腐

仲裁从来不是一片净土,贪污腐败、利益交换、以合法仲裁掩盖非法目的都可能存在。但在寻求公平、正义与效率的平衡中,仲裁制度的构建多从保证其效率的角度出发。因此限制司法监督是应有之义。但这并不代表要放弃对仲裁的监督,任其自生自灭。行业监督和私力救济是比司法监督更高效和灵活的监督方式。以虚假仲裁为例,受损害的第三人是最能感知,也是最适合提起监督的当事方。仲裁员协会或者仲裁协会制定的职业操守规范和仲裁员资格认定也是对仲裁员违规、贪污和腐败行为作出规制的有效方式。目前,中国较欠缺仲裁行业自治和自我监督,日后应在这方面大力发展。

五、结语

中国设立撤销、承认和执行“三重程序”来监督商事仲裁,并对涉外和国内

仲裁裁决适用不同的审查标准,是仲裁司法审查程序低效和拖延的最根本原因。尽管最高人民法院出台多个司法解释优化仲裁监督程序,但从制度设计上整合仲裁监督机制才是解决问题的根本之道。考虑中国仲裁实践远远超前于仲裁立法,临时仲裁和投资仲裁等创新因立法和司法的缺失而举步维艰,中国仲裁的发展亟待最高人民法院进一步明确司法审查路径,以对仲裁提供更大的司法支持。尽管中国的仲裁制度和司法审查机制并不完善,也有重要缺陷亟待修正,但近两年最高人民法院已经着力改革仲裁司法监督体制,中国的仲裁制度也进一步完善,仲裁界逐渐看到《仲裁法》修改的曙光。在"一带一路"倡议下,仲裁作为被寄予厚望的纠纷解决方式,来自立法、司法和仲裁各方面的大力支持都将推动着未来中国仲裁制度的发展完善。

保密文件在国际商事仲裁中的开示问题研究

谢南希*

摘要：目前大多数国家的国内法都有对商业机密信息进行保护的强制性规定。在国际商事活动中，当事人也普遍通过签订保密协议的方式以防止商业机密泄露。根据这些国内法中的保密规范和保密协议，当事人负有不得对外披露受保护的秘密信息的义务，若泄露秘密信息违反了保密义务，当事人可能面临严重的法律责任；若拒绝披露保密文件，当事人可能面临不利于己方的事实推定，当事人因此面临两难选择。关于保密文件的开示问题，存在两个针锋相对的核心主张：提出文件请求的当事方基于当事人具有充分陈述其案情的权利，要求持有保密文件的另一方开示文件；而持有保密文件的另一方以保护商业秘密为由提出反对。近年来，涉及保密文件开示的最新实践显示，商业秘密异议目前的适用范围和情形较为单一、不够全面，未将当事人因在仲裁庭的命令下披露保密文件而违反国内法或保密协议，并面临严重法律责任的情况包含在内，直接导致当事人面临两难情形。为了解决当事人所面临的两难情形，避免文件开示请求的滥用，同时完善现有规则，本文提议扩大商业秘密异议的解释和适用范围；这将在一定程度上避免了文件开示请求的滥用，从避免违反国内法和公共政策的角度保障仲裁裁决的执行。

关键词：文件开示　美国式披露　商业秘密　当事人充分陈述其案情的权利　保密异议

* 谢南希，中国政法大学国际法学院，国际法学专业2017级博士研究生。

一、引言

近年来在国际商事仲裁的证据环节中,当事人经常请求开示受各国国内法和保密协议保护的秘密文件。这些保密文件应当如何处理的问题引发了仲裁庭和当事人的关注,因为开示这些保密文件可能致使拥有文件的当事人违反国内法或保密协议进而面临严重的法律责任。从大的国际背景来看,各国纷纷立法,对含有商业信息的数据和文件进行规范和保护,如美国《保护商业秘密法案》①、欧盟《保护商业秘密指令》②、中国《反不正当竞争法》和《商业银行法》③、法国《封锁法案》④等。同时,国际商事主体在商事活动中通过订立保密协议来对特定信息和文件的披露问题进行特别约定是非常普遍的。这些受国内法和保密协议保护的文件在商事仲裁程序中是否能够免于披露?

近年来,关于保密文件开示的最新实践不得不提美国国内诉讼中的披露(discovery)程序,⑤这些程序涉及大量的保密文件披露问题,在这些案件中,当事人试图通过援引其国内法的抗辩是否成功?美国法院的立场如何?

---

① The U. S. Government, "Defend Trade Secrets Act of 2016", Accessed May 4, 2019. https://www. congress. gov/114/plaws/publ153/PLAW-114publ153. pdf.

② The European Parliament and the Council, "Directive (EU) 2016/943 on the protection of undisclosed know-how and business information (trade secrets) against their unlawful acquisition, use and disclosure", Accessed May 4, 2019. http://eur - lex. europa. eu/legal - content/EN/TXT/PDF/? uri = CELEX:32016L0943&from=EN.

③ 《反不正当竞争法》,载全国人大网:http://www. npc. gov. cn/npc/xinwen/2017-11/04/content_2031432. htm,最后访问日期:2019 年 5 月 4 日;《商业银行法》,载全国人大网:http://www. npc. gov. cn/wxzl/gongbao/2015-11/10/content_1951895. htm,最后访问日期:2019 年 5 月 4 日。

④ The French Blocking Statute, Law No. 80-538 of July 16, 1980, Journal Officiel de la Republique Francaise, July 17, 1980, p. 1799.

⑤ 笔者将国际商事仲裁中的文件开示和美国诉讼中的披露放在了一起讨论,仲裁因程序保密,很多案例材料未公开,相比之下,美国诉讼的材料更为丰富。两个程序在保密文件这个研究对象上具有同一性,在内容方面可以互补。See Pierre Lalive's description on this issue in his article "Enforcing Awards" in International Chamber of Commerce published in International Chamber of Commerce, Court of Arbitration, 60 *Years of ICC Arbitration: A Look at the Future*, ICC Publishing SA, 1984, p. 323: "*The confidential character of arbitrations, together with their multiplicity and variety, constitutes a tremendous obstacle to a true knowledge of the subject. We must be aware of the fact that our experience is necessarily limited and our data partial.*" See also Joshua Karton, "The Arbitral Role in Contractual Interpretation", *Journal of International Dispute Settlement* 6(1), 2015, p. 7.

美国法院对于文件开示和保密背后的法律冲突问题、当事人之间的利益权衡、各自依据的法律基础之间的关系又是如何论证的？本文试图对以上问题进行解答。

二、当事人的保密义务及其违反后果

各国普遍对国内涉及商业秘密的信息、数据和文件进行立法、规范和保护，这方面较为知名的立法有美国《保护商业秘密法案》、欧盟《保护商业秘密指令》、法国《封锁法案》、中国《反不正当竞争法》和《商业银行法》、德国《反不正当竞争法》①、日本《反不正当竞争法》和瑞士《刑法典》②等。同时，在国际商事活动中，当事人通过订立保密协议对特定信息和文件的披露问题进行特别约定也日渐普遍。根据这些国内法中的强制性规范和保密协议中的保密条款，当事人负有不得对外披露受这些法规协议覆盖的保密文件的义务。本文将主要从国内法中的强制性规定和保密协议两种情况入手，讨论当事人的保密义务和违反后果。③

（一）法定保密义务及其违反后果

由于文化差异和各国政策变化等原因，④在国际规则层面还没有规范国际商事仲裁中的保密义务的公约，也不存在统一的一般性保密规则。⑤ 在实践

---

① The Federal Ministry of Justice of Germany, "The Federal Act Against Unfair Competition (as amended up to Law of October 1, 2013)", Accessed May 4, 2019. https://www.gesetze-im-internet.de/englisch_uwg/.

② The Federal Assembly of the Swiss Confederation, "Criminal Code of the Swiss Confederation (1937, amended 2017)", Accessed May 4, 2019. https://www.legislationline.org/documents/section/criminal-codes/country/48/Switzerland/show.

③ 笔者注意到当事人的保密义务在现实中可能来自很多地方，包括但不限于保密协议、国内法中的强制性规定、公共政策的需要等，涉及文件保密性的情况很复杂。由于当事人保密义务的来源是个复杂的现实问题，本文将讨论范围限定在保密协议和国内法中的强制性规定这两种情况。

④ Jeff Waincymer, *Procedure and Evidence in International Arbitration*, Kluwer Law International Ltd., 2012, p. 800.

⑤ Lukas F. Wyss, "How to Protect Business Secrets in International Commercial Arbitration", *International Arbitration Law Review* 12(6), 2010, pp. 158-159. 笔者注意到《与贸易有关的知识产权协定》第39条包含了保密信息的定义，然而该公约仅适用于签署国，并且该公约针对的是国际贸易背景中WTO框架下的知识产权保护。另外，《世界知识产权组织仲裁中心仲裁规则》第54(a)条也有商业秘密的定义，但此规则如果没有当事人的约定也不能适用于仲裁程序。

中,为了满足当事人的期待,仲裁庭可能根据最密切联系原则来决定适用于保密问题的规则,[①]该原则主要考虑与争端具有密切联系的规则,仲裁庭因此可能适用文件所在地或被储存地的法律。[②]

前文提到的规范文件保密性的国内法都有类似条款——当事人披露保密性文件将构成对这些条款的违反,将面临法律制裁。[③] 如法国《封锁法案》适用于位于法国境内的文件,其中第 1 条禁止任何人在外国的程序中披露与经济、商业、工业、金融以及技术相关的文件或信息,[④]第 3 条接着规定向外提供文件或是回应国外程序中的披露请求的行为构成刑事犯罪,将面临高达 6 个月的监禁及(或)高达 18 000 欧元适用于个人的罚款,90 000 欧元适用于公司的罚款。[⑤] 根据该法案,法国当事人负有不得在外国程序中披露保密文件的义务。

披露受法国《封锁法案》保护的保密文件的行为将引发严重的刑事责任,这不是理论风险,而是现实中真实存在的法律责任。[⑥] 2007 年,法国律师克

---

① ICC Case No. 2730/1982, Award, Accessed May 4, 2019. http://www. trans-lex. org/202730, Elisabeth Metzler,"The Arbitrator and the Arbitration Procedure,The Tension Between Document Disclosure and Legal Privilege in International Commercial Arbitration-An Austrian Perspective", in Christian Klausegger et al. , eds. , *Austrian Yearbook on International Arbitration* 2015, C. H. Beck, 2015, p. 264; Tobias Zuberbühler et al. , *IBA Rules of Evidence: Commentary on the IBA Rules on the Taking of Evidence in International Arbitration*, Sellier European Law Publishers, 2012, p. 175; Nathan D. O'Malley, *Rules of Evidence in International Arbitration: An Annotated Guide*, Informa Law, 2012, p. 285.

② Nathan D. O'Malley, *Rules of Evidence in International Arbitration: An Annotated Guide*, Informa Law, 2012, p. 287, para. 9. 43; Zuberbühler et al. , *IBA Rules of Evidence: Commentary on the IBA Rules on the Taking of Evidence in International Arbitration*, Seltier Earopeam Law Publishers, p. 174. 除此之外,仲裁庭也可以行使其自由裁量权寻找案件之外的其他规则。比如在决定应当适用何种法律来规范被涉密文件的开示时,一个 ICC 仲裁庭(ICC Case No. 11258/2003, Procedural Order No. 3)没有适用案件的实体法或任何国内法,而是选择适用了与案件无关的其他国际性文件,如《联合国国际贸易法委员会国际商事调解示范法》和《联合国国际贸易法委员会调解规则》。

③ Timothy p. Harkness et al. , *Discovery in International Civil Litigation: A Guide for Judges*, Federal Judicial Center, 2015, p. 27; Monica Hanna and Michael A. Wiseman, "Discovering Secrets: Trends in U. S. Courts' Deference to International Blocking Statutes and Banking Secrecy Law", *The Banking Law Journal*, September 2013, pp. 692-693.

④ French Blocking Statute.

⑤ French Blocking Statute.

⑥ Robyn R. English, "Limitations on the U. S. District Courts' Discretion: Immediate Review of Post-Aérospatiale Discovery Decisions", *Georgetown Journal of International Law* 44, 2013, p. 1459.

里斯多夫(Christopher X.)因在其代理的美国保险诉讼程序中使用了其在法国境内取得的证据,而被法国最高法院判决构成违反法国《封锁法案》,被判处10 000欧元罚款。[①] 该案涉及独立的两个法律程序,一是位于美国的由克里斯多夫代理的保险诉讼,二是位于法国的针对克里斯多夫对外提供证据行为的刑事诉讼。在美国保险诉讼中,原告加州保险局控告被告法国保险公司MAAF(Mutuelle d'assurance artisanale de France)在收购保险公司时涉嫌欺诈,于是代理原告的美国律师委派法国律师克里斯多夫联络了被告MAAF前董事,进行事实调查,克里斯多夫在法国境内取证后将证据用于了美国诉讼程序。[②] 法国保险公司MAAF认为克里斯多夫将从法国境内取得的涉及经济、商业和金融的信息用于美国程序的行为违反了法国《封锁法案》,于是在法国地方法院提起了刑事诉讼,法国地方法院判决对克里斯多夫的刑事指控成立,[③]经克里斯多夫上诉,法国最高法院维持了判决。

中国国内法中也有针对保密信息的类似保护条款,如中国《反不正当竞争法》第10条第3款规定:"经营者不得违反约定或者违反权利人有关保守商业秘密的要求,披露、使用或者允许他人使用其所掌握的商业秘密。"[④]违反该条侵犯商业秘密的行为将被责令停止违法行为,根据情节被监管机构处以1万元至20万元的罚款。[⑤] 中国《商业银行法》第29条规定"商业银行办理个人储蓄存款业务,应当遵循存款自愿、取款自由、存款有息、为存款人保密的原则。对个人储蓄存款,商业银行有权拒绝任何单位或者个人查询、冻结、扣划,但法律另有规定的除外。"[⑥]

---

① In re Advocate Christopher X, Criminal Division of Court of Cassation (Supreme Court), Appeal No. 07-83228, December 12, 2007. See English version in *Digital Evidence and Electronic Signature Law Review* 7, 2010, pp. 130-133.

② Ibid.

③ Ibid.

④ 全国人民代表大会:《反不正当竞争法》,载全国人大网:http://www.npc.gov.cn/npc/xinwen/2017-11/04/content_2031432.htm,最后访问日期:2019年5月4日。

⑤ 同上。

⑥ 全国人民代表大会:《商业银行法》,载全国人大网:http://www.npc.gov.cn/wxzl/gongbao/2015-11/10/content_1951895.htm,最后访问日期:2019年5月4日。

其他国家的国内法也包含类似的法规。德国《反不正当竞争法》第 17 条规定，员工透露和使用在雇主处合法知悉的商业秘密构成刑事犯罪，可能被判处 5 年以下的监禁或罚金。① 瑞士《刑法典》第 273 条规定，任何人将其获得的商业秘密向外传递给官方机构、外国组织、私人企业或者他们之中的任何代理的行为都将承担法律责任，被判处高达 3 年的监禁或罚款，若案情严重，监禁不得少于 1 年，另外，监禁和罚款可并处。② 日本《反不正当竞争法》最新的修改对披露商业秘密的行为也进行了更为严厉的刑事规定。在该法案项下，直接获得商业秘密而后泄露了商业秘密的人被称为“第一人”，从该人手中获得商业秘密的人，称作“第二人”。③ 该法案修改之前只处罚第一人和第二人，修改后的法案扩大了处罚范围，纳入了一切明知商业秘密却仍然披露商业秘密的人。④ 该法案修改后的刑事处罚也更为严厉，修法后对个人的最高罚款金额从 1000 万日元提高到 2000 万日元。⑤ 值得注意的是，该法案针对披露商业秘密的三种跨境案件进行了特别规定，施加了更重的刑罚，其中一种就是在日本以外不正当使用披露商业秘密的行为。⑥

(二)约定保密义务及其违反后果

实践中的保密协议通常含有很广泛、更注重细节的保密条款，针对信息和

---

① The Federal Ministry of Justice of Germany, “The Federal Act Against Unfair Competition (as amended up to Law of October 1, 2013)”, Accessed May 4, 2019. https://www.gesetze-im-internet.de/englisch_uwg/.

② The Federal Assembly of the Swiss Confederation, “Criminal Code of the Swiss Confederation (1937, amended 2017)”, Accessed May 4, 2019. https://www.legislationline.org/documents/section/criminal-codes/country/48/Switzerland/show.

③ 郑友德、王活涛、高薇：《日本商业秘密保护研究》，载《知识产权》2017 年第 1 期。

④ 同上。

⑤ Japanese Law Translation Database System of Ministry of Justice of Japan: Unfair Competition Prevention Act, Art. 21(1), Accessed May 5, 2019. http://www.japaneselawtranslation.go.jp/law/detail/?id=83&vm=04&re=02.

⑥ 其他两种分别是：第一，为了在日本以外的地方使用商业秘密而不正当地获取商业秘密的行为。即使是在日本境内获得商业秘密，但是如果目的是在日本以外使用商业秘密，这种行为也将受到更严厉的处罚。第二，明知其计划在日本境外使用商业秘密却依然向其披露商业秘密的行为。参见郑友德、王活涛、高薇：《日本商业秘密保护研究》，载《知识产权》2017 年第 1 期。

商业机密提前约定好“保密”“保密信息”“违约责任”等术语的具体含义,[①]根据保密协议的目的以及当事人的需求,可能存在很多情况,本文以保密协议是否涉及第三人为标准,主要对以下两种情况展开讨论:情形一,即仲裁案件的当事人A和B签订保密协议;情形二,即仲裁案件的当事人A和B,B和案外第三方C分别签订了保密协议。

在情形一中,仲裁程序中开示保密性文件是否违反保密协议在很大程度上取决于保密协议的目的以及双方当事人的意愿,如果当事人认为保密协议反映了他们的需求并将保密协议提交给了仲裁庭,那么仲裁员们就应当根据当事人意思自治原则赋予该协议效力,将双方当事人的协议作为确定保密信息内容和范围的第一来源。[②] 如果当事人签订保密协议的目的仅仅是在他们内部分享信息,排除任何第三人接触这些信息,那么仲裁庭就应当作出合适的保密措施,将接触保密信息的人限制在特定范围内。

情形二中的问题是,A能否申请仲裁庭作出命令让B开示其与C之间约定保密的文件。诚然,仲裁是根据双方当事人的仲裁协议提起的程序,第三方并不受此仲裁协议约束,所以在这种情况下的文件开示必然存在挑战和限制。[③] 但原则上仲裁庭的管辖权是不能延伸至非当事人的,仲裁庭也不能命令非当事人披露其拥有的文件。[④] B与案外人C的关系以及相关的市场情况也可能成为重要的考虑因素。如果请求文件开示的一方与第三方彼此是竞争对手,处在同一个高度竞争的市场,那么披露受保密协议所覆盖的与他们市场份

① Lukas F. Wyss, “How to Protect Business Secrets in International Commercial Arbitration”, *International Arbitration Law Review* 12(6), 2010, p. 160.

② Ibid., pp. 159–169; Gabrielle Kaufmann-Kohler and Philippe Bärtsch, “Discovery in International Arbitration: How Much is too Much?”, SchiedsVZ 1/2004, p. 18.

③ John L. Gardiner et al., “Discovery”, in James H. Carter and John Fellas, eds., *International Commercial Arbitration in New York*, OxFord, Oxford University Press, 2010, p. 288; Robert H. Smit, “Towards Greater Efficiency in Document Production before Arbitral Tribunals – A North American Viewpoint”, *Document Production in International Arbitration*-2006 *Special Supplement ICC International Court of Arbitration Bulletin*, 2006, p. 99.

④ Jardine Lloyd Thompson Canada v. Western Oil Sands Inc., 2005 ABQB 509 (Alberta Court of Queen's Bench Judicial District of Calgary, 19 July 2005); Jardine Lloyd Thompson Canada v. Western Oil Sands Inc., 2006 ABCA 18 (Alberta Court of Appeal, 18 January 2006).

额、定价政策或其他商业信息相关的文件就显得十分不合适。在这种情况下,决定是否开示文件的关键就在于信息自身的性质和内容。比如,如果信息只是涉及拥有文件的当事方公司运营方面很单一细小的事项,开示文件不会产生很大的负面影响,那么仲裁庭可以批准开示请求。如果披露核心信息将会造成可预期的严重后果,那么对于披露此种文件的请求,仲裁庭应当拒绝。

披露保密文件构成违反保密协议的情况下,违反方需要承担违约责任。保密协议的当事人通常在保密协议中已经对违约责任的内容和形式进行了约定,可能是以违约金的形式,也可能是以赔偿损失的形式。如果保密协议中没有违约条款,那么违约责任从原则上来说就以补偿性赔偿(restitution)为基础,由违反保密协议的一方赔偿披露行为所造成的直接损失。①

在披露商业秘密的情况下,披露秘密文件可能并没有对商业秘密本身造成损失,但披露行为使得商业秘密失去了价值,这种情况下的直接损失就是商业秘密在价值上的损失。② 在其他情况下,违反保密协议一方披露保密文件的行为导致保密协议另一方终止了其他交易,另一方在其他交易里的损失可能也构成损失的一部分。

三、针对保密文件开示的两个核心主张

关于保密文件的开示主要存在两个相对的主张,一是支持保密文件的开示,主张文件开示的当事人具有充分陈述其案情的权利(parties' right to be heard),这种权利是正当程序原则要求的强制性权利,当事人不得减损。笔者将在1958年联合国《承认及执行外国仲裁裁决公约》(以下简称《纽约公约》)③和1985年《贸易法委员会国际商事仲裁示范法》附2006年通过的修正

① Jay Weiser, "Measure of Damages for Violation of Property Rules: Breach of Confidentiality", *The University of Chicago Law School Roundtable* 9(1), 2002, p. 91.

② Ibid.

③ See Julian D. M. Lew et al., *Comparative International Commercial Arbitration*, Kluwer Law International, 2003, p. 693.

案(以下简称《示范法》)[①]的框架下进行对此讨论。这种权利贯穿整个仲裁程序,包括提交所有关于事实和法律的证据环节。[②] 二是反对保密文件的开示。2010 年《国际律师协会国际仲裁取证规则》(以下简称《IBA 证据规则》)[③]第 9 条第 2 款第 5 项规定,在存在"十分必要的商业保密理由"(grounds of commercial... confidentiality... to be compelling)时仲裁庭应当(shall)排除这些保密文件的开示,仲裁员对于衡量文件的保密性、决定是否排除开示享有自由裁量权。[④]

(一)支持保密文件开示

(1)支持保密文件开示的一方认为,文件开示可能是当事人充分陈述案情的权利的必要组成部分;若当事人这一权利受到侵犯,那么在这种情况下作出的仲裁裁决将无法得到执行。

(2)文件开示可能是当事人充分陈述案情的权利的必要组成部分。当事人应当被给予充分机会陈述其案情的权利常见于国际商事仲裁的国际条约、各国仲裁法案和国际仲裁机构规则中。[⑤] 其中,《示范法》第 18 条规定:"当事人应当受到平等待遇,并应当被给予充分的机会陈述其案情。"[⑥]鉴于该《示范法》对世界各国国内仲裁立法具有广泛且深远的影响,而且直接以《示范法》为基

---

① 《示范法》是在世界范围内反映国际仲裁实践核心原则性问题的共识性文件,涵盖从仲裁协议到仲裁裁决执行的所有环节。See UNCITRAL Secretariat, "Explanatory Note by the UNCITRAL Secretariat on the 1985 Model Law on International Commercial Arbitration as amended in 2006". Accessed May 5, 2019. http://www.uncitral.org/pdf/english/texts/arbitration/ml-arb/MLARB-explanatoryNote20-9-07.pdf; Julian D. M. Lew, "Document Disclosure, "Evidentiary Value of Documents and Burden of Evidence", in Teresa Giovannini and Alexis Mourre, eds., *Written Evidence and Discovery in International Arbitration: New Issues and Tendencies*, International Chamber of Commerce, 2009, p. 26.

② UNCITRAL Secretariat, *UNCITRAL 2012 Digest of Case Law on the Model Law on International Commercial Arbitration*, Publishing and Library Section of the United Nations Office at Vienna, 2012, pp. 97-98.

③ IBA Rules on the Taking of Evidence in International Arbitration 2010.

④ 1999 IBA Working Party & 2010 IBA Rules of Evidence Review Subcommittee, *Commentary on the revised text of the 2010 IBA Rules on the Taking of Evidence in International Arbitration*, International Bar Association, 2010, p. 25.

⑤ 如《纽约公约》第 V(1)(b)条和《示范法》第 18 条、《英国 1996 年仲裁法案》第 33(1)(a)条、《瑞典仲裁法》第 54(2)条、《俄罗斯第 382 号联邦仲裁法》、《ICC 规则》第 22(4)条、《SCC 规则》第 19(2)条、《LCIA 规则》第 14.4(i)条、《CIETAC 规则》第 35 条、《HKIAC 规则》第 13.1 条、《ICDR 规则》第 20(1)条、《SIAC 规则》第 7.10 条、《VIAC 规则》第 28(1)条等。

⑥ UNCITRAL Model Law on International Commercial Arbitration with 2006 amendments, Art. 18.

础进行立法的国家和地区高达 74 个,[①]当事人充分陈述案情的权利在《示范法》框架下的讨论十分必要。根据《示范法》的注释,联合国国际贸易法委员会(以下简称贸法会)认为第 18 条项下的这种权利是当事人最基本的程序性权利,是程序公正以及正当程序的组成部分,[②]该《示范法》的判例法摘要汇编总结道这种权利从本质上来说是强制性的,仲裁员在程序的每一个环节都必须遵守且当事人不可减损。[③]

在国际商事仲裁的披露方式中,文件开示在国际范围内是最为常见和重要的手段之一。[④] 斯德哥尔摩商会仲裁院(Arbitration Institute of the Stockholm Chamber of Commerce,SCC)一个仲裁庭指出,文件开示不仅可以帮助当事人

---

① 包括加拿大、俄罗斯、美国的八个州、新加坡、中国香港、中国澳门、澳大利亚、德国、印度、日本、西班牙等。

② UNCITRAL Secretariat,"Explanatory Note by the UNCITRAL Secretariat on the 1985 Model Law on International Commercial Arbitration as amended in 2006", paras. 31 – 32; Jeff Waincymer, *Procedure and Evidence in International Arbitration*, Kluwer Law International, 2012, p. 68; Piero Bernardini, "The Role of the International Arbitrator", *Arbitration International* 20(2), 2004, p. 122; Simon Greenberg et al., *International Commercial Arbitration An Asia-Pacific Perspective*, Cambridge University Press, 2010, p. 306.

③ UNCITRAL Secretariat, *UNCITRAL 2012 Digest of Case Law on the Model Law on International Commercial Arbitration*, Vienna, Publishing and Library Section of the United Nations Office, 2012, p. 97; UNCITRAL Secretary-General, "Analytical Commentary on Draft Text of a Model Law on International Commercial Arbitration", in UNCITRAL, *Yearbook of the United Nations Commission on International Trade Law* XVI, 1985, p. 46; Gary B. Born, *International Arbitration: Law and Practice*, Kluwer Law International Ltd., 2012, p. 152; Waincymer, *Procedure and Evidence in International Arbitration*, pp. 80, 751. 在 Gas & Fuel Corporation of Victoria v. Wood Hall Ltd. & Leonard Pipeline Contractors Ltd. 案中,澳大利亚维多利亚州最高法院认为将当事人充分陈述案情的权利落实下来就是当事人拥有公平的审判,并有机会可以充分陈述其案情。See Gas & Fuel Corporation of Victoria v. Wood Hall Ltd. & Leonard Pipeline Contractors Ltd., Supreme Court of Victoria, [1978] VR 385, 11 April 1978; Albert Jan van den Berg, *International Commercial Arbitration: Important Contemporary Questions*, Kluwer Law International Ltd., 2003, p. 358. 新加坡最高法院上诉庭在 Soh Beng Tee & Co Pte Ltd. v. Fairmount Development Pte Ltd. 案中强调这种权利是普世性的,适用于每个仲裁案件,并且对于自然正义的任何违反将极大改变仲裁的最终结果,进而侵犯当事人充分陈述案情的权利。See Soh Beng Tee & Co. Pte Ltd. v. Fairmount Development Pte Ltd., Court of Appeal of Singapore, Case No. CA 100/2006, 9 May 2007.

④ Gary B. Born, *International Commercial Arbitration*, 2nd Ed., Kluwer Law International Ltd., 2014, p. 2346; Kaj Hobér, *International Commercial Arbitration in Sweden*, Oxford University Press, 2011, para. 6. 112; Julian D. M. Lew, "Document Disclosure, Evidentiary Value of Documents and Burden of Evidence", in Teresa Giovannini and Alexis Mourre, eds., *Written Evidence and Discovery in International Arbitration: New Issues and Tendencies*, International Chamber of Commerce, 2009, p. 15.

陈述案情,还可以帮助仲裁庭建立起与待决问题相关的事实。[①] 当事人充分陈述其案情的权利意味着他们可以全面地获取使用所有的书面文件和证据,[②]有时候的确存在这样的关键文件,其缺失将使当事人无法毫无保留地表达自己的主张和立场,[③]在这种情况下拒绝请求方文件开示的请求的确可能剥夺该方充分陈述其案情的权利。这种情况在瑞士联邦最高法院2011年的一个决定中得到了确认。该案中,上诉人辩称仲裁庭驳回其文件开示请求的决定剥夺了其充分陈述案情的权利,瑞士联邦最高法院在决定中认为当事人充分陈述其案情的权利包括当事人证明对于案件结果有实质性影响的事实的权利,拒绝文件开示请求可能侵犯当事人充分陈述其案情的权利、进而引发仲裁裁决的撤销程序。[④]

当然,并非所有不批准文件开示请求的决定都会侵犯当事人充分陈述其案情的权利,如果请求方能够找到其他可用的替代性方式去陈述案情,文件开示并不是如此必需,那么就不存在违反正当程序的情况。在一个贸法会仲裁案件中,位于日内瓦的仲裁庭拒绝了被申请人关于一个融资项目的文件开示请求。[⑤] 当申请人到美国得克萨斯法院申请执行裁决时,被申请人提出反对,辩称仲裁庭之前拒绝自己文件开示请求的决定使得其无法充分陈述其案情,[⑥]美国联邦第五巡回上诉法院最后维持了得克萨斯法院的决定,认为被申请人陈述案情的权利并没有被侵犯,因为被申请人已经提供了充足的证据来支持自己的立场,并且仲裁庭已经予以纳入考量,还给予了这些证据相当大的分量。[⑦]

特殊情况下,当事人充分陈述其案情的这种权利甚至存在被滥用的可能。

---

① SCC Case No. V 116/2010, p. 29, para. 1. 5.

② Matti Kurkela and Santtu Turunen, *Due Process in International Commercial Arbitration*, 2nd Ed. , OUP USA, 2010, p. 188.

③ Yves Derains, " Evidence and Confidentiality ", *Confidentiality in Arbitration-2009 Special Supplement ICC International Court of Arbitration Bulletin*, 2009, p. 70.

④ Swiss Federal Supreme Court, Decision 4A_631/2011 of 9 December 2011, ASA Bull. 2/2012, p. 383; Reto Marghitola, *Document Production in International Arbitration*, Kluwer Law International Ltd. , 2015, p. 211.

⑤ Karaha Bodas Co. , L. L. C. v. Perusahaan Pertambangan Minyak Dan Gas Bumi Negara, 364 F. 3d 274, 300 (5th Cir. 2004).

⑥ Ibid. , p. 285.

⑦ Ibid. , p. 304.

一个仲裁庭曾指出:"(仲裁庭)应留意自己控制文件开示的义务,防止证据提交被滥用,同时也应意识到自己肩负允许当事人充分陈述案情的义务。"①可见,正当的文件开示请求与被滥用之间仅一线之差,特别是在请求方仍然有如交叉询问和专家证人等其他方式来陈述其案情的时候。

(3)拒绝文件开示可能侵犯当事人充分陈述其案情的权利,因而导致仲裁裁决无法得到执行。

当文件开示构成当事人充分陈述案情的权利的必要组成部分而仲裁庭拒绝文件开示时,仲裁庭作出的仲裁裁决将面临在仲裁地被撤销或在执行地不被承认和执行的风险。《示范法》第 34 条第 1 款第 2 项允许当事人因不能充分陈述其案情而向仲裁地法院申请撤销裁决。② 如果仲裁裁决在仲裁地法院成功被撤销,那么这个被撤销的裁决很有可能被执行地法院根据《纽约公约》第 5 条第 1 款第 5 项拒绝承认与执行,尽管执行地法院具有自由裁量权。③ 除此之外,《纽约公约》第 5 条第 1 款第 2 项还直接规定,若当事人不能充分陈述其案情,仲裁裁决在执行地法院可能被拒绝承认与执行。

在实践中,也确实存在侵犯当事人充分陈述案情的权利而使仲裁裁决进入撤销程序的案例。如迪拜国际仲裁中心(Dubai International Arbitration Centre,DIAC)一个案件中申请人在迪拜申请执行裁决,而被申请人以自己没有合理机会陈述案情为由要求法院宣告裁决无效。最后迪拜上诉法院推翻了

① 原文为:"[*The arbitral tribunal*] *is mindful of its duty to regulate the production of documents and avoid abuses in the submission of evidence but is also conscious of its duty to allow the Parties to fully present their case*"。Virginia Hamilton, "Document production in ICC Arbitration", in *Document Production in International Arbitration-2006 Special Supplement ICC International Court of Arbitration Bulletin*, 2006, p. 69.

② OAO Northern Shipping Company v. Remolcadores de Marin Sl, Court of Appeal, Commercial Court, England, 27 July 2007, [2007] 2 Lloyd's Rep 302, [2007] EWHC 1821 (Comm); Nigel Blackaby et al., *Redfern and Hunter on International Arbitration*, 6th Ed., Oxford, Oxford University Press, 2015, para. 10. 36.

③ 《纽约公约》第 5 条规定"*Recognition and enforcement of the award may be refused...*"其中"may"显示了该公约赋予了仲裁裁决执行地法院决定是否承认与执行的自由裁量权。Art. V(1)(e) New York Convention; Loukas A. Mistelis and Domenico di Pietro, "New York Convention, Article V [Grounds to refuse enforcement of foreign arbitral awards]", in Loukas A. Mistelis, ed., *Concise International Arbitration* (*Second Edition*), Kluwer Law International Ltd., 2015, p. 26.

初审法院的决定,认为仲裁庭有义务保证当事人充分陈述案情的权利,违反这种权利将导致仲裁裁决被撤销。[①] 又如,“路易达孚公司诉图斯卡仑公司案”(Louis Dreyfus S. A. S. v. Holding Tusculum B. V.)涉及在加拿大执行国际商会仲裁院(International Chamber of Commerce,ICC)的仲裁裁决,因在仲裁程序中仲裁庭没有给予当事人针对一个特定问题进行充分陈述的权利,魁北克高等法院认为这构成了对当地公共政策的违反,最后宣告裁决无效。[②]

从仲裁庭的角度来说,他们作出的裁决应当是可执行的。[③] 考虑到侵犯当事人充分陈述案情的权利可能威胁裁决的执行以及仲裁庭需保证裁决可执行的这种义务,仲裁员在实践中都十分注重正当程序。[④] 为了保障当事人充分陈述其案情的权利,作出在《纽约公约》项下可以执行的裁决,他们通常都不太情愿去限制或排除证据,[⑤]但是在具体的操作上,仲裁庭最后作出批准或拒绝开示文件决定的具体考量是不透明的,被推荐使用的 Redfern 清单(Redfern schedule)[⑥]仅显示仲裁庭最后的决定。因仲裁庭考量的不透明性和不确定

---

① Motei & Associates,“Dubai Court of Appeal rejects a DIAC award due to arbitrator's breach of due process”,Accessed May 5,2019. http://kluwerarbitrationblog. com/2016/05/05/dubai-court-of-appeal-rejects-a-diac-award-due-to-arbitrators-breach-of-due-process/.

② Louis Dreyfus S. A. S. v. Holding Tusculum B. V. , Superior Court of Quebec, Canada, December 8,2008,[2008] QCCS 5903 (CanLII).

③ Italian supplier v. South Korean buyer, ICC Case No. 4132, Preliminary Award, September 22, 1983, in Pieter Sanders, ed. , *Yearbook Commercial Arbitration* 1985, Kluwer Law International Ltd. , 1985, pp. 49-51; Gary B. Born, *International Arbitration: Cases and Materials (Second Edition)*, Kluwer Law International Ltd. ,2015,p. 981.

④ International Law Association,“Recommendations on Ascertaining the Contents of the Applicable Law in International Commercial Arbitration”,p. 2,para. 2,Accessed May 4,2019. https://www. arbitration-ch. org/asset/7d81dc2d309e9e4003bf4bc5001b48ed/ILA_Recommendation_about_applicable_law. pdf; Jeff Waincymer, *Procedure and Evidence in International Arbitration*, Kluwer Law International Ltd. ,2012,p. 58.

⑤ Waincymer, *Procedure and Evidence in International Arbitration*, p. 793; George von Mehren and Claudia Salomon,“Submitting Evidence in an International Arbitration: The Common Lawyer's Guide”, *Journal of International Arbitration* 20 (3), 2003, p. 290; Peter Ashford,“Document Production in International Arbitration: A Critique from ‘Across the Pond’”, *Loyola University Chicago International Law Review* 10(1),2012,p. 7.

⑥ This Schedule is Designed to Crystallize the Precise Issues Concerning Production of Documents in Dispute. See Nigel Blackaby et al. , *Redfern and Hunter on International Arbitration*, 6th Ed. , Oxford University Press,2015,paras. 6. 101-6. 102.

性,当事人和仲裁庭如何以清晰、有说服力的方式来处理保密性文件的开示问题缺乏指引。

(二)在一定条件下拒绝开示保密性文件

国际商事仲裁的实践尊重当事人保护其敏感商业秘密的合法利益。[①] 在ICC 一个仲裁案件中,仲裁庭拒绝了请求方关于开示包含"不可接受的入侵商业秘密"的公司财政状况文件。[②] 笔者注意到《IBA 证据规则》代表了国际商事仲裁取证环节中的最佳实践,在规范文件开示方面成为国际性标准,[③]在国际范围内得到了广泛的认可和适用,因此以下关于保密性文件的排除开示问题将在《IBA 证据规则》的框架下进行讨论。

1. 当存在"十分必要的商业保密理由"时仲裁庭应当命令排除开示文件

根据《IBA 证据规则》第 9 条第 2 款第 5 项的规定,当存在"十分必要的商业保密理由"时仲裁庭应当(shall)命令排除保密文件的开示。"十分必要"是极为关键的要素,[④]有些学者认为,这个"十分必要"的要求暗含的是在缺乏很强相反理由时一种支持披露的推定。[⑤] 若文件开示的被请求方未提供被请求

---

① Nathan D. O'Malley, *Rules of Evidence in International Arbitration: An Annotated Guide*, Informa Law, 2012, p. 301, para. 9. 83.

② ICC Case No. 1000/2006, Procedural Order No. 8, in O' Malley, *Rules of Evidence in International Arbitration*, p. 301, para. 9. 84.

③ 《IBA 证据规则》在实践中也得到了广泛的适用。2015 年一个关于国际仲裁进步与创新的调查显示约 60%的仲裁案件使用了这套规则,77%的仲裁参与者见到这套规则在实际案件中被使用。See Queen Mary University of London and White & Case, "2015 International Arbitration Survey: Improvements and Innovations in International Arbitration", pp. 35 - 36, Accessed May 5, 2019. http://www. arbitration. qmul. ac. uk/media/arbitration/docs/2015_International_Arbitration_Survey. pdf. See also the Preamble of IBA Rules; Guido S. Tawil and Judith Gill, *Foreword to the IBA Rules on the Taking of Evidence in International Arbitration*, 2010; 1999 IBA Working Party & 2010 IBA Rules of Evidence Review Subcommittee, *Commentary on the revised text of the* 2010 *IBA Rules on the Taking of Evidence in International Arbitration* ("IBA Commentary"), International Bar Association, 2010, p. 1; Emmanuel Gaillard and John Savage, eds., *Fouchard Gaillard Goldman on International Commercial Arbitration*, Kluwer Law International Ltd., 1999, p. 177, para. 352; Gabrielle Kaufmann - Kohler, "Soft Law in International Arbitration: Codification and Normativity", *Journal of International Dispute Settlement* 1(2), 2010, p. 289.

④ Art. 9. 2(e) IBA Rules; Jeff Waincymer, *Procedure and Evidence in International Arbitration*, Kluwer Law International Ltd., 2012, p. 869.

⑤ Waincymer, *Procedure and Evidence in International Arbitration*, p. 869.

提供的任何证据且不能做出合理解释时，仲裁员可根据《IBA 证据规则》第 9 条第 5 款作出不利推定(adverse inference)。[①] 规则看似清楚，但在实际案件中，当事人如何证明存在"十分必要的商业保密理由"、仲裁庭如何判断这些理由是否成立仍然缺乏指引，如何论证、界定和判断保密理由仍具有不确定性。在 ICC 一个案件中，一方当事人仅宣称案中"商业秘密涉及的事项并不存在争议"，这样的宣告因缺乏详细解释而未能说服仲裁庭。[②] 可见，提出保密异议的当事人必须提出具体的保密理由，[③]以防商业秘密被当事人滥用而"使得唯一的决定性的证据不能被提交"。[④]

关于保密信息的种类和范围，结合案例、规则本身的注释以及学者评注，需要保密的信息包括：税务记录、研究与研发信息、菜谱、受银行秘密法保护的信息、成本计算方式、供应商来源、分配渠道、供应商与客户间协议、技术知识、公式或配方等其他商业秘密，[⑤]还可能包括文件开示请求方可能通过文件开示获得竞争优势的待披露的商业秘密、[⑥]报价、定价政策、提供货物或服务的合同条

---

① Art. 9. 5 IBA Rules.

② ICC Case No. 6497/1994, in *Yearbook of Commercial Arbitration* XXIV, 1999, p. 77.

③ Peter Ashford, *The IBA Rules on the Taking of Evidence in International Arbitration: A Guide*, Cambridge University Press, 2013, p. 165.

④ 原文为："*prevent the only decisive piece of evidence from being examined*"。See Yves Derains, "Evidence and Confidentiality", *Confidentiality in Arbitration*-2009 *Special Supplement ICC International Court of Arbitration Bulletin*, 2009, p. 70.

⑤ An UNCITRAL tribunal directed one party to produce tax records, in Publicis Communication v. True North Communications Inc., 206 F. 3d 725 (7th Cir., 2000); Tobias Zuberbühler et al., *IBA Rules of Evidence: Commentary on the IBA Rules on the Taking of Evidence in International Arbitration*, Sellier European Law Publishers, 2012, p. 180; Nathan D. O'Malley, *Rules of Evidence in International Arbitration: An Annotated Guide*, Informa Law, 2012, p. 302, para. 9. 85.

⑥ Reto Marghitola, *Document Production in International Arbitration*, Kluwer Law International Ltd., 2015, p. 91; Emmanuel Gaillard and John Savage, eds., *Fouchard Gaillard Goldman on International Commercial Arbitration*, Kluwer Law International, 1999, pp. 692-693, para. 1265; Yves Derains, "Evidence and Confidentiality", *Confidentiality in Arbitration*-2009 *Special Supplement ICC International Court of Arbitration Bulletin*, 2009, pp. 57-58.

款以及盈利能力。[①]

关于"十分必要"的内容,一个专门研究国际商事仲裁证据规则、文件开示的律师纳森·奥马利(Nathan D. O'Malley)认为是否存在"十分必要的商业保密理由"在很大程度上来说是一个事实问题。[②] 在2005年"加拿大JLT保险公司诉西部油砂公司案"(Jardine Lloyd Thompson Canada v. Western Oil Sands Inc.)中,非本案当事人在面临仲裁庭的披露命令时,引用《IBA证据规则》第9条第2款第5项提出了保密异议,要求仲裁庭对案中的文件开示进行平衡利益冲突的测试。[③] 非本案当事人提出应当权衡后支持文件的保密,特别是在提出文件开示请求的被申请人自己无法证明文件的重要性、无法证明不披露其将受到损害的情况下。[④] 作为回应,被申请人辩称并没有证据证明被请求开示的这些文件存在任何商业或技术保密利益。[⑤] 遗憾的是,本案中涉及的仲裁庭和法院在他们的决定中没有对此作出回应并解释,没有确认"十分必要"的含义。

从文本的角度切入,笔者认为这条规则通过特地植入"十分必要"这个词,为保密异议设置一个相当高的门槛,以防那些拥有很高经济价值的商业秘密或信息的泄露使当事方遭受巨大的损失[⑥]。这些商业秘密的重要程度的例子可以参考:保密安全机制之于信用卡公司、秘密巧克力配方之于巧克力生产

---

① Alexander Jolles and Sonja Stark-Traber, "Confidentiality", in Elliott Geisinger and Nathalie Voser, eds., *International Arbitration in Switzerland: A Handbook for Practitioners*, 2nd Ed., Kluwer Law International Ltd., 2013, p. 150.

② Nathan D. O'Malley, *Rules of Evidence in International Arbitration: An Annotated Guide*, Informa Law, 2012, p. 301, para. 9. 83; Nathan D. O'Malley, "The Procedural Rules Governing the Production of Documentary Evidence in International Arbitration-As Applied in Practice", *The Law and Practice of International Courts and Tribunals* 8, 2009, p. 68.

③ Jardine Lloyd Thompson Canada v. Western Oil Sands Inc., 2005 ABQB 509 (Alberta Court of Queen's Bench Judicial District of Calgary, 19 July 2005).

④ Ibid.

⑤ Ibid.

⑥ Hilmar Raeschke-Kessler, "The Production of Documents in International Arbitration-A Commentary on Article 3 of the New IBA Rules of Evidence", *Arbitration International* 18(4), 2002, p. 429; Reto Marghitola, *Document Production in International Arbitration*, Kluwer Law International Ltd., 2015, p. 93.

商、药物研发机密之于制药公司。[①] 可见,商业秘密本身的商业价值是非常重要的考量因素。另外,涉及公司基础运营的银行账户信息和纳税信息也可能是"十分必要"的保护范围。在 ICC 一个仲裁案件中,文件开示的请求方要求开示对方公司的银行账单和纳税申报表,想要获得对方公司财政状况的信息,最后仲裁庭认为该请求过于具有侵略性,拒绝开示这些文件。[②] 因此,排除开示的例外仅仅覆盖了那些最高级别的秘密信息。

2. 仲裁庭有权作出适宜的保密措施

《IBA 证据规则》第 9 条第 4 款规定了仲裁庭有权作出必要的安排来保证涉密证据的提交,[③]保密措施包括:重新编辑保密信息、签订保密协议、通过仅向特定人群的方式限制披露范围以及任命一位专家来审核文件等。在论及保密措施的适用条件和保密效果时,法国著名仲裁员伊夫德朗斯(Yves Derains)于 2009 年引入了"绝对保密"和"相对保密"的概念,区分它们的标准在于是否排除文件开示的请求方和仲裁员接触保密文件,[④]前者采取绝对排除的立场,认为文件开示的请求方和仲裁员不能接触保密文件,而后者则仅要求防止这些文件不在程序之外使用即可,文件开示的请求方和仲裁员可以接触保密文件。[⑤]

在绝对保密的情形中,可以通过任命专家来对保密文件进行审核,这种方式既保证了文件开示请求方充分陈述案情的权利,又尊重了被请求方的保密考量。具体如何任命专家可参考《IBA 证据规则》第 3 条第 8 款。一般来说,这名

---

① Reto Marghitola, *Document Production in International Arbitration*, Kluwer Law International Ltd. ,2015, p. 93; Jeanne C. Fromer, "Trade secrecy in Willy Wonka's Chocolate Factory", in Rochelle C. Dreyfuss and Katherine J. Strandburg, eds. , *The Law and Theory of Trade Secrecy: A Handbook of Contemporary Research*, Edward Elgar Publishing, 2011.

② ICC Case No. 1000/2006, Procedural Order No. 8.

③ Art. 9. 4 IBA Rules; Hilmar Raeschke-Kessler, "The Production of Documents in International Arbitration-A Commentary on Article 3 of the New IBA Rules of Evidence", *Arbitration International* 18(4), 2002, pp. 429-430; Yves Derains, "Evidence and Confidentiality", *Confidentiality in Arbitration-2009 Special Supplement ICC International Court of Arbitration Bulletin*, 2009, p. 63.

④ Ibid. , p. 68.

⑤ Ibid.

专家须独立且公正，在保密环境下审核文件后就保密异议事项向仲裁庭汇报，这名专家可通过描述文件中包含信息的特征，向仲裁庭和当事人报告。[①]实践中，仲裁庭可具体指示该专家以一种对商业秘密或第三方秘密影响最低的方式来审核文件。[②]

与绝对保密不同，相对保密不是绝对排斥文件开示，其目的主要是防止程序中开示的文件泄露，被程序外的其他渠道使用，因而对保密的要求没有绝对保密那么高。相对来说，仲裁庭可采取保密措施的方式更丰富一些。如 ICC 一个仲裁庭曾发布保护命令，限制程序中披露的文件和信息，尽可能避免这些信息被泄露给第三方，[③]该案中双方当事人还签订了保密协议，约定获得这些文件的当事人仅能在本仲裁程序中使用文件。[④]

相对保密的情况里仲裁庭还可以采取限制获取保密信息的人群的方式来达到预防泄露的目的。在一个适用美国《仲裁协会国际仲裁规则》的仲裁案件文件开示程序中，一方当事人披露了从一个计算机软件产业的竞争者那里取得的某些材料，仲裁庭随后发布了一个保密命令，严格限制双方当事人雇用的外部律师和外部专家接触这些材料以防止泄露，[⑤]这个案子后来到了纽约最高法院上诉部门，该部门认为仲裁庭采取的这个"仅律师可见"的命令不构成不合适的命令。[⑥] 另一个位于瑞士的仲裁庭也采取了同样"仅律师可见"的方案来保护保密性信息，同时还通过保密协议的方式，将可以接触到这些信息的人严

---

① Gabrielle Kaufmann-Kohler and Philippe Bärtsch, "Discovery in International Arbitration: How Much is too Much?", SchiedsVZ 1, 2004, p. 20; Peter Ashford, *The IBA Rules on the Taking of Evidence in International Arbitration: A Guide*, Cambridge University Press, 2013, p. 51; Derains, *Evidence and Confidentiality*, p. 70.

② ICC Case No. 6497/1994, in *Yearbook of Commercial Arbitration* XXIV, 1999, pp. 71-79.

③ ICC Case No. 7893/1994, in *Journal du droit international* 1998. 1069 (Annot. D. H.).

④ Ibid. 原文为："*to properly participate and defend itself in the arbitration procedure*"。

⑤ Bernstein v. On-Line Software Intern., Inc., 648 N. Y. S. 2d 602, 604 (Supreme Court, Appellate Division, First Department, New York, 1996).

⑥ Ibid.

格限制在号称“保密俱乐部”(confidentiality clubs)的范围内。[①]

(三)保障当事人充分陈述其案情的权利与保护秘密信息之间的关系

两个主张所依据的法律规则是应当考虑的第一点。当事人充分陈述案情的权利作为正当程序的强制性要求,通常可以在可适用的程序性规则中找到,如仲裁机构规则或仲裁地法。[②] 这些都是直接适用于程序且对仲裁庭有约束力的规则。而保密异议的法律基础则是《IBA 证据规则》,属于国际实践,[③]当两者冲突时,《IBA 证据规则》第1条第1款条关于本规则适用范围的规定提供了解决的思路:“若当事人约定或仲裁庭决定适用《IBA 证据规则》,取证应适用本规则,除非本规则的任何具体规定与当事人或仲裁庭决定的案件适用法律的强制性条款相抵触。”[④]

笔者发现这个条款表面上将当事人充分陈述案情的权利置于优先位置,但是后来的《IBA 证据规则》评注又指向了相反的方向:仲裁庭应当批准文件请求,“当仲裁庭确认(1)请求方希望证明的问题对于案件结果是相关且具有实质性的影响;(2)第9条第2款的异议理由都不成立;(3)文件请求本身满足了第3条第3款的要求”。[⑤] 这条评注很明确地将第9条第2款项下的保密异议视为可以阻挡仲裁庭命令开示保密文件的理由之一。

四、保密文件开示的新近实践

在保密文件开示的最新实践中,美国国内诉讼中的披露程序最具代表

---

① Alexander Jolles and Sonja Stark-Traber, “Confidentiality”, in Elliott Geisinger and Nathalie Voser, eds., *International Arbitration in Switzerland: A Handbook for Practitioners*, 2nd Ed., Kluwer Law International Ltd., 2013, p. 151.

② 见《IBA 证据规则》第二章第一节第(一)条。

③ 见《IBA 证据规则》第二章第二节第(一)条。

④ Art. 1. 1 IBA Rules.

⑤ 原文为:“*if it is convinced, first, that the issues that the requesting party wishes to prove are relevant to the case and material to its outcome; second, that none of the reasons for objection set forth in Article 9. 2 applies; and, third, that the requirements of Article 3. 3 have been satisfied*”。Art. 3. 9 IBA Rules; 1999 IBA Working Party & 2010 IBA Rules of Evidence Review Subcommittee, *Commentary on the revised text of the 2010 IBA Rules on the Taking of Evidence in International Arbitration*, International Bar Association, 2010, p. 8.

性,在这些案件里拥有文件但不愿披露的当事人时常提出保密异议,援引国内法进行抗辩。这些案件证明,当事人因披露保密文件,可能违反国内法进而面临法律责任。下面笔者分别以法国法、德国法和中国法为对象进行考查。

(一)涉及法国《封锁法案》的保密文件开示新近实践

法国《封锁法案》禁止法国当事方在外国的程序中披露含有经济、商业、工业、金融以及技术信息的保密文件,违法的披露行为将构成刑事犯罪,面临重罚。在美国的披露程序中,法国当事方面对文件披露命令,反复援引法国《封锁法案》进行抗辩,其中,两个较为典型的案例是1958年和1987年分别由美国最高法院判决的"瑞士国际工商业参与协会公司诉罗杰斯案"[①](Société Internationale pour Participations Industrielles et Commerciales, S. A v. Rogers,以下简称罗杰斯案)和"法国国家航太工业公司诉美国爱荷华州南区法院案"[②](Société Nationale Industrielle Aérospatiale v. U. S. District Court for the Southern District of Iowa,以下简称法国航太案),这两个案件间隔的三十年间还存在一些零散的案例,[③]笔者将重点关注这两个案件,以说明美国法院前后对违反法国《封锁法案》的立场变化和论证过程。

罗杰斯案中,瑞士控股公司起诉美国政府,试图要回之前自己所有在"二战"中被美国政府查封的一处财产,该公司主张这处资产在查封时为德国国家所有,但自己才是其合法的所有人。美国政府在程序中迫使该瑞士公司披露了许多位于瑞士的银行记录,包括大量保密文件,但是该瑞士公司援引瑞士刑法和银行法的条款保留了一部分。地方法院认为瑞士公司遵守披露命令的行为

---

① Société Internationale pour Participations Industrielles et Commerciales, S. A. v. Rogers, 357 U. S. 197 (Supreme Court of the United States, 1958).

② Société Nationale Industrielle Aérospatiale v. U. S. District Court for the Southern District of Iowa, 482 U. S 522. (Supreme Court of the United States, 1987).

③ 在罗杰斯案和法国航太案之间的近三十年里,法国《封锁法案》经历了修订,这个期间主要涉及以下案例:FTC v. Compagnie de Saint-Gobain-Pont-à-Mousson, 636 F. 2d 1300 (D. C. Cir. 1980); In re Oil Spill, 93 F. R. D. 840 (N. D. Ⅲ. 1982); Soletanche & Rodio, Inc. v. Brown & Lambrecht Earth Movers, Inc., 99 F. R. D. 269 (N. D. Ⅲ. 1983); Graco, Inc. v. Kremlin, Inc., 101 F. R. D. 503 (N. D. Ⅲ. 1984).

是善意的,但因其未能遵守披露文件的命令而最后决定驳回诉讼请求,上诉法院维持了这个决定。[①] 随后,美国最高法院法官全体一致推翻了这个驳回决定,认为瑞士公司作为申请人不能根据法国《封锁法案》辩称对文件没有控制权,其次地方法院有权命令受其管辖的当事人出示证据,即使这样的披露行为可能违反法国《封锁法案》。[②] 罗杰斯案明确了法院在违反外国法案的情况下仍然可以命令当事人披露保密文件,只要法院对于当事人具有管辖权且当事人对于文件具有控制权。[③] 然而此案并没有对一些问题给出指引,如何时应当赋予这些法案效力、何时可以强迫披露,法院仅建议说需要个案分析。[④]

法国航太案是里程碑式的代表性案件,原告法国国家航太工业公司因美国爱荷华州发生的飞机坠毁事件起诉一家法国国有企业,在第一轮文件披露过程中,该公司遵守命令提交了文件,但在第二轮,公司向法院申请保护令,称这些文件位于法国,法国《封锁法案》禁止其披露,[⑤]美国最高法院认为法国《封锁法案》并不"剥夺美国法院命令受其管辖的当事人披露证据的权力,即使这样的披露行为可能违反这个法案"。[⑥] 美国最高法院进行了一个利益平衡测试,考虑了以下因素:(1)文件或信息请求对于诉讼程序的重要程度;(2)文件请求本身的详尽程度;(3)这些信息是否源自于美国;(4)是否存在获取信息的可替代性方式;(5)不遵守文件披露请求将对美国利益造成的损害程度或遵守了文件披露请求将对信息所在国的利益造成的损害程度。[⑦] 美国最高法院而后进一步总结到尽管存在进行封锁的法案,但只要在国外没有相应的程序进行,美国法院能够命令披露位于外国境内的文件证据。[⑧] 值得注意的是,法国航太案只

---

① Rogers, p. 201, 203.

② Ibid., p. 213.

③ Jones Day Commentary, "French Blocking Statute: A Death Foretold?", Accessed May 4, 2019. https://www.jonesday.com/French-Blocking-Statute-A-Death-Foretold-02-05-2014/.

④ Rogers, pp. 205-206.

⑤ Aérospatiale, p. 522.

⑥ Ibid.

⑦ Ibid., p. 544. 这个利益衡量测试也可以在美国《对外关系法重述(第3次)》中找到。See US Restatement (Third) of Foreign Relations Law § 442(1)(c) (1987).

⑧ Ibid.

是这一系列案件中的一例,根据 2014 年一个研究法国当事人引用法国《封锁法案》与《海牙取证公约》的美国案例总结表格,记录在册的援引法案和公约来阻拦文件披露的案件一共 33 件,其中根据法国《封锁法案》提出的抗辩都被驳回了。[①] 大多数美国法院丝毫没有尊重《封锁法案》,各个法院都不约而同地认为美国的国家利益优先于法国的国家利益,尽管它们下达的披露命令迫使披露文件的法国当事方陷入了违反国内强行法并面临严重刑事处罚的状态。[②]

(二)德国银行面临披露保密文件的新近实践

德国《民事诉讼法》第 383 条第 1 款第 6 项规定:“当证词涉及保密义务项下的事实时,因职务、职业或身份而知悉一定事实的人有权拒绝作证,由于该事实的性质或法律要求对该事实进行保密。”[③]德国银行因频繁在诉讼中收到法院要求其披露保密文件的命令,常援引此条拒绝提供文件。[④]

以“美国诉花旗银行案”[⑤]为例,该案是美国法院第一次适用美国《对外关系法重述(第 2 次)》第 40 节中的平衡测试对保密文件的披露问题进行分析。

此案中,大陪审团向花旗银行纽约分行发送传票,要求银行披露与特定客户相关的文件,以协助正在进行的涉嫌反垄断违法行为的调查,要求银行提交

---

① Pierre Grosdidier, “The French Blocking Statute, The Hague Evidence Convention, and the Case Law: Lessons for French Parties Responding to American Discovery”, *Texas International Law Journal* 50, 2014, pp. 40-43.

② Ibid. , pp. 21, 38.

③ 原文为:“Section 383 Refusal to testify on personal grounds (1) The following persons are entitled to refuse to testify: . . . 6. Persons to whom facts are entrusted, by virtue of their office, profession or status, the nature of which mandates their confidentiality, or the confidentiality of which is mandated by law, where their testimony would concern facts to which the confidentiality obligation refers.” See the Federal Ministry of Justice of Germany, “Code of Civil Procedure”, Accessed May 5, 2019. https://www. gesetze-im-internet. de/englisch_zpo/englisch_zpo. html.

④ 德国本国法院马格德堡地方法院曾要求慕尼黑储蓄银行(Stadtsparkasse München)披露其客户信息,但银行拒绝提供,经过上诉,德国联邦最高法院将该问题提交至欧洲法院(ECJ),ECJ 分析了欧盟法和德国国内法,认为欧盟关于知识产权执行的指令必须解释为排除国内法无条件允许银行拒绝提供保密信息的效果,即银行不得依据其国内法拒绝提供保密信息。Coty Germany GmbH v. Stadtsparkasse Magdebur, Judgment of the Court (Fourth Chamber) of 16 July, 2015, Court of Justice of the European Union, Case C-580/13, European Court Reports 2015.

⑤ United States v. First National City Bank, 396 F. 2d 897 (2d Cir. 1968).

位于纽约和法兰克福的文件,银行拒绝提交位于法兰克福的材料,称这将违反德国法,引发民事责任,使银行遭受经济损失。地方法院因银行拒绝合作而判处银行藐视法庭,并处罚金。

在上诉之前的听证程序中,银行聘请了德国法的专家证人,该专家证人称在德国,被授予营业执照的外国银行不得披露与其客户事务相关的信息,即便美国法院提出披露要求,[①]该专家称披露文件的行为违反银行与客户间的合同义务,而且只有客户才具有免除银行披露义务的特权,银行若违反银行秘密法将面临违约责任或侵权责任,该专家还明确表示如果违反这样的命令银行将按照违反法院禁令的规定受到刑事处罚,只有银行客户单方面有权命令银行披露特定文件。地方法院于是决定休庭,允许银行去取得其客户的命令,但是这并没有奏效。就在第二天,客户表明不愿意走德国法下的程序,还表示如果银行遵守美国法院的传票并提供文件,他将起诉银行违反合同,还将动用其在德国产业界的影响力起诉银行。

基于此,花旗银行坚决拒绝提供位于法兰克福的文件,于是美国的地区法院举行了第二次听证,之前那位专家这次又作为政府的专家证人出庭作证,同另一位专家共同说明银行很有可能在德国法下因披露保密文件而被诉。地区法院的法官认为,花旗银行未能提供法律上充足的理由说明其未能遵守法院传票的行为,银行在德国法下不会面临刑事责任,其可能被诉而遭受民事损失的可能性微乎其微,地区法院判银行构成藐视法庭,并处每天2000美元的罚金,直到提交文件之日为止。[②]

后来案件来到了第二巡回上诉法院,上诉法院认为这并不是一个新问题,随着世界贸易相互依赖程度和人员公司流动性的增加,涉外证据开示的需求不断提高,当文件所在国拥有自己处理商业信息文件的披露规则和政策时很可能出现这样的问题。[③] 上诉法院引用了美国《对外关系法重述(第2次)》第

① United States v. First National City Bank, 396 F. 2d 897 (2d Cir. 1968). p. 899.

② Ibid., p. 900.

③ Ibid., p. 901.

39(1)节,该条款规定一个有权订立或执行法律规则的国家并不会仅仅因为其管辖权的行使将导致他人在他国法律下受到追责的原因而停止行使其管辖权。[1] 上诉法院直接引用了当时刚刚通过的美国《对外关系法重述(第2次)》第40节中的平衡测试,将美国执行反垄断法的国家利益放在了首位,称这是美国经济政策的基石,[2]法院还认为银行面对的艰难状况和威胁极小,[3]认为本案中花旗银行仅面临民事责任,其他案件中的银行面临的是刑事处罚甚至是严重程度相当的其他制裁。

(三)涉及中国《商业银行法》的保密文件开示新近实践

中国《商业银行法》第29条要求商业银行对存款人的储蓄存款业务信息予以保密,银行有权拒绝任何单位或者个人查询、冻结、扣划,但在一些美国诉讼案件中,中国的银行在该条项下所负有的保密义务直接与美国法院要求披露文件的命令相冲突。有的案件较为特别,因为中国政府参与其中,并向美国法院提交了信件,这些信件反映了中国政府作为法律执行者对于保密文件开示问题的立场。

在"古驰美国公司诉李卫新案"[4](Gucci America v. Weixing Li,以下简称古驰案)中,美国纽约南区联邦地区法院(以下简称纽约南区法院)向中国银行纽约分行发送传票,令其提交被告的银行账户记录。中国银行纽约分行随后向法院提交了一份专家声明,称披露保密文件的行为违反中国银行法,银行将在中国法下承担法律责任。[5] 除此之外,中国银行纽约分行还提交了两封信件,一封来自中国人民银行条法司司长,另一封来自原中国银行业监督管理委

① United States v. First National City Bank, 396 F. 2d 897 (2d Cir. 1968), p. 901.

② Ibid., p. 903.

③ Ibid., p. 901.

④ Gucci America, Incorporated et al. v. Bank of China et al., 768 F. 3d 122, 122 (2d Cir. 2014).

⑤ Ibid., Brief and Special Appendix of Appellant ("Gucci SPA"), 2013 WL 1790984, 10-12 (2d Cir., April 16, 2013).

员会[①]政策法规部主任。在这两封信件中,中国监管机构援引了中国国内法中的保密规定,称中国的商业银行可以不用在国外向美国法院披露其客户的文件和信息,这两封信件还强调了中国执行银行机密法,以加强本国客户对本国相对欠发达金融系统的信心这一国家利益。[②] 这两封信件称中国银行监管机构已向中国银行发布严重警告,监管机构正评估美国法院命令中国银行披露文件的问题,并调查潜在违法行为的严重程度,以决定制裁。[③] 纽约南区法院在衡量中美两国国家利益后驳回了中国银行申请重新考量的动议。

这个案件随后来到上诉法院,美国联邦第二巡回上诉法院将重点放在了管辖权问题上,并没有针对违反中国银行机密法是否阻止美国法院发出披露命令以及美国法院应当给予外国法何种程度的尊重等问题给出直接的答案,最后把案件发回重审。[④] 上诉结束后,美国政府以"法庭之友"的身份针对古驰案发布了一份简报,认为中国监管者的信件代表了中国银行机密法的要求以及法律背后的国家主权利益,纽约南区法院应当给予合理的尊重,[⑤]关于中国政府认为美国法院的披露命令与中国银行法的保密要求之间存在明显冲突的理解,美国政府表示同意,并进一步承认中国银行机密法除了具有禁止披露保密文件的效果,还拥有更广泛的功能,美国法院错将他们与其他封锁法案归为一类,这种做法低估了中国银行机密法的重要程度。[⑥] 古驰案被上诉法院发回重审后,2015

① 自2018年3月国务院机构改革后,中国银行业监督管理委员会不再保留,与中国保险监督管理委员会合并后组建中国银行保险监督管理委员会,目前为国务院直属事业单位。参见国务院:《国务院机构改革方案》,载国务院网:http://www.gov.cn/guowuyuan/2018-03/17/content_5275116.htm,最后访问日期:2019年5月2日。

② Gucci SPA,12.

③ Ibid.; US Government, Brief for the United States of America as Amicus Curiae ("US Government's Brief"),docket No. 11-3934,p. 6 (May 21,2014).

④ 有趣的是,在美国程序正在进行的过程中,案件中的被告回到中国,向中国法院起诉了中国银行,称中国银行违法冻结了他们位于中国的银行账户,这种冻结行为违反了中国法以及银行与客户之间签订的服务协议,中国法院最后判中国银行败诉,认为银行未能证明协议书中停止服务条款的要求已经成就,命令中国银行恢复服务。参见"赵培媛等诉中国银行股份有限公司北京朝阳支行合同纠纷案""中行丽都饭店支行诉赵培媛等侵权责任纠纷案"。

⑤ US Government's Brief,p. 4.

⑥ Ibid.,p. 9.

年纽约南区法院经过对国际礼让原则的分析和对外关系法下众多因素的衡量,作出了强制银行披露保密文件的最后决定。①

古驰案初审判决出来的同年,美国华盛顿哥伦比亚特区法院也在“美国证券交易委员会诉德勤有限公司案”(US Securities and Exchange Commission v. Deloitte Touche Tohmatsu CPA Ltd.)中面临了相同的法律问题。案中原告向法院申请,要求被告披露文件,但遭到被告拒绝,称这样的披露行为将在中国国内法下构成犯罪,被告将被起诉,面临包括监禁在内的刑事处罚。② 法院认为,上诉程序保证了后期纠错的机会,因此被告强调的适用中国法可能带来不一致裁定的情况是不存在的,③被告提出的抗辩最后未能说服哥伦比亚区法院,该区法院驳回了被告申请延长和停止程序的动议。

美国法院也并不总是在迫使外方当事人披露保密文件,同样是针对受中国银行机密法保护的秘密文件,纽约南区法院曾经采取过完全相反的做法。在古驰案之前的“蒂凡尼有限公司诉安德鲁案”[Tiffany (NJ) LLC v. Qi Andrew]中,法院发出传票,命令作为非当事人的中国银行披露关于案中被告销售情况的财务记录,④纽约南区法院认为:“中国的银行系统相对较新,中国在保护银行客户隐私、鼓励客户使用银行服务、培养客户对银行系统的信心方面具有重大利益,在银行披露保密信息的行为违反中国法且会引发民事和刑事处罚,加上银行并无恶意行事的情况下,中国的重大利益略微高过美国执行其法律、保护商标权利的利益。”⑤纽约南区法院最后基于中美法律的冲突和礼让的考量,决定不再强迫银行披露文件。

以上案例显示,美国不同法院对各国国内法的尊重程度在不同案件中存在

---

① Gucci America, Incorporated et al. v. Bank of China et al., 135 F. Supp. 3d 87, 88 (S. D. N. Y. 2015).

② US Securities and Exchange Commission v. Deloitte Touche Tohmatsu CPA Ltd., Civil Action No. 11-mc-512 (GK/DAR) (D. D. C. 2013).

③ US Securities and Exchange Commission v. Deloitte Touche Tohmatsu CPA Ltd., Civil Action No. 11-mc-512 (GK/DAR) (D. D. C. 2013).

④ Tiffany (NJ) LLC v. Qi Andrew, 276 F. R. D. 143 (S. D. N. Y. 2011).

⑤ Ibid., pp. 143-144.

非常大的差异。在“长臂管辖”的大背景下，有的美国法院向文件持有方施加压力，要求他们披露文件否则判决其藐视法庭并处罚金，这种压力确实有利于推动案件进行。这些案件还揭示了文件持有方因披露文件而可能面临的潜在法律责任，以及披露程序中各当事方之间的相关利益衡量。但国际商事仲裁中的文件开示区别于国内诉讼，一般而言仲裁庭并不会强制当事方披露文件，当事方也不会因不披露文件而被处以罚金；仲裁庭会通过不利推定规则保障案件的事实查明。总的来说，这些案件为改善国际商事仲裁的文件开示规则提供了实践基础，具有很大的参考价值。

五、改进现行开示制度的建议

笔者发现，在现有法律框架和近期实践之间存在差距，这个差距对应的法律问题为违反国内法所引起的严重法律责任是否构成“十分必要的商业保密理由”因而可以排除这些保密文件的开示。为了完善现有规则，笔者建议更新、扩大目前《IBA 证据规则》中关于“十分必要的商业保密理由”的解释和适用范围，将当事人因开示保密文件而在其国内法项下面临的严厉刑罚的情形纳入其中。

扩大《IBA 证据规则》下商业保密理由解释范围的建议带来的法律效果主要体现在三个方面。

第一，从法律的视角将当事人面临严重法律责任的情况加入了现有解释体系中，补充了现有解释中所主要采取的商业考量。该条规则本身的目的是允许商业保密理由成为可以排除文件开示的理由，根据官方注释，“十分必要”这个词主要是出于商业性质的考量，集中关注在具有很高的经济利益因素上面。[①]换言之，披露秘密文件将给当事方带来巨大的经济损失的情况下满足“十分必要的商业保密理由”。笔者认为，从效果和影响上来看，文件开示当事方在法律上面临的风险、责任和可能造成的经济损失与商业考量是具有可比性的。

---

① 参见《IBA 证据规则》第二章第二节第 2 条。

第二,将当事人面临严重法律责任的情况纳入现有解释体系中能避免文件请求的滥用。提出文件请求的一方可能将文件请求作为一种程序策略,滥用程序规则,使拥有文件的当事方处于两难:如果遵守命令,披露保密文件,他将在国内法下承担严厉的法律责任,如果他拒绝披露且未能给出令人满意的解释,那么仲裁庭可能作出不利于他的推定。无论哪种情况,拥有文件的当事方都处在一个非常不利的位置,文件请求可能成为攻击的"利器",攻击效果类似于在对方后院点一把火。

第三,违反国内法可能构成违反该国公共政策,迫使当事人披露文件、令其面临严重法律责任不利于仲裁裁决的执行。如果到披露保密文件的当事人所在国申请承认与执行仲裁裁决,该当事人因披露文件违反该国国内法的行为可能被认为违反该国公共政策,而违反公共政策是《纽约公约》第 5 条第 2 款第 2 项项下执行地法院可据以拒绝承认与执行仲裁裁决的理由之一。曾有一位英国法官将公共政策形容成一匹"烈马",因各国的解释均不相同,这匹烈马完全可能把你带到完全未知的地方。[①] 瑞士直接将违反执行地的国内法纳入了违反该国公共政策的范围内。[②] 最后,对于仲裁员来说,作为争端的裁判者,他们很有可能并不愿意看到披露保密文件的一方因为披露文件、遵守其作出的文件开示命令而违反国内法,并面临严重的法律刑罚。

六、结论

关于保密文件的开示,国际商事仲裁目前给出的解决方案将支持文件开示的请求方充分陈述其案情的权利放在了高于保护保密文件的优先位置,要求仲裁庭批准文件请求以保证裁决的可执行性。这个方案并不令人惊讶,因为拥有文件的当事人的保密义务仅对该当事人有约束力,而并不约束仲裁庭。证明文件请求构成当事人充分陈述其案情的权利的门槛很高,达到这个门槛时,仲裁庭应批准文件请求;未能达到这个门槛时,仲裁庭可根据判断是否存在"十分

① Redfern and Hunter, paras. 10. 83, 10. 87.

② Ibid., para. 10. 83.

必要的商业保密理由”考虑是否排除开示并附加保密措施。

保密性文件披露的最新实践以美国诉讼中的披露程序为代表，法国、德国和中国当事人试图通过援引国内法来抵抗披露命令的抗辩大多失败了，美国法院对披露保密文件可能使披露方违反国内法并面临刑罚情况的立场趋向统一，大多数情况下美国法院并未看重外国法，将美国国家利益置于第一位，外国保护秘密信息文件的法规未能阻挡美国法院发布披露命令，受国内法保护的秘密文件成为潜在的披露对象。

由于现有保密文件的开示规则未充分考虑近期实践中出现的问题：保密文件的持有方若遵守文件开示命令，提交保密文件，将面临违反国内法引发的严重法律责任；若拒绝文件开示命令，不提交保密文件，将面临不利于本方的事实推定。为了解决文件持有方的这种两难境地，避免文件开示请求的滥用，同时完善现有规则，笔者建议扩大《IBA 证据规则》第 9 条第 2 款第 5 项项下关于“十分必要的商业保密理由”的解释范围，将当事人因遵守仲裁庭的披露保密文件的命令而面临国内法下的严重法律责任的情况纳入现有解释体系中。该建议符合国际商事仲裁尊重保护商业秘密的传统，与目前从商业角度的解释主流形成互补，能避免对滥用文件请求的可能，在一定程度上保障了仲裁裁决的承认与执行。

Tribunals' Discretion in Realizing Transparency in Investment Arbitration: A Stumbling Block or a Stepping Stone?

Chunlei Zhao *

Abstract

By relying on their discretion over procedural issues, tribunals have played a significant role in realizing transparency in investor-state arbitration under various arbitration rules and international investment agreements. This article adopts a comparative perspective by juxtaposing the room left for tribunals' discretion in selected arbitration rules, investment agreements and arbitration cases, and analyzes up-to-date regulations on investment arbitration transparency. Such analysis shows that tribunals acted as a stepping stone and a stumbling block in realizing transparency in existing practice, which raises the need of reconsidering the design of relevant regulations. In the context of promoting transparency, the UNCITRAL Rules on Transparency provide us a good starting point to further develop the regulations that are suitable for particular needs. On each transparency-related procedural issue, three questions, whether to give tribunals discretion, whether to

* Chunlei Zhao, Ph. D. candidate of Faculty of Law, Maastricht University.

provide corresponding guidance and if so, how to design such guidance, are suggested to be considered.

Keywords

investment arbitration; transparency; transparency-related discretion; trust

1. Introduction

The system of investment arbitration derived its main elements from commercial arbitration, which takes place between two private parties and where confidentiality is taken as a key point.① However, different from that, public interest is always involved in investment arbitration, which raises the need of making the dispute settlement proceeding available to the public, namely, being transparent.② In turn, transparency allays the suspicion of "backroom dealings", augments the accountability, predictability and legitimacy of the investment arbitration system,③ and enhances the trust of disputing parties and the public in investor-state dispute settlement.

In an investment arbitration case, except for particular agreements reached by disputing parties, the regulations on transparency-related issues most likely come from two authorities: the involved arbitration rules and the investment agreement

① Although there are contrary suggestions, confidentiality is taken as one of the attributes of commercial arbitral process, as evidenced by both empirical research and anecdotal reports from experienced participants. See Gary B. Born, *International Commercial Arbitration* (*2nd edition*) (Kluwer Law International 2014), p. 2780.

② There are arguments about the difference between "transparency" and "openness", as well as "confidentiality" and "privacy". See "Expert Report of Dr. Julian D. M. Lew (in *Esso/BHP v. Plowman*)" (1995) 11 Journal of International arbitration, pp. 283–296; Born (n 1), p. 2781. For a complete analysis of tribunals' discretion on transparency-related issues, the present work adopts a broad definition of "transparency", which includes disclosing arbitration information to parties outside the arbitration proceeding as well as opening the proceeding to hear from non-disputing parties.

③ Andrea J. Menaker, "Piercing the Veil of Confidentiality: The Recent Trend towards Greater Public Participation and Transaprency in Investor-State Arbitration", in Katia Yannaca-Small (ed), *Arbitration under International Investment Agreements: A Guide to the Key Issues* (Oxford University Press 2010), p. 129.

at issue. Normally the latter stipulates the set of arbitration rules applicable to the arbitration process, or provides several sets of arbitration rules for investors to select. If there is any conflict between the requirements in arbitration rules and those in the investment agreement, the former would be adjusted by the latter, which is in line with the general principle of *lex specialis derogat legi generali.* ①

In different arbitration rules and investment agreements, requirements on transparency are likely to be quite different. ② However, no matter under what rules or agreement an investment arbitration case is adjudicated, it is noticeable that the tribunal very often plays a role in realizing transparency, based on the room left for their discretion. In other words, on certain points, it is the tribunal that decides to what extent transparency can be realized.

In order to explore tribunals' role in realizing transparency in investment arbitration, this paper focuses on the aspect of adjudication by mapping the legal rules and practice of tribunals in investment arbitration during written and oral proceedings. First, it explores the discretion left to tribunals in different versions of the frequently used arbitration rules and investment agreements where provisions on transparency have been provided. Second, it selects investment arbitration cases, which were held under the arbitration rules and investment agreements discussed before, in order to see how tribunals exercised their discretion in theory

① This has been explicitly confirmed by some investment agreements. For example, NAFTA Article 1120 provides that the applicable procedural rules in a NAFTA case would be one of these three: the ICSID Convention, the Additional Facility Rules of ICSID, or the UNCITRAL Arbitration Rules, with modification by the NAFTA Chapter 11 Section B.

② For example, publishing awards is based on parties' consent under ICSID Arbitration Rules, although "the Centre shall, however, promptly include in its publications excerpts of the legal reasoning of the Tribunal". See ICSID Arbitration Rules (2006), Rule 48(4). This is not the case under UNCITRAL Arbitration Rules, which state that "[a]n award may be made public with the consent of all parties or where and to the extent disclosure is required of a party by legal duty, to protect or pursue a legal right or in relation to legal proceedings before a court or other competent authority". See UNCITRAL Arbitration Rules (2013), Art. 34. 5.

to deal with transparency-related issues in practice. Bearing these analyses in mind, Section 4 introduces the recent improvements of regulations on transparency, aiming at assessing how tribunals' discretion on transparency-related issues has been regulated by these new efforts. In the end, it summarizes and concludes with an answer to the initial question: has tribunals' discretion been a stumbling block, or a stepping stone, in realizing transparency in investment arbitration? It also provides reflection on how to better regulate tribunals' discretion to ensure appropriate levels of transparency that would address the current concerns of trust in investor-state dispute settlement.

2. Tribunals' Transparency-related Discretion in Legal Texts

This section analyzes the regulations on tribunals' transparency-related discretion in frequently used arbitration rules for investment arbitration, i. e. the International Centre for Settlement of Investment Disputes Rules of Procedure for Arbitration Proceedings (hereinafter "ICSID Arbitration Rules") and the United Nations Commission on International Trade Law Arbitration Rules (hereinafter "UNCITRAL Arbitration Rules"), and an investment agreement which is well-known for its regulations on transparency, the North America Free Trade Agreement (NAFTA).[①] Before dealing with detailed regulations, it is necessary to first figure out the manner in which discretion on procedural issues is conferred upon tribunals in legal texts.

2.1 The Conferral of Tribunals' Transparency-related Discretion

In general, tribunals' discretion over procedural arrangements in arbitration rules and investment agreements exists in two occasions: one is the situation where the discretion is expressly stated by permissive languages, such as "may"; the other

---

① The regulations on transparency in the NAFTA Chapter 11 arbitration exist in the NAFTA Free Trade Commission's interpretations and guidelines, instead of the text of the NAFTA.

is where there is a *lacunae*, a gap that is not covered by existing rules or parties' agreements.[①] Under the later situation, tribunals can rely on their general discretionary power over procedural issues to conduct arbitration in the manner they considers appropriate, which is usually explicitly confirmed by a separate provision in arbitration rules.[②] Such discretion could be exercised in response to a request from any person, or based on tribunals' own volition.[③]

Based on such guidance of discretion conferral, tribunals' discretion can be found in provisions on both written proceedings and oral proceedings, which are addressed separately as follows.

2.2 Tribunals' Transparency-related Discretion in Written Proceedings

During written proceedings, tribunals' transparency-related discretion may exist in two situations: accepting non-disputing parties' submission and granting non-disputing parties access to arbitration documents.[④] The former involves submissions from not only a non-disputing party like an NGO, but also a non-disputing state party which is a contracting state to the investment agreement at issue but not the one acting as the respondent in a specific case. The latter includes releasing documents to non-disputing parties based on their requests, as well as

① Inna Uchkunova, "Arbitral, Not Arbitrary-Part Ⅰ: Limits to Arbitral Discretion in ICSID Arbitration", *Kluwer Arbitration Blog* (29. 01. 2013) <http://kluwerarbitrationblog. com/2013/01/29/arbitral-not-arbitrary-part-i-limits-to-arbitral-discretion-in-icsid-arbitration> accessed on 14 August 2018.

② See e. g. the UNCITRAL Arbitration Rules (2013), Article 17. 1: Subject to these Rules, the arbitral tribunal may conduct the arbitration in such manner as it considers appropriate, provided that the parties are treated with equality and that at an appropriate stage of the proceedings each party is given a reasonable opportunity of presenting its case. The arbitral tribunal, in exercising its discretion, shall conduct the proceedings so as to avoid unnecessary delay and expense and to provide a fair and efficient process for resolving the parties' dispute.

③ Christopher Kee, "Article 3. Publicaiton of Documents", in Markus Gehring Dimitrij Euler and Maxi Scherer (eds), *Transparency in International Investment Arbitration: A Guide to the UNCITRAL Rules on Transparency in Treaty-Based Investor-State Arbitration* (Cambridge University Press 2015), p. 92.

④ The phrase "non-disputing party" used in this paper refers to any party that is not a party to the dispute or a party that has already been involved in the investment arbitration in any other way.

publishing arbitration documents to the general public.

2.2.1 Accepting Non-Disputing Parties' Submission

Until 2006, there was no expressed direct regulation of accepting non-disputing parties' submission in the ICSID Arbitration Rules, as a result of which tribunals had broad discretion by relying on their general power over procedural issues.[①] The 2006 version of ICSID Arbitration Rules added a provision, Rule 37, establishing firmly ICSID tribunals' power to accept non-disputing parties' written submissions. Rule 37(2) stipulates that:

> *After consulting both parties*, the Tribunal *may* allow a person or entity that is not a party to the dispute (in this Rule called the "non-disputing party") to file a written submission with the Tribunal regarding a matter within the scope of the dispute. In determining whether to allow such a filing, the Tribunal *shall* consider, *among other things*, the extent to which:
>
> (a) the non-disputing party submission would *assist the Tribunal in the determination of a factual or legal issue related to the proceeding by bringing a perspective, particular knowledge or insight that is different from that of the disputing parties*;
>
> (b) the non-disputing party submission would *address a matter within the scope of the dispute*;
>
> (c) the non-disputing party *has a significant interest in the*

---

① The ICSID Arbitration Rules were adopted on 25 September 1967 and became effective as of 1 January 1968. These rules have subsequently been amended three times. The first amendment was approved and took immediate effect on 26 September 1984. The second amendment was approved on 29 September 2002 and was effective as of 1 January 2003. The current rules were approved in 2006 and came into effect on 10 April 2006. See "ICSID Arbitration Rules" <https://icsid.worldbank.org/en/Pages/icsiddocs/ICSID-Convention-Arbitration-Rules.aspx> accessed 14 August 2018. It is noted that ICSID is amending its rules and regulations, and relevant public consultation process is in progress. For more information, see International Centre for Settlement of Investment Dispute (ICSID), "ICSID Rules and Regulations Amendment Process" <https://icsid.worldbank.org/en/amendments> accessed 14 August 2018.

proceeding.

The Tribunal shall ensure that the non-disputing party submission *does not disrupt the proceeding or unduly burden or unfairly prejudice either party*, and that both parties are given an opportunity to present their observations on the non-disputing party submission. [emphasis added]

According to this Rule, tribunals enjoy discretion over accepting non-disputing parties' submission after consulting, but not being bound by, the opinions of disputing parties. In addition, this Rule provides guidance for tribunals of exercising their discretion. It is noted that on the one hand, the phrase of "among other things" reveals the non-exhaustive nature of the provided list of elements for consideration; on the other hand, the word "shall" indicates that the three expressed elements cannot be ignored in tribunals' exercise of discretion.

In contrast, the UNCITRAL Arbitration Rules have never dealt with this issue. This does not mean that the UNCITRAL tribunals do not have relevant power. As pointed out above, tribunals' discretion over specific procedural issues can be retrieved from its general power, which, as decided by tribunals in existing cases, includes the power to decide on the issue of accepting a non-disputing party's submission. ①

Under the NAFTA, relevant regulations are provided in the "Statement of the Free Trade Commission on non-disputing party participation" issued by the NAFTA Free Trade Commission on 7 October 2003. In this Statement, similar to Rule 37 of the ICSID Arbitration Rules (2006), the NAFTA tribunals' power to accept written submissions from non-disputing parties is expressly recognized. Guidance on tribunals' exercising such discretion has also been provided:

---

① See e. g. *Methanex Corporation v. United States of America*, UNCITRAL, Decision of the Tribunal on Petitions from Third Persons to Intervene as "Amici Curiae" (15 January 2001).

6. In determining whether to grant leave to file a non-disputing party submission, the Tribunal *will* consider, *among other things*, the extent to which:

(a) the non-disputing party submission would assist the Tribunal in the determination of a factual or legal issue related to the arbitration by bringing a perspective, particular knowledge or insight that is *different from that of the disputing parties*;

(b) the non-disputing party submission would address matters *within the scope of the dispute*;

(c) the non-disputing party *has a significant interest in the arbitration*; and

(d) there is*a public interest in the subject-matter of the arbitration*.

7. The Tribunal will ensure that:

(a) any non-disputing party submission *avoids disrupting the proceedings*; and

(b) *neither disputing party is unduly burdened or unfairly prejudiced by such submissions*. [emphasis added]

The elements for consideration provided here are almost identical to what has been listed under Rule 37(2) of the ICSID Arbitration Rules (2006). There are two differences that deserve attention. First, instead of using "shall", the word "will" used here seems to indicate that besides the non-exhaustive nature, the four listed elements are optional. This should give NAFTA tribunals greater discretion than what is granted under ICSID Arbitration Rules (2006). Second, compared to the listed elements in ICSID Arbitration Rules (2006), an additional one, the existence of public interest in the subject-matter, has been added to NAFTA rules. Furthermore, this Statement differentiates a non-disputing state party from other non-disputing parties, where the former has the right to make submissions on a question of interpretation of the NAFTA.[①]

In summary, all these legal texts leave the final say to tribunals' discretion on the acceptance of non-disputing parties' submission. Additional guidance has been provided in recent amendments of the ICSID Arbitration Rules and NAFTA, which are now explicit about both the tribunals' discretion in this specific regard as well as issues to be taken into account when the discretion is being exercised. NAFTA also differentiates between non-disputing state parties and other non-disputing parties, reducing tribunals' discretion when it comes to the former's submissions on NAFTA's interpretation. In contrast, UNCITRAL Arbitration Rules remain silent on the issue of submissions filed by non-disputing parties.

2.2.2 Allowing Non-Disputing Parties to Access to Arbitration Documents

Access to arbitration documents is not generally regulated in any version of the ICSID or the UNCITRAL arbitration rules, which again, leaves the floor to tribunals' discretion. What has been particularly regulated in these arbitration rules is the publication of awards, with a different role for ICSID and UNCITRAL tribunals, respectively.

Under the ICSID Arbitration Rules (2006), a full award shall not be published "without the consent of the parties", but excerpts of the tribunal's legal reasoning shall be published by the ICSID.[②] This is similar to the previous version of the ICSID Arbitration Rules (2003), under which excerpts "may" be made public through. The publication was and still is left to the decision of the

---

① The NAFTA, Article 1128 Participation by a Party: On written notice to the disputing parties, a Party may make submissions to a Tribunal on a question of interpretation of this Agreement.

② The ICSID Arbitration Rules (2006), Rule 48(4): The Centre shall not publish the award without the consent of the parties. The Centre shall, however, promptly include in its publications excerpts of the legal reasoning of the Tribunal.

ICSID, i. e the administrating institution, and not the parties to the dispute or the tribunal. [①] Regarding the latter, neither the 2003 nor the 2006 version grants any discretion to tribunals when it comes to the publication of awards.

When the applicable arbitration rules are the UNCITRAL Arbitration Rules, under a relatively aged 1976 version, consent of disputing parties was until not long ago taken as an indispensable condition for publication of all awards. [②] This was changed in more recent amendments to the UNCITRAL Arbitration Rules where, besides parties' consent, other possibilities of publication of awards have been added. Specifically, Article 34.5 of the UNCITRAL Arbitration Rules (2010 and 2013) [③] states that:

> An award *may* be made public with the consent of all parties *or* where and to the extent disclosure is required of a party by legal duty, to protect or pursue a legal right or in relation to legal proceedings before a court or other competent authority. [emphasis added]

As a result, if any of these preconditions is satisfied, the tribunal enjoys the discretion to decide whether to publish the award. [④] Despite this, although tribunals' discretion exists in theory, it is expected that the likelihood of tribunals

---

① The ICSID Arbitration Rules (2003), Rule 48(4): The Centre shall not publish the award without the consent of the parties. The Centre may, however, promptly include in its publications excerpts of the legal reasoning of the Tribunal.

② The UNCTIRAL Arbitration Rules (1976), Article 32.5: The award may be made public only with the consent of both parties.

③ With the adoption of the UNCITRAL Rules on Transparency in Treaty-based Investor-State Arbitration in 2013, a new Article 1.4 was added to the UNCITRAL Arbitration Rules (2010) to incorporate this set of rules on transparency for investment arbitration, which is the only difference between the 2010 version and the 2013 version.

④ This is different from the situation of ICSID arbitration cases. For the ICSID arbitration cases, it is the administrating institution that makes the decision on publication of awards. However, regarding the UNCITRAL cases, the role is expected to be played by tribunals, especially in terms of the situations where the UNCITRAL Arbitration Rules are used for *ad hoc* arbitration.

exercising their discretion to override parties' agreement or ignore parties' legal duties would be quite low.

The situation under the NAFTA is quite different. According to the "North American Free Trade Agreement Notes of Interpretation of Certain Chapter 11 Provisions" issued by the NAFTA Free Trade Commission on 31 July 2001, it is provided that:

> Each Party agrees to make available to the public in a timely manner all documents submitted to, or issued by, a Chapter Eleven tribunal, subject to redaction of: i. confidential business information; ii. information which is privileged or otherwise protected from disclosure under the Party's domestic law; and; iii. information which the Party must withhold pursuant to the relevant arbitral rules, as applied.

Based on this, as the basic principle, arbitration documents are public. Where any of the listed exceptions is satisfied, relevant information could be redacted. Thus, tribunals are granted no discretion here.

In the light of the above, it can be concluded that with regard to non-disputing parties' access to arbitration documents, awards have been treated separately from other arbitration documents under all these three sets of arbitration rules. Except for the recent change in the UNCITRAL Arbitration Rules where conditional discretion is granted in exhaustively listed types of situations, tribunals do not enjoy discretion over publication of awards. With that being said, it must be stressed that when it comes to other arbitration documents, tribunals have greater discretion based on their general power over procedural arrangements. This is a result of the lack of specific provisions on possible publication of such other documents in the arbitration rules at issue.

2.3 Tribunals' Transparency-related Discretion in Oral Proceedings

Under the ICSID Arbitration Rules (2003), "with the consent of the parties", tribunals have the power and discretion to allow other persons to attend the hearings.[1] This has been changed in the 2006 version. Rule 32(2) of the ICSID Arbitration Rules (2006) provides that:

> *Unless either party objects*, the Tribunal, after consultation with the Secretary-General, *may* allow other persons, besides the parties, their agents, counsel and advocates, witnesses and experts during their testimony, and officers of the Tribunal, to attend or observe all or part of the hearings, subject to appropriate logistical arrangements... [emphasis added]

From "with the consent of the parties" in the 2003 version to "unless either party objects" in the 2006 version, the desire to promote transparency becomes clearer. In addition, the presumption of tribunals' power and discretion over permitting non-disputing parties' participation in hearings seems to be changed from negative to positive. However, it is admitted that this may not make any actual difference, since it does not explicitly expand or shrink ICSID tribunals' discretion in opening hearings.

When arbitration takes place under the UNCITRAL Arbitration Rules, no matter which version (1976, 2010 or 2013), "[h]earings shall be held in camera unless the parties agree otherwise".[2] In other words, only if all disputing parties agree to open, hearings should be organized in a confidential way. This mode has been described as the least "de-jure-transparent", since as a default rule, the public is excluded from hearings, unless parties give their explicit consent in favor of transparency.[3] Thus, although it is not explicitly stated, such a provision should be

---

① ICSID Arbitration Rules (2003), Rule 32(2): The Tribunal shall decide, with the consent of the parties, which other persons besides the parties, their agents, counsel and advocates, witnesses and experts during their testimony, and officers of the Tribunal may attend the hearings.

② See e.g. UNCITRAL Arbitration Rules (2013), Article 28.3.

③ Thore Neumann and Bruno Simma, "Transparency in International Adjudication", in Andrea Bianchi and Anne Peters (eds), *Transparency in International Law* (Cambridge University Press 2013), p. 448.

read as not granting discretion to tribunals over transparency-related issues in oral proceedings.

Regarding the arrangement in the NAFTA cases, on 16 July 2004, after Mexico joined Canada and the U. S. in supporting transparency for investment arbitration hearings, the NAFTA Free Trade Committee issued a Statement acknowledging that all NAFTA States had made consent to open hearings. ① As a result, in specific cases, only agreement by the investor needs to be received and tribunals do not enjoy discretion on this issue.

Compared to written proceedings, tribunals' discretion in making oral proceedings accessible to the public is thus relatively limited. Only under the ICSID Arbitration rules tribunals have discretion conditional upon no objection from any disputing party. According to the UNCITRAL Arbitration Rules or NAFTA regulations, the final say is in the hands of disputing parties and tribunals do not enjoy discretion in this regard.

2.4 Summary

Based on the analyses of different versions of the ICSID and the UNCITRAL arbitration rules as well as the NAFTA regulations, tribunals' discretion exists in many places where transparency-related procedural issues could happen. On the issue of non-disputing parties' submission and other procedural issues which are not regulated by specific provisions, tribunals enjoy full discretion. This means that it is up to the tribunal to decide without the need to acquire consent from disputing parties. A more limited discretion based on disputing parties' consent or other legitimized reasons may exist in deciding publication of awards and opening hearings.

Although the chronological changes of arbitration rules and investment

① Office of the United States Trade Representative Press Release, NAFTA Free Trade Commission Joint Statement-"A Decade of Achievement" (16 July 2004) <https://ustr.gov/archive/Document_Library/Press_Releases/2004/July/NAFTA_Free_Trade_Commission_Joint_Statement_-_A_Decade_of_Achievement.html> accessed 14 August 2018.

agreements show the trend of promoting greater transparency in investment arbitration, tribunals' transparency-related discretion has been retained to a large extent, which, to a certain extent, creates the risk of uncertainty in realizing transparency in investment arbitration cases. The degree of transparency in each individual dispute depends on the subjective decision of the particular *ad hoc* tribunal, making it essentially unpredictable.

3. Tribunals' Transparency-related Discretion in Practice

Transparency-related issues had been raised in practice before relevant regulations were introduced into arbitration rules and investment agreements. This section takes the issues of non-disputing parties' submission and their access to arbitration documents as examples and selects typical cases to discuss tribunals' practices under different legal texts described in the preceding sections. The aim is to examine how tribunals exercised their discretion when dealing with transparency-related issues both before and after relevant changes of applicable regulations. It will also consider whether such regulatory changes have affected tribunals' exercise of transparency-related discretion in practice.

3.1 Before the Introduction of Explicit Provisions on Transparency

A number of early investment tribunals were required to decide the issue of accepting non-disputing parties' submissions when no direct provision was available. One of the most famous cases is *Methanex Corporation v. United States of America* (hereinafter "*Methanex* Case"), which was held under the UNCITRAL Arbitration Rules (1976) and concerned a dispute under the NAFTA. In this case, the tribunal made a decision of accepting non-disputing parties' submissions, which was described as "groundbreaking relevance to UNCITRAL arbitrations, if not to all future investor-state arbitrations".[①] In

---

① OECD, "Transparency and Third Party Participation in Investor-State Dispute Settlement Procedures", *OECD Working Papers on International Investment* (2005) 7, http://dx.doi.org/10.1787/524613550768, accessed 14 August 2018.

response to the non-disputing parties' request, the tribunal first found that its power of accepting *amicus* submissions was within the general power granted to tribunals over procedural issues by Article 15(1) of the UNCITRAL Arbitration Rules (1976). In addition, the tribunal confirmed that such an acceptance would not affect the equal treatment of the disputing parties and the opportunity of each of them to fully present its case. Last but not least, no provision in Chapter 11 of the NAFTA or other provisions in the UNCITRAL Arbitration Rules (1976) expressly prohibited the acceptance or could modify the application of Article 15(1).①

As the second step, the tribunal made the test of "appropriateness" by relying on four standards: (a) assistant function of the submission; (b) public interest involved in the subject matter; (c) the benefits of openness or transparency for investor-state arbitration in general; and (d) potential costs and burdens on parties.② As a result of balancing these elements, the tribunal recognized the possibility of accepting an *amicus curiae* submission.③

The reasoning and conclusion in the *Methanex* Case was confirmed by later cases.④ The first case where an ICSID tribunal accepted *amicus curiae* submissions is *Suez and Vivendi Universal v. Argentine* (hereinafter "*Vivendi* Case").

Concerning the acceptance of non-disputing parties' submission, the *Vivendi* tribunal similarly began with confirming its power and discretion by relying on its general procedural power codified in Article 44 of the ICSID Convention. It then

① *Methanex Corporation v. United States of America*, UNCITRAL, Decision of the Tribunal on Petitions from Third Persons to Intervene as "Amici Curiae" (15 January 2001), paras. 24-52.

② Ibid., paras. 48-52.

③ Ibid., para. 53.

④ See e. g. *United Parcel Service of America Inc. v. Government of Canada*, UNCITRAL, Decision of the Tribunal on Petitions for Intervention and Participation as Amici Curiae (17 October 2001).

continued by examining the "appropriateness" of granting such a petition. In order to balance the interests of the concerned non-disputing parties to be heard and to protect the substantive and procedural rights of the disputants to a fair, orderly, and expeditious arbitral process, the tribunal listed three criteria. ① The first criterion concerned the appropriateness of the subject matter of the case, namely whether the present case involved public interest. In addition, just like in the *Methanex* case, the tribunal also highlighted the general benefits of transparency in investment arbitration. ② The second criterion considered by the tribunal was the suitability of a given non-disputing party to act as *amicus curiae* in that case. When assessing this, the tribunal examined three factors: expertise, experience and independence of the non-disputing parties at issue. ③ The third and last criterion to which the tribunal paid regard was the appropriate procedure by which the *amicus* submission should be made and considered. ④ As a result, petitioners were granted an opportunity to apply for making *amicus curiae* submissions. ⑤

3.2 After the Introduction of Explicit Provisions on Transparency

As introduced in Section 2, transparency-related amendments have been introduced into the frequently used arbitration rules for investment arbitration. Under such a situation, it is interesting and meaningful to explore whether and, if so how, tribunals' discretion has been affected by these amendments.

The first case under the ICSID Arbitration Rules (2006) where the issue of

---

① *Suez, Sociedad General de Aguas de Barcelona, S. A. and Vivendi Universal, S. A. v. Argentine Republic* (*formerly Aguas Argentinas, S. A., Suez, Sociedad General de Aguas de Barcelona, S. A. and Vivendi Universal, S. A. v. Argentine Republic*), ICSID Case No. ARB/03/19, Order in Response to a Petition for Transparency and Participation as *Amicus Curiae* (19 May 2005), paras. 10-17.

② Ibid., paras. 18-23.

③ Ibid., paras. 24-28.

④ Ibid., para. 29.

⑤ Ibid., para. 33.

transparency was dealt with is *Biwater Gauff (Tanzania) Ltd. v. United Republic of Tanzania* (hereinafter "*Biwater Gauff* Case").① In response to five non-governmental organizations' petition of making a written submission, the tribunal referred to the direct regulation, Rule 37 (2) of the ICSID Arbitration Rules (2006), and considered the standards listed thereunder.② It is noticeable that, at the same time, the tribunal relied heavily on the analyses and decisions in the *Methanex* Case and the *Vivendi* Case regarding "appropriateness" and necessary procedural arrangements.③ In the end, the tribunal granted the petition to file a written submission.④

After that, however, the tribunal rejected these non-disputing parties' request for accessing arbitration documents, mainly because given the particular qualifications of the petitioners and the basis for their intervention as articulated in the petition, what would be addressed by the petitioners were broad policy issues which petitioners were already very well acquainted with.⑤ The net result was that the petitioners could file a written submission but had to do so without having seen the pleadings or other arbitration documents setting out the scope of the present

---

① *Biwater Gauff (Tanzania) Ltd. v. United Republic of Tanzania*, ICSID Case No. ARB/05/22. In this case, upon the request of Claimant for provisional measures on confidentiality and non-disputing parties' petitions on *amicus* submissions, the tribunal issued two related procedural orders: Procedural Order No. 3 (29 September 2006) and Procedural Order No. 5 (2 February 2007). For the purpose of this sub-section, only Procedural Order No. 5 is discussed here. For detailed discussion on Procedure No. 3, See Fiona Marshall, "The Precarious State of Sunshine: Case Comment on Procedural Orders in the Biwater Gauff (Tanzania) Ltd. v. Tanzania Investor-State Arbitration", (2007) 3 McGill International Journal of Sustainable Development Law and Policy, pp. 189-202; Christina Knahr and August Reinisch, "Transparency versus Confi dentiality in International Investment Arbitration-The *Biwater Gauff* Compromise", (2007) 6 The Law & Practice of International Courts and Tribunal, pp. 97-118.

② *Biwater Gauff (Tanzania) Ltd. v. United Republic of Tanzania*, ICSID Case No. ARB/05/22, Procedural Order No. 5 (2 February 2007), paras. 49-50.

③ Ibid., paras. 51-57.

④ Ibid., para. 60.

⑤ *Biwater Gauff (Tanzania) Ltd. v. United Republic of Tanzania*, ICSID Case No. ARB/05/22, Procedural Order No. 5 (2 February 2007), paras. 62-68.

proceedings.

Different from the denial of non-disputing parties' request of accessing arbitration documents in the *Biwater Gauff* Case, such a request was granted in *Piero Foresti, Laura de Carli and others v. Republic of South Africa*.

After giving a positive answer to the non-disputing parties' request of making a submission, the tribunal pointed out two basic principles as the yardstick to decide the disclosure of arbitration documents. First, it considered that the purpose a non-disputing party's participation was "to give useful information and accompanying submissions to the Tribunal". ① Second, the tribunal must ensure that the non-disputing party's participation was "effective and compatible with the rights of the Parties and the fairness and efficiency of the arbitral process". ② By relying on these standards, the tribunal decided that the access to disputing parties' submissions to the tribunal was necessary to enable the non-disputing parties "to focus their submissions upon the issues arising in the case and to see what positions the Parties have taken on those issues". ③

As mentioned in Section 2. 2. 1, *supra*, according to ICSID Arbitration Rules (2016), the elements for consideration for accepting non-disputing parties' submission are not limited to those provided therein. In other words, tribunals are free to resort to other elements. In the case of *Bernhard von Pezold and others v. Republic of Zimbabwe* (hereinafter "*Bernhard* Case"), the tribunal considered another element, namely the independence of petitioners. ④ It pointed out that independence from the disputing parties was an implicit requirement in Rule 37(2)(a) of ICSID

---

① *Piero Foresti, Laura de Carli & Others v. The Republic of South Africa*, ICSID Case No. ARB(AF)/07/01, Further Decision Concerning the Applications of the Non-Disputing Parties (25 September 2009), para. 1.

② Ibid.

③ Ibid., paras. 1-2.

④ *Bernhard von Pezold and Others v. Republic of Zimbabwe*, ICSID Case No. ARB/10/15, Procedural Order No. 2 (26 June 2012), paras. 54-56.

Arbitration Rules (2006). Based on the circumstance in that case, the tribunal considered that legitimate doubts as to the neutrality of the petitioners were sufficient to deny their application.[①] Furthermore, the tribunal noted that, in addition, the petition did not satisfy any of the criteria listed in Rule 37(2).[②]

3.3 Summary

According to the cases analyzed in section 3, when there was no direct provision on the acceptance of non-disputing parties' submissions, tribunals took two steps to deal with the petition. First, they confirmed their power and discretion over accepting non-disputing parties' submission by relying on the provision stipulating their general power over procedural issues, often codified in a separate provision in arbitration rules. Thus, the missing of specific regulations in arbitration rules and investment agreements did not negatively affect tribunals' jurisdiction over transparency-related procedural issues. Second, tribunals considered the appropriateness of accepting the submission. In order to do this, tribunals exercised their discretion to set various elements for consideration. By comparing the elements used in the *Methanex* Case and the *Vivendi* Case, we can find, on the one hand, some overlaps, such as procedural fairness, involvement of public interests and effects on both parties and the tribunal; and on the other hand, differences. For example, the tribunal in the *Vivendi* Case considered the qualification of the petitioner, while the tribunal in the *Methanex* Case focused more on the assistant function of the petition. It is also noticeable that the weights given to various elements and the process of balancing all elements were weakly explained in tribunals' orders or awards.

After direct regulations were added to arbitration rules, the changes of tribunals' practice can be seen in two aspects. Firstly, tribunals no longer needed to

---

① *Bernhard von Pezold and Others v. Republic of Zimbabwe*, ICSID Case No. ARB/10/15, Procedural Order No. 2 (26 June 2012), para. 56.

② Ibid., paras. 57-63.

resort to their general power but simply rely on the direct regulations. Secondly, the provided elements of consideration guided tribunals' discretion and resulted, to some extent, in at least formal consistency of their approaches. However, the limit of this guidance should also be noted. Some tribunals relied more on the analyses in existing cases conducted under different arbitration rules, as shown in the *Biwater Gauff* Case where an ICSID tribunal relied on the approach taken in the NAFTA Methanex Case. This could be partly attributed to the convenience of application. The elements provided in relevant regulations for tribunals' consideration are described in a general way and so their use is not as easy as citing the analysis in existing cases. Some tribunals referred to other elements and even let them exert greater influence than the provided elements on their final decisions, as in the *Bernhard* Case. Because of the non-exhaustive nature of the lists of elements provided in arbitration rules and investment agreements, tribunals are explicitly allowed to take into account "other factors". However, their indifferent attitude towards the explicit guidance provides an incentive to reconsider the actual effect of those new regulations on transparency-related issues. In addition, the influence of an *amicus curiae* submission on a tribunal's decision has rarely been reflected in an award. Not every award mentioned such a submission if it exists, needless to say provided opinions thereon. Regarding the issues where regulation gaps still exist, existing cases demonstrate that inconsistent decisions are unavoidable. An example is the decisions on access to arbitration documents.

In brief, although the changes in arbitration rules and investment agreements present an effort in intensifying transparency, their influence on the relevant discretion enjoyed by tribunals seems to be limited. This leaves the problem of uncertainty unresolved and casts doubts on the real effect of these changes on addressing the existing erosion of trust in investor-state dispute settlement.

Thus, further clarifications or adjustments are made to be added to respond to the remaining problems.

4. Recent Improvements of Regulations on Transparency in Investment Arbitration

This section analyzes some most up-to-date progress in regulating transparency in investment arbitration, which includes the UNCITRAL Rules on Transparency in Treaty-based Investor-State Arbitration (hereinafter "UNCITRAL Rules on Transparency"), the Canada-EU Comprehensive Economic and Trade Agreement (CETA), the Comprehensive and Progressive Agreement for Trans-Pacific Partnership (CPTPP), and the China International Economic and Trade Arbitration Commission International Investment Arbitration Rules (hereinafter "CIETAC Investment Arbitration Rules"). It aims at exploring whether, and if so, how tribunals' transparency-related discretion is or could be affected by these new developments.

4.1 The UNCITRAL Rules on Transparency

An outstanding progress in promoting transparency in investment arbitration is the UNCITRAL Rules on Transparency, which is a set of procedural rules that makes treaty-based investment arbitrations more transparent and accessible to the public. This set of rules came into effect on 1 April 2014 and "shall apply to investor-state arbitration initiated under the UNCITRAL Arbitration Rules pursuant to a treaty providing for the protection of investments or investors ('treaty') concluded on or after 1 April 2014 unless the Parties to the treaty have agreed otherwise".[①] In order to broaden the application scope of these rules to investment agreements concluded before 1 April 2014, the United Nations Convention on Transparency in Treaty-based Investor-State Arbitration (also known as "Mauritius

---

① The UNCITRAL Rules on Transparency, Article 1.

Convention") was adopted on 10 December 2014 and came into force on 18 October 2017.

A rule-exception structure is established in the UNCITRAL Rules on Transparency, which means that arbitration documents (other than exhibits) from the disputing and non-disputing parties as well as the tribunal are to be published automatically. In addition, expert reports and witness statements may be available upon request by any person to the tribunal. Hearings are also set to be open. All of these are only subject to the exceptions provided in Article 7.[①] According to this provision, tribunals' discretion is restricted to two aspects. First, tribunals can exercise their discretion to determine whether the redacted confidential or protected information proposed by any party is appropriate.[②] Second, tribunals may "take appropriate measures to restrain or delay the publication of information where such publication would jeopardize the integrity of the arbitral process".[③] However, tribunals' such discretion is excluded from the information that a state considers the disclosure of which "to be contrary to its essential security interests".[④]

Regarding submissions by non-disputing parties, like in the NAFTA, a distinction is made between non-disputing state parties and other non-disputing parties. For the latter, the regulation here is similar to what has been included in the ICSID Arbitration Rules of 2006, while with regard to the former, tribunals' discretion is reflected in two aspects: it may invite a non-disputing state party to

① The UNCITRAL Rules on Transparency, Article 7.2: Confidential or protected information consists of: (a) Confidential business information; (b) Information that is protected against being made available to the public under the treaty; (c) Information that is protected against being made available to the public, in the case of the information of the respondent State, under the law of the respondent State, and in the case of other information, under any law or rules determined by the arbitral tribunal to be applicable to the disclosure of such information; or (d) Information the disclosure of which would impede law enforcement.

② Ibid., Article 7.3.

③ Ibid., Article 7.7.

④ Ibid., Article 7.5.

make a submission on the issue of treaty interpretation and it may accept a non-disputing state party's submission on other matters submitted on its own initiative. ①

As a result, under the UNCITRAL Rules on Transparency, certainty of transparency during written and oral proceedings is ensured to a great extent, only subject to limited exceptions. ② This set of rules shows the trend of promoting transparency and limiting tribunal's corresponding discretion by setting more elements as automatically transparent. In particular, under the application of this set of rules, transparency is the general principle of its investment arbitration proceedings. The existence of such a principle would affect in investment arbitration hold thereunder in two aspects. First, regarding the issues where no specific rule is available, the general principle of transparency should be used as the default rule. Second, for the issues where tribunals are expressly given discretion, this principle is supposed to exert much influence on tribunals' deliberation. Namely, transparency is to be understood as the starting point subject to deviation only in justified circumstances, which ensures the realization of transparency in practice. Consequently, while tribunals' discretion has not been entirely removed by the UNCITRAL Rules on Transparency, it has been broadly restrained by making transparency the default rule only subject to exceptions.

4.2 EU-Canada Comprehensive Economic and Trade Agreement

Canada-EU Comprehensive Economic and Trade Agreement (CETA) is a newly negotiated agreement on trade and investment between Canada and the

---

① In respect of matters other than treaty interpretation, a non-disputing state party is expected to be in a position that is not more privileged than that of normal non-disputing parties.

② It is noted that although the list of exceptions to transparency in the UNCITRAL Transparency Rules is closed, the elements contained therein may be abused by states through resorting to "essential security interests" stated in Art. 7. 5 of this set of rules, as evidenced by the recent relevant disputes in the WTO dispute settlement system.

EU, finalized in February 2016.[①] Under this Agreement, a two-tiered investment court system for resolving conflicts between investors and the host state was established. According to the European Commission, this constitutes a clear break from the current investor-state arbitration practice.[②]

As normally required in court proceedings, transparency is taken as a characteristic of the dispute settlement process under this investment court system. First of all, the application of the UNCITRAL Rules on Transparency, as modified by the relevant provisions in CETA, has been clearly stated.[③] In fact, CETA goes further and provides for, for example, automatic publication of exhibits, which does not exist under the UNCITRAL Rules on Transparency.[④] That being said, concerning tribunals' discretion on transparency-related issues, there has been no innovation in CETA that would go beyond the existing regulations discussed above.

4.3 The Comprehensive and Progressive Agreement for Trans-Pacific Partnership

The Comprehensive and Progressive Agreement for Trans-Pacific Partnership (CPTPP) is a signed agreement between Australia, Brunei, Canada, Chile, Japan, Malaysia, Mexico, New Zealand, Peru, Singapore and Vietnam, covering both trade and investment. Although the provisions on investor-state dispute

---

① After the finalization, the European Parliament voted in favour of the CETA on 15 February 2017. The EU national parliaments must approve the CETA before it can take full effect. See European Commission, In focus: Comprehensive Economic and Trade Agreement (CETA) <http://ec.europa.eu/trade/policy/in-focus/ceta/> accessed 14 August 2018.

② European Commission Press Release, "CETA: EU and Canada agree on new approach on investment in trade agreement" (29 February 2016) <http://europa.eu/rapid/press-release_IP-16-399_en.htm> accessed 14 August 2018.

③ CETA, Article 8.36.1: The UNCITRAL Transparency Rules, as modified by this Chapter, shall apply in connection with proceedings under this Section.

④ CETA, Article 8.36.3: Exhibits shall be included in the list of documents to be made available to the public under Article 3(2) of the UNCITRAL Transparency Rules.

settlement contained therein are currently suspended, considering the large number of involved states and broad influence of this agreement, the corresponding procedural arrangements of transparency-related issues as a result of negotiations still deserve exploration.

For potential disputes between investors and states under the CPTPP, the ICSID Convention and the ICSID Arbitration Rules, the ICSID Additional Facility Rules, the UNCITRAL Arbitration Rules, and any other arbitral institution or any other arbitration rules based on disputing parties' agreement are the options. In particular, considering the CPTPP was concluded after 1 April 2014, if the UNCITRAL Arbitration Rules are chosen by investors, the UNCITRAL Rules on Transparency would apply.①

These arbitration rules are subject to the provisions provided in the CPTPP. Regarding transparency-related issues, Article 9.24 deserves particular attention. It sets the boundary of transparency in investment arbitration proceedings held under this agreement. On the one hand, it basically confirms the broad transparency in written and oral proceedings, as we see in the UNCITRAL Rules on Transparency. On the other hand, it expands the scope of exceptions. Besides allowing information that is designated by any disputing parties as protected information to be kept away from being public, it is stated that the disclosure of information that would be contrary to a state's security interests, its law or its public interest, impede law enforcement, or prejudice the legitimate commercial interests of particular enterprises, is excluded from being transparent.② It is noticeable that these particularly specified categories of information are definite exclusion which is not subject to tribunals' discretion if any doubt is raised by the

① The UNCITRAL Rules on Transparency, Article 1. However, this would not be the case if other sets of arbitration rules apply. In other words, unlike CETA, CPTPP parties have chosen not to refer to UNCITRAL Rules on Transparency explicitly, as a result of which this set of rules would not always apply.

② CPTPP, Articles 9.24, 29.2, 29.7.

opposing party. Thus, regarding tribunals' transparency-related discretion, the CPTPP does not provide any particular change to the regulations under the UNCITRAL Rules on Transparency.

4.4 The China International Economic and Trade Arbitration Commission International Investment Arbitration Rules

In 2017, China International Economic and Trade Arbitration Commission (CIETAC), the biggest arbitration center in China, issued its own investment arbitration rules, i.e., CIETAC International Investment Arbitration Rules (hereinafter CIETAC Investment Arbitration Rules), which have come into force since 1 October 2017. ① This set of rules marks China's first attempt to establish a domestic arbitral institution for investor-state dispute settlement. It came as an active promotion of China's arbitration legal system construction, a necessary response to requirement of China's co-existence of inward and outward investment, a necessity of China's Belt and Road Initiative, and a contribution to the international investment arbitration system. ②

The issue of transparency in arbitration process is also regulated in the CIETAC Investment Arbitration Rules, where the basic tone of transparency has been adopted. In terms of tribunals' discretion on transparency-related issues, there are two features that deserve attention. First, tribunals only have discretion over public hearings, but there is no similar room created for documents transparency. Namely, under the CIETAC Investment Arbitration Rules, tribunals

---

① This set of rules came after Shenzhen Court of International Arbitration (SCIA) adopted a new set of rules, which allow it to administer investor-state arbitration under the UNCITRAL Rules for the first time. This set of rules took effect on 1 December 2016.

② *CIETAC Investment Arbitration Rules Explanatory Notes* (贸仲委《投资仲裁规则》说明及规则文本), 26.09.2017, available at: http://www.ccpit.org/Contents/Channel_4132/2017/0926/883777/content_883777.htm, last visited on 14.08.2018。

enjoy discretion in changing the default rule of public hearings.[①] While for publishing arbitration documents, unless otherwise agreed by disputing parties, CIETAC may publish information on the arbitral proceedings.[②] Thus, tribunals do not enjoy any discretion here. Second, with regard to third-party submission, the distinction between non-disputing state parties and other non-disputing parties can also be found in the CIETAC Investment Arbitration Rules. For the former, the submission shall be accepted if it is about dispute-related treaty interpretation. In terms of other submissions, tribunals enjoy the discretion to accept or reject them, which is the same as submissions from non-disputing parties.[③] In exercising such discretion, tribunals are required to consider.

> ...the views of the parties and the extent to which such submissions would assist the arbitral tribunal in the determination of a factual or legal issue related to the proceedings by bringing a perspective, expertise, knowledge or insight that is different from that of the parties; and whether such submissions address a matter within the scope of the dispute; and whether the Non-disputing Party has a sufficient interest in the arbitral proceedings and/or any other related proceedings; and whether allowing the written submissions by the Non-disputing Party would compromise the parties' right to confidentiality or any other rights.[④]

At the same time, tribunals may also invite written submissions from bothnon-disputing parties and non-disputing state parties on matters within the scope of the dispute.[⑤] Compared to other existing transparency-related rules discussed

---

① If disputing parties reach an otherwise agreement, hearings will also be held in private. See CIETAC Investment Arbitration Rules, Articles 32. 1.

② CIETAC Investment Arbitration Rules, Article 55. 1.

③ CIETAC Investment Arbitration Rules, Article 44. 2.

④ CIETAC Investment Arbitration Rules, Article 44. 4.

⑤ CIETAC Investment Arbitration Rules, Articles 44. 1, 44. 2.

above, here the scope tribunals' discretion has been enlarged.

As was pointed out, the CIETAC Investment Arbitration Rules, including the transparency-related regulations contained therein, are based on the experience of ICSID, International Chamber of Commerce (ICC) and Arbitration Institute of the Stockholm Chamber of Commerce (SCC), the international investment agreements concluded by the EU and the US, together with China's practice in its existing investment treaties. The basic tone is in line with the general trend of adopting transparency in proceedings. Regulations on tribunals' discretion under this set of rules seem to be a combination of existing rules, but there is also some innovation, such as granting tribunals the discretion to invite non-disputing parties to make a submission on dispute-related issues.

4.5 Summary

The UNCTIRAL Rules on Transparency promote transparency in investment arbitration through various designs, one of which restricts tribunals' discretion by setting more instances as automatically transparent. Recent prominent investment agreements such as CETA, CPTPP, and the CIETAC Investment Arbitration Rules, either explicitly or impliedly confirm the regulations in this set of rules, be it with some adjustments. However, under most situations, these adjustments do not touch upon the scope of tribunals' transparency-related discretion.

5. The Role of Tribunals' Discretion in Realizing Transparency

Based on the previous discussion, this section attempts to answer the question whether investment tribunals' discretion has been a stumbling block or a stepping stone in the realization of transparency in investor-state dispute settlement. Furthermore, in order to ensure the realization of appropriate levels of transparency in investment arbitration for increasing trust in investor-state dispute settlement, suggestions on better regulating tribunals' transparency-related discretion are provided.

5.1 When Discretion Meets Transparency-a Stumbling Block or a Stepping Stone?

Regarding transparency-related procedural issues, tribunals' discretion has traditionally mainly existed in three respects: accepting non-disputing parties' submission, allowing non-disputing parties' access to arbitration documents, and permitting their participation in oral hearings. According to relevant provisions in arbitration rules and investment agreements, tribunals have been granted with great discretion over the core area of transparency in investment arbitration.

In practice, tribunals indeed played a significant role in the realization of transparency by exercising their discretion. Based on tribunals' practice in existing investment arbitration cases, to some extent, their discretion helped the realization of transparency. Because of professionalism and neutrality, leaving transparency-related questions to tribunals is better than to disputing parties. This is also due to the fact that disputing parties have their own interests that may not always be in line with the public's need for transparency, while tribunals are in a position to consider relevant requests in a more objective way. In addition, when a dispute arises, it is very likely that disputing parties cannot reach an agreement on specific issues, including transparency-related ones, thus the possibility of making the proceeding transparent is largely lowered.① Therefore, under such situations, tribunals' discretion is "a stepping stone". In addition, arbitration rules or investment agreements can never, and there is no need to, offer regulations to every

---

① It is admitted that such possibilities still exist. For example, in *Achmea (formerly Eureko) v. Slovak Republic*, disputing parties reached an agreement on an invitation to make third person submissions to the European Commission and the Netherlands. See *Achmea (formerly Eureko) v. Slovak Republic*, PCA Case No. 2008 - 13, UNCITRAL, Award on Jurisdiction, Arbitrability and Suspension (26 October 2010), para. 154. In another case, *Chevron and Texaco v. Ecuador*, disputing parties reached a negative agreement that the amicus submissions would not be helpful to the tribunal. See *Chevron Corporation and Texaco Petroleum Company v. The Republic of Ecuador*, PCA Case No. 2009 - 23, Procedural Order No. 8 (18 April 2011) para. 18.

possible situation. For effective case management to preserve the integrity of proceedings in an expeditious and effective manner, tribunals' discretion is indispensable in making the most appropriate method.①

However, unfettered discretion would unavoidably create the risk of uncertainties and inconsistencies. Under the general trend of increasing transparency, certain regulations have been added to recent amendments of arbitration rules and some newly concluded investment agreements. According to these new arrangements, great room for discretion regarding the realization of transparency in a specific case is still left to tribunals. Although some guidance has been added, which regulates tribunals' discretion to a certain extent, the effect of this guidance seems to be limited. In particular, because of the non-exhaustive nature of the provided elements for consideration, tribunals are free to resort to, even rely more heavily on, other elements or the analyses in existing cases which were held under different arbitration rules and different investment agreements. All of these lead to the unpredictability in investment arbitration. Therefore, without adequate guidance, tribunals' discretion could instead act as "a stumbling block".

The question now is how to better regulate tribunals' discretion to ensure tribunals' analyses and decisions are "arbitral", not "arbitrary", and to realize a sound consistency in investment arbitration. This also constitutes one of the essential elements for constructing trust in investor-state dispute settlement.

5.2 What Could be Done to Better Regulate Tribunals' Transparency-related Discretion

This sub-section aims at throwing some light on possible improvements of regulations on tribunals' discretion, which could be useful in further amendments to arbitration rules, the design of relevant provisions in prospective investment

① Inna Uchkunova (n 6).

agreements, or particular arrangements reached between an investor and a state.

5.2.1 Recognizing Different Needs of Transparency

First of all, it is noted that various levels of transparency are probably needed because of the diverse preferences of investors, states and the public under different situations. Different states, that are the contracting parties of investment agreements, may hold different understandings of transparency in investment arbitration, which may be affected by their diverse legal traditions of dispute resolution. Investors, who can reach particular agreements with the host state on transparency-related arrangements in investment arbitration, may also have different concerns. At the same time, the public's need should also play a role in deciding the desired level of transparency in specific situations. These considerations lead to the conclusion that, in order to satisfy different expectations, different designs of regulations on tribunals' transparency-related discretion may be appropriate.

For realizing great transparency, adopting the UNCITRAL Rules on Transparency, which has been described as "a robust, innovative set of procedural rules"① can be a good choice. By applying this set of rules, most aspects become automatically transparent, thus the room left for tribunals' discretion correspondingly shrinks. It could increase better accountability of tribunals and contribute to ensuring consistency and predictability of their decisions.② If this set of rules does not meet parties' preference, the rule-exception structure used therein at least provides a good example of building a pro-transparency system. Such a structure

---

① UNCITRAL Press Release, "UNCITRAL adopts Transparency Rules for treaty-based investor-State arbitration and amends the UNCITRAL Arbitration Rules" (12 July 2013), http://www.unis.unvienna.org/unis/pressrels/2013/unisl186.html, accessed 14 August 2018.

② Dimitrij Euler Maxi Scherer, "Conclusion: The Rules as a Swing of the Pendulum?" in Markus Gehring Dimitrij Euler and Maxi Scherer (eds), *Transparency in International Investment Arbitration A Guide to the UNCITRAL Rules on Transparency in Treaty-Based Investor-State Arbitration* (Cambridge University Press 2015), p. 355. However, it is also noted that since there has been rare use of the UNCITRAL Rules on Transparency, their effectiveness is yet to be seen.

shows the basic tune of transparency and gives hints, if not answers, to the unregulated transparency-related issues. At the same time, it could constitute a weighty element in tribunals' consideration when exercising their discretion.

Some states and investors may hold more conservative perspectives on the definition of transparency in investment arbitration. In addition, it has been argued that in highly politicized investment disputes, imposing transparency "may sometimes bear the risk of escalating the dispute, perhaps even rendering it impossible to reach a reasonable settlement".① Therefore, a rule-exception based transparency system as adopted by the UNCITRAL Rules on Transparency may not be suitable for all investment arbitration. This raises the need of tailoring the design of transparency system, including regulations on tribunals' discretion.

5.2.2 Considering Three Questions

Disregarding whether adjusting the UNCTIRAL Rules on Transparency, or establishing a new nuanced transparency system to satisfy particular needs, in terms of designing regulations on transparency-related issues, three basic questions are to be answered one by one: first, what issues should fall in the scope of tribunals' discretion; second, within tribunals' discretion, on which points guidance is necessary to be provided; third, where guidance is needed, what should be included in such guidance?

The first question is about the balance of law-making functions between legislators and judiciary: should an issue be left to tribunals' discretion to make a decision on a pragmatic case-by-case basis, or be directly regulated so as to avoid any unexpected decision from a tribunal? Where the power to decide a transparency-related procedural issue has been exhausted by one side, no room is available to the other. This is the case where a definite answer of automatic

① Dimitrij Euler Maxi Scherer, "Conclusion: The Rules as a Swing of the Pendulum?" in Markus Gehring Dimitrij Euler and Maxi Scherer (eds), *Transparency in International Investment Arbitration A Guide to the UNCITRAL Rules on Transparency in Treaty-Based Investor-State Arbitration* (Cambridge University Press 2015), p. 354.

transparency or confidentiality is provided, or the floor is explicitly given to disputing parties as party autonomy in arbitration rules or investment agreements. If tribunals' discretion is preferred, permissive languages or an absence of clear rules so tribunals can rely on their general power over procedural arrangements to decide transparency-related issues, can be the option. Under such situations, tribunals make decisions in acts of quasi-judicial law-making.

Depriving tribunals of discretion could exclude unexpected decisions to the largest extent, but it may cause difficulties in well satisfying the need of specific situations. On the other side, giving the floor to tribunals' discretion may increase the risk of inconsistent decisions, and great discretionary power could also place an unreasonable burden on tribunals. Considering the usually high complexity of investment cases, it is suggested by the author that if there is any concern of exceptional situations, leaving tribunals certain room is a better choice.

Then the second question comes: whether, and if so, how to regulate such discretion. Without specific regulations, tribunals enjoy broad discretion by relying on their general procedural power, which may pave the way for potential inconsistent decisions. Thus, providing tribunals with some guidance can be desirable. As shown in existing legal texts, possible guidance includes requiring tribunals to consult disputing parties and providing a list of elements for their consideration.

However, as we can see in tribunals' practice, after relevant guidance was introduced into arbitration rules and investment agreements, tribunals seemed to feel more comfortable to rely on the analyses in existing cases instead of those provided elements for consideration. It is admitted that tribunals were free to do so, but this causes doubts about the necessity and effect of such guidance. From the author's point of view, providing guidance to tribunals is helpful in regulating their discretion, but the questions are where such guidance is necessary and how to design such guidance. Currently, specific guidance has only been provided in a limited number of places, such as accepting non-disputing parties' submission. If possible, more guidance, alongside with some binding elements that tribunals must take into account, is suggested to be added to arbitration rules and investment agreements especially where broad discretion is enjoyed by tribunals.

Regarding how to design such guidance, which is the third question to be answered, the proper format and specific content need to be decided. In terms of format, possible choices are: (i) an exhaustive list of elements for consideration; (ii) a non-exhaustive list of elements for consideration, as used in Rule 37 of the ICSID Arbitration Rules (2006); (iii) a provision that only stresses out in abstract the interests that need to be balanced. In addition, provisions of general guidance for tribunals exercising their transparency-related discretion, such as Article 1.4 of the UNCTIRAL Rules on Transparency and Article 17 of the UNCTIRAL Arbitration Rules of 2010 or 2013,[①] can be separately provided in addition to elements for consideration for particular issues. With regard to the content of guidance, as shown in existing legal texts and practices, they may involve the integrity of procedure, disputing parties' interests, involvement of public interests, etc. It is argued that these are the possible options providing parties with inspirations so as to find the design that suits their needs best and there is no better or worse way of formulating the guidance. Such guidance could to a large extent regulate tribunals' discretion and thus ensure they do not ignore indispensable

① The UNCITRAL Rules on Transparency, Article 1.4: Where the Rules on Transparency provide for the arbitral tribunal to exercise discretion, the arbitral tribunal in exercising such discretion shall take into account: (a) The public interest in transparency in treaty-based investor-State arbitration and in the particular arbitral proceedings; and (b) The disputing parties' interest in a fair and efficient resolution of their dispute. The UNCITRAL Arbitration Rules (2010 or 2013), Article 17: Subject to these Rules, the arbitral tribunal may conduct the arbitration in such manner as it considers appropriate, provided that the parties are treated with equality and that at an appropriate stage of the proceedings each party is given a reasonable opportunity of presenting its case. The arbitral tribunal, in exercising its discretion, shall conduct the proceedings so as to avoid unnecessary delay and expense and to provide a fair and efficient process for resolving the parties' dispute.

elements or take unexpected ones into consideration, as well as decrease the undesired influence arising from arbitrators' personal preferences.

6. Conclusion

In terms of transparency in investor-state arbitration, tribunals' discretion has played a significant role. It acted as a stepping stone, as well as a stumbling block in realizing transparency in existing practice, which raises the need of reconsidering the design of relevant regulations.

The UNCITRAL Rules on Transparency has provided us with a good starting point in the context of promoting transparency for parties to further develop the regulations that are suitable for their particular needs. On each transparency-related procedural issue, three questions, namely, whether to give tribunals discretion, whether to provide corresponding guidance and if so, how to design such guidance, are suggested to be considered. There should be no doubt that well-designed regulations on transparency can positively affect the way in which tribunals exercise their discretion, ensuring that relevant decisions reflect a well-considered balance. Furthermore, such regulations may also affect how investment arbitration is conducted and how it is perceived in general, which leads to the pendulum swinging "away from repeated concerns and a persistent 'legitimacy crisis' of the investment system",① and thus contribute to the (re)construction of trust in investor-state dispute settlement.

---

① Dimitrij Euler Maxi Scherer (n 49), p. 356.

域外 参考

关于国际仲裁程序高效进行的规则
(布拉格规则)

王英民 湛 玲 田雨酥 译*

工作组说明

如今,仲裁使用者对仲裁程序中所花费的时间和费用感到不满已司空见惯。

提高仲裁程序效率的途径之一是鼓励仲裁庭在仲裁程序方面发挥更为积极的作用(如同许多大陆法系国家的传统做法一样)。

考虑到这一点,由来自大约30个国家(主要是大陆法系国家)的代表组成本工作组。工作组的成员名单载于《关于国际仲裁程序高效进行的规则》(以下简称《布拉格规则》)附录一①。工作组成员对其各自国家的国际仲裁程序传统做法进行了调查。填写并交回调查表的人员名单载于《布拉格规则》附录二②。在此次调查的基础上,工作组起草了该规则初稿,并于2018年1月对外发布。

---

* 王英民,中国国际经济贸易仲裁委员会天津分会秘书长;湛玲,中国国际经济贸易仲裁委员会案件经办秘书;田雨酥,中国国际经济贸易仲裁委员会案件经办秘书。

① 本文中省略附录一,仅译规则正文部分。

② 本文中省略附录二,仅译规则正文部分。

该规则草案在仲裁从业人员当中引起了激烈辩论，世界各地举行的仲裁活动也对该规则草案进行了讨论，尤其是在奥地利、白俄罗斯、中国、法国、格鲁吉亚、波兰、葡萄牙、西班牙、俄罗斯、拉脱维亚、立陶宛、瑞典、英国、乌克兰和美国。这些讨论还表明，最初拟用于解决大陆法系国家企业间争议的该规则，实际上可用于任何仲裁程序中，只要其争议本质或争议金额需要仲裁庭的积极主导以精简仲裁程序，而该做法受到仲裁使用者的普遍欢迎。

仲裁从业人员的反馈意见使得该规则草案得到了进一步的完善，并于2018年12月14日在布拉格开放签署。工作组想要对阿森・阿列克谢耶夫、汉斯・巴格纳教授、克劳斯・彼得・伯杰博士、戴维・博肯福德、米罗斯拉夫・杜博夫斯基教授、克里斯蒂娜・伊万娜・弗洛雷斯库博士、杜阿尔特・亨里克斯、亚历山大・哈珀斯基、弗拉基米尔・霍瓦莱、克里斯托弗・利布斯彻博士、安德烈・帕诺夫、奥莱娜・佩列普林斯卡、阿斯科・波拉、罗曼・普里科普以及何塞・罗塞尔表示感谢，他们对该规则草案做出了重大贡献。

《布拉格规则》前言

《布拉格规则》旨在通过鼓励仲裁庭在程序管理方面发挥更积极作用的方式，为仲裁庭和当事人提供一套提高仲裁效率的规则架构及/或指引。

《布拉格规则》无意取代各个机构已制定的仲裁规则，而是针对特定争议中，为当事人合议采用的程序或者当事人不能达成合意时仲裁庭所采用的程序提供补充。

当事人和仲裁庭可决定将《布拉格规则》作为具有约束力的文件或指引性文件，适用于仲裁程序的全过程或任何部分环节。他们也可以排除《布拉格规则》任何部分的适用或决定仅适用其中的一部分。

仲裁庭和当事人也可以考虑案件的具体情况，酌情对《布拉格规则》的条款作出修订。

第一条　《布拉格规则》的适用

1.1　当事人可在仲裁开始前或在仲裁程序的任何阶段就《布拉格规则》

的适用作出约定。

1.2　仲裁庭可依据当事人的约定或在听取当事人意见后自行决定适用《布拉格规则》或其任何部分。

1.3　在任何情况下,都必须适当考虑裁决地的强制性法律规定、适用的仲裁规则以及当事人的程序性安排。

1.4　在仲裁的任何阶段以及在执行《布拉格规则》的过程中,仲裁庭应确保公平和平等地对待当事人,并为其提供陈述各自观点的合理机会。

第二条　仲裁庭的主导作用

2.1　仲裁庭在收到案卷后应及时组织召开案件管理会议,不应有任何不必要的延误。

2.2　在案件管理会议上,仲裁庭应当:

a. 与当事人商定一个程序时间表;

b. 就下述事项向当事人阐明各自的立场:

ⅰ. 当事人寻求的救济;

ⅱ. 当事人之间无争议的事实和有争议的事实;以及

ⅲ. 支持当事人立场的法律依据。

2.3　如果当事人的立场在案件管理会议上没有得到充分的陈述,仲裁庭可以在仲裁程序进行的后一阶段处理上述第2.2.b条中提到的问题。

2.4　如仲裁庭认为适宜,其可在案件管理会议上或在仲裁程序的任一后续阶段,向当事人示明下述事宜:

a. 仲裁庭认为当事人之间无争议的事实和有争议的事实;

b. 对于有争议的事实——仲裁庭认为适合用以证明当事人各自立场的证据类型;

c. 仲裁庭对当事人用以支持其立场的法律依据的理解;

d. 当事人和仲裁庭为确定请求、抗辩的事实和法律依据可能采取的行动;

e. 仲裁庭对下列事项的初步意见:

ⅰ. 当事人举证责任的分配;

ⅱ. 所寻求的救济；

ⅲ. 争议焦点；以及

ⅳ. 当事人所提交证据的证明力和关联性。

仲裁庭表达该等初步意见本身不应被视为仲裁庭缺乏独立性或公正性的证据，也不能构成对仲裁庭资质异议的理由。

2.5 在确定程序时间表时，仲裁庭可以在听取当事人意见后，决定将某些事实问题或法律问题确定为初步事项，并限制文件交换的次数、提交文件的篇幅，并确定前述提交的严格时限以及提交文件的形式和范围（如有）。

第三条 事实查明

3.1 仲裁庭有权，且鼓励仲裁庭，在确定与解决争议相关的事实时，发挥积极主动的作用。但这不应免除双方当事人的举证责任。

3.2 尤其是，仲裁庭在听取当事人意见后，可在仲裁程序的任何阶段自行决定：

a. 要求任何一方当事人提交相关书证或要求事实证人在庭审期间提供口头证言；

b. 任命一名或多名专家，包括法律问题专家；

c. 要求现场调查；及/或

d. 为查明事实之目的，采取其认为合适的任何其他措施。

3.3 仲裁庭应规定提交证据的截止日期，并且除非特殊情况，在该截止日期后不再接受任何新的证据。

第四条 书证

4.1 各方当事人应在仲裁程序中尽早提交其准备用以支持其案件的书证。

4.2 一般而言，鼓励仲裁庭和当事人避免任何形式的文件出示，包括电子开示。

4.3 但是，如果一方当事人认为需要另一方当事人出示某些文件，则其应在案件管理会议上向仲裁庭提出申请并解释在该特定案件中需要文件出示的原因。如果仲裁庭认为需要文件出示,则其应就文件出示程序作出决定,并在程序时间表中作出适当规定。

4.4 仅在特殊情况下,一方当事人方可请求仲裁庭在仲裁程序的后一阶段要求文件出示。只有在仲裁庭认为该当事人无法在案件管理会议上提出该等请求的情况下,仲裁庭才会同意该等请求。

4.5 根据第4.2~4.4条的规定,一方当事人可以请求仲裁庭要求另一方当事人出示特定文件,该文件应:

a.与案件结果有关联或有实质性影响;

b.无法从公开渠道获取;以及

c.由另一当事方持有,或在其权力或控制范围内。

4.6 仲裁庭在听取该方当事人对该等请求的意见后,可要求其出示被请求的文件。

4.7 文件应以复印件和/或电子形式提交或出示。所提交或出示的文件,除非另一方当事人提出异议,否则应视为与原件一致。但是,仲裁庭可根据一方当事人的请求或自行要求提交或出示该文件的当事人出示该文件的原件以供仲裁庭或专家审查。

4.8 一方当事人在仲裁中提交或出示的任何文件,如果不属于公共知晓领域,则仲裁庭和另一方当事人均应保密,并且只能在该仲裁中使用,除非所适用的法律要求一方当事人在一定范围内进行披露。

第五条　事实证人

5.1 在提交申请书或答辩书时,或仲裁庭认为适当的任何仲裁阶段,一方当事人应明确:

a.当事人拟用以支持其立场的每一位事实证人(如有)的证言;

b.每一位事实证人拟证明的相关事实所依据的事实情况;以及

c.证言与案件结果的关联性及其重要性。

5.2 仲裁庭在听取当事人意见后,将根据下文第5.3~5.9条的规定决定在庭审期间应传唤哪些证人并进行询问。

5.3 仲裁庭可以决定，无论在证人证言提交之前还是之后，特别是如果仲裁庭认为该证人证言与案件不相关、不重要、不合理地加重负担、重复或为解决争议所不必要的任何其他理由，则仲裁庭将不在庭审期间传唤该证人。

5.4 如果仲裁庭决定在证人证言提交之前不在庭审期间传唤证人进行询问，则该决定本身并不妨碍一方当事人为该证人提交证人证言。

5.5 仲裁庭在其认为适当的情况下，也可自行要求一方当事人在开庭前提交某一特定证人的书面证人证言。

5.6 如果一方当事人根据第5.4条或根据第5.5条应仲裁庭要求提交书面证人证言的，仲裁庭在听取当事人意见后，可以决定不在庭审中要求该证人出庭接受询问。

5.7 但是，如果一方当事人坚持要求另一方当事人已提交过证人证言的证人出庭，通常情况下，仲裁庭应当要求证人出庭作证，除非有充分理由可以不出庭。

5.8 仲裁庭作出的不要求已提交证人证言的证人出庭的任何决定，并不限制仲裁庭赋予书面证人证言其认为适当的证据价值。

5.9 在庭审中，对任何事实证人的询问应在仲裁庭的引导和控制下进行。如果仲裁庭认为向证人提出的问题无关紧要、冗长累赘、对案件结果没有实质影响或出于其他原因，仲裁庭可以回绝该问题。在听取当事人意见后，仲裁庭还可作出其他限制，包括规定询问证人的顺序、询问证人的时长或被允许的问题类型或在其认为适当的情况下召开证人会议。

第六条　专家证人

6.1 应一方当事人要求或由仲裁庭主动，并听取当事人意见之后，仲裁庭可以指定一位或多位独立的专家证人就需要专业知识的争议事项出具报告。

6.2 如果仲裁庭决定指定专家证人，应当：

a. 就专家证人的人选向当事人征求建议。为此仲裁庭可以设置拟指定专家证人的要求，如资格、能力、费用，并将该等要求与当事人进行沟通。仲裁庭不应被任何一方提议的候选人约束，仲裁庭可以：

i. 指定一名：

a)一方当事人提议的候选人;或

b)仲裁庭自己指定的候选人;

ii. 成立一个由当事人提议候选人组成的联合专家证人委员会;或

iii. 向中立机构寻求一个适合专家证人的提议,如商会或者专业协会;

b. 在听取双方意见后,为仲裁庭指定的专家证人设立职权范围;

c. 要求双方平均预付可以涵盖专家证人工作费用的预付金,如果一方没有预付自己应付的那部分费用,应由对方代为预付;

d. 要求双方向专家证人提供其就专家审阅相关履职所需要的一切信息和文件;

e. 管理专家证人的工作,使双方就工作流程保持知情。

6.3 仲裁庭指定的专家证人应当向仲裁庭以及当事人出具他/她的报告。

6.4 在一方当事人要求或者仲裁庭主动要求时,专家证人应当被传唤至庭审接受质询。

6.5 仲裁庭指定专家证人,并不排除当事人指定专家证人并提交专家证人报告。在任何一方当事人或者仲裁庭主动要求时,该当事人指定的专家证人应当被传唤至庭审接受质询。

6.6 在听取当事人意见后,仲裁庭可以指示任何当事人指定的专家证人和/或仲裁庭指定的专家证人就他们的报告设置一个联合问题清单,列举他们认为有必要进行审阅的事项。

6.7 在听取当事人意见后,仲裁庭可以指示当事人指定的专家证人和仲裁庭指定的专家证人,(如有),举行一次会议并出具一份联合报告,为仲裁庭提供：

a. 专家证人们同意的事项清单;

b. 专家证人们不同意的事项清单;

c. 如果可行,专家证人们不同意的原因。

第七条 法律查明

7.1 当事人有义务提出自己援引的法律依据。

7.2 但是,如认为必要,仲裁庭可以适用当事人没有提出的法律条款,包括但不限于公共政策的规定。在这样的情况下,仲裁庭应当询问当事人对于其试图适用的法律条款的意见。如果当事人没有提出的法律依据与当事人提出的法律条款有关,并且当事人已经被给予机会去表达对于该等法律依据的意见,仲裁庭也可以对其进行援引。

第八条 庭审

8.1 为促进降低成本,在具体案件合适的程度上,仲裁庭和当事人应当试图仅使用书面审理的方式解决争议。

8.2 如果一方当事人要求进行庭审,或者仲裁庭自己认为举行庭审是合适的,当事人和仲裁庭应当试图用可能的最低成本的方式进行庭审,包括限制庭审时长、使用视频、电子或电话交流的方式以避免仲裁员、当事人和其他参与方有不必要的交通花费。

第九条 协助友好和解

9.1 除非一方当事人反对,仲裁庭可以协助当事人在仲裁程序的任何阶段达成争议的友好和解。

9.2 在双方均事前书面同意的情况下,仲裁庭的任何成员都可以以调解员的身份协助案件的友好和解。

9.3 如果调解没有在双方同意的期限内形成和解,作为调解员的仲裁庭成员:

a. 在获得双方于调解结束时的书面同意后可以继续在仲裁程序中担任仲裁员;

b. 如果没有获取书面同意,应当根据适用的仲裁规则终止他/她的委任。

第十条 不利推定

如果一方当事人不遵守仲裁庭的命令或指令,且无正当事由,仲裁庭可以在其认为适当的情况下对于该当事人的个案或具体事项进行不利推定。

第十一条　费用分担

当在裁决书中决定费用分担时，仲裁庭可以考虑当事人在仲裁程序中的表现，包括他们对于程序低成本以及快速推进的配合以及协助（或者不配合以及协助）。

第十二条　合议

12.1　仲裁庭应当尽最大努力尽快作出裁决书。

12.2　仲裁庭应当在庭审前进行内部讨论，并在庭审后尽快合议。在书面审理的仲裁案件中，仲裁庭应当在全部文件结束提交后尽快进行合议。

附:《布拉格规则》英文原文

Rules on the Efficient Conduct of Proceedings in International Arbitration(Prague Rules)

Note from the Working Group

It has become almost commonplace these days for users of arbitration to be dissatisfied with the time and costs involved in arbitral proceedings.

One of the ways to increase the efficiency of arbitral proceedings is to encourage tribunals to take a more active role in managing the proceedings (as is traditionally done in many civil law countries).

With this in mind a Working Group was formed with representatives from around 30, mainly civil law, countries. The list of Working Group members is enclosed as Appendix I to the Prague Rules. The members of the group conducted a survey on procedural traditions in international arbitration in their respective countries. The list of respondents who filled in and returned the questionnaire is given in Appendix Ⅱ of the Prague Rules. On the basis of this research the Working Group prepared the first draft of the Rules, which was released in January 2018.

The draft Rules inspired a vigorous debate among arbitration practitioners, and discussions of the draft Rules were held at arbitration events all around the world, specifically in Austria, Belarus, People's Republic of China, France, Georgia, Poland, Portugal, Spain, Russia, Latvia, Lithuania, Sweden, UK, Ukraine and the US. These discussions also revealed that the Rules, initially intended to be used in disputes between companies from civil law countries, could in fact be used in any arbitration proceedings where the nature of the dispute or its amount justifies a more streamlined procedure actively driven by the tribunal, a practice which is generally welcomed by arbitration users.

The feedback received from arbitration practitioners allowed further improvement of the draft Rules and they were made available for signing on 14 December 2018 in Prague. The Working Group wants to thank Assen Alexiev, Hans Bagner, Prof. Dr. Klaus Peter Berger, David Böckenförde, Miroslav Dubovský, Prof. Dr. Cristina Ioana Florescu, Duarte G. Henriques, Alexandre Khrapoutski, Vladimir Khvalei, Dr. Christoph Liebscher, Andrey Panov, Olena Perepelynska, Asko Pohla, Roman Prekop and José Rosell, who made a significant contribution to the draft document.

Preamble to the Prague Rules on the Efficient Conduct of Proceedings in International Arbitration

The Prague Rules on the Efficient Conduct of Proceedings in International Arbitration ("Prague Rules") are intended to provide a framework and/or guidance for arbitral tribunals and parties on how to increase efficiency of arbitration by encouraging a more active role for arbitral tribunals in managing proceedings.

The Prague Rules are not intended to replace the arbitration rules provided by various institutions and are designed to supplement the procedure to be agreed by parties or otherwise applied by arbitral tribunals in a particular dispute.

Parties and arbitral tribunals may decide to apply the Prague Rules as a binding document or as guidelines to all or any part of the proceedings. They may also exclude the application of any part of the Prague Rules or decide to apply only part of them.

Arbitral tribunals and parties may also modify the provisions of the Prague Rules by taking into account the particular circumstances of the case.

Article 1. Application of the Prague Rules

1.1 The parties may agree on the application of the Prague Rules before

arbitration is initiated or at any stage of the arbitration.

1.2 The arbitral tribunal may apply the Prague Rules or any part thereof upon the parties' agreement or at its own initiative after having heard the parties.

1.3 In all cases, due regard must be given to the mandatory legal provisions of the *lex arbitri* as well as to the applicable arbitration rules and the procedural arrangements of the parties.

1.4 At all stages of the arbitration and in implementing the Prague Rules, the arbitral tribunal shall ensure fair and equal treatment of the parties and provide them with a reasonable opportunity to present their respective cases.

Article 2. Proactive Role of the Arbitral Tribunal

2.1 The arbitral tribunal shall hold a case management conference without any unjustified delay after receiving the case file.

2.2 During the case management conference, the arbitral tribunal shall:

a. discuss with the parties a procedural timetable;

b. clarify with the parties their respective positions with regard to:

i. the relief sought by the parties;

ii. the facts which are undisputed between the parties and the facts which are disputed; and

iii. the legal grounds on which the parties base their positions.

2.3 If the parties' positions have not been sufficiently presented at the time of the case management conference, the arbitral tribunal could deal with the issues mentioned in Article 2.2.b at a later stage of the arbitration.

2.4 The arbitral tribunal may at the case management conference or at any later stage of the arbitration, if it deems it appropriate, indicate to the parties:

a. the facts which it considers to be undisputed between the parties and the facts which it considers to be disputed;

b. with regard to the disputed facts-the type(s) of evidence the arbitral tribunal would consider to be appropriate to prove the parties' respective positions;

c. its understanding of the legal grounds on which the parties base their positions;

d. the actions which could be taken by the parties and the arbitral tribunal to ascertain the factual and legal basis of the claim and the defence;

e. its preliminary views on:

i. the allocation of the burden of proof between the parties;

ii. the relief sought;

iii. the disputed issues; and

iv. the weight and relevance of evidence submitted by the parties.

Expressing such preliminary views shall not by itself be considered as evidence of the arbitral tribunal's lack of independence or impartiality, and cannot constitute grounds for disqualification.

2.5 When establishing the procedural timetable, the arbitral tribunal may decide-after having heard the parties-to determine certain issues of fact or law as preliminary matters, limit the number of rounds for exchange of submissions, the length of submissions, as well as fix strict time limits for the filing thereof, the form and extent of document production (if any).

Article 3. Fact Finding

3.1 The arbitral tribunal is entitled and encouraged to take a proactive role in establishing the facts of the case which it considers relevant for the resolution of the dispute. This, however, shall not release the parties from their burden of proof.

3.2 In particular, the arbitral tribunal may, after having heard the parties, at any stage of the arbitration and at its own initiative:

a. request any of the parties to submit relevant documentary evidence or make fact witnesses available for oral testimony during the hearing;

b. appoint one or more experts, including on legal issues;

c. order site inspections; and/or

d. for the purposes of fact finding, take any other actions which it deems appropriate.

3.3 The arbitral tribunal shall consider imposing a cut-off date for submission of evidence and not accepting any new evidence after that date, save for under exceptional circumstances.

Article 4. Documentary Evidence

4.1 Each party shall submit documentary evidence upon which it intends to rely in support of its case as early as possible in the proceedings.

4.2 Generally, the arbitral tribunal and the parties are encouraged to avoid any form of document production, including e-discovery.

4.3 However, if a party believes that it would need to request certain documents from the other party, it should indicate this to the arbitral tribunal at the case management conference and explain the reasons why the document production may be needed in this particular case. If the arbitral tribunal is satisfied that the document production may be needed, it should decide on a procedure for document production and make an appropriate provision for it in the procedural timetable.

4.4 A party can request the arbitral tribunal to order document production at a later stage of the arbitration only in exceptional circumstances. Such a request should be granted only if the arbitral tribunal is satisfied that the party could not have made such a request at the case management conference.

4.5 Subject to Articles 4.2–4.4, a party may request the arbitral tribunal to order another party to produce a specific document which:

a. is relevant and material to the outcome of the case;

b. is not in the public domain; and

c. is in the possession of another party or within its power or control.

4.6 The arbitral tribunal, after hearing the party's view on such request, may order it to produce the requested document.

4.7 Documents shall be submitted or produced in photocopies and/or electronically. The submitted or produced documents are presumed to be identical to the originals unless disputed by the other party. However, the arbitral tribunal may, at the request of a party or on its own initiative, order the party submitting or producing the document to present the original of the document for examination by the arbitral tribunal or expert review.

4.8 Any document submitted or produced by a party in the arbitration and not otherwise in the public domain shall be kept confidential by the arbitral tribunal and the other party, and may only be used in connection with that arbitration, save where and to the extent that disclosure may be required of a party by the applicable law.

Article 5. Fact Witnesses

5.1 When filing a statement of claim or defence, or at any other stage of the arbitration which the arbitral tribunal considers appropriate, a party shall identify:

a. each fact witness (if any), on whose testimony the party intends to rely in support of its position;

b. the factual circumstances on which the respective fact witness intends to testify; and

c. the relevance and materiality of the testimony for the outcome of the case.

5.2 The arbitral tribunal, after having heard the parties, will decide which witnesses are to be called for examination during the hearing in accordance with Articles 5.3-5.9 below.

5.3 The arbitral tribunal may decide that a certain witness should not be called for examination during the hearing, either before or after a witness statement has been submitted, in particular if it considers the testimony of such a witness to be irrelevant, immaterial, unreasonably burdensome, duplicative or for any other reasons not necessary for the resolution of the dispute.

5.4 If the arbitral tribunal decides that the witness should not be called for examination during the hearing prior to any witness statement being submitted, this does not, by itself, preclude a party from submitting a witness statement for that witness.

5.5 The arbitral tribunal may also, if it deems it appropriate, itself invite a party to submit a written witness statement of a particular witness before the hearing.

5.6 If a written witness statement is submitted by a party by virtue of Article 5.4 or at the invitation of the arbitral tribunal by virtue of Article 5.5, the arbitral tribunal, upon having heard the parties, may decide that such witness nonetheless should not be called for examination at the hearing.

5.7 However, if a party insists on calling a witness whose witness statement has been submitted by the other party, as a general rule, the arbitral tribunal should call the witness to testify at the hearing, unless there are good reasons not to do so.

5.8 Any decision not to call a witness who has submitted a witness statement does not limit the arbitral tribunal's authority to give as much evidential value to the written witness statement as it deems appropriate.

5.9 At the hearing, the examination of any fact witness shall be conducted under the direction and control of the arbitral tribunal. The arbitral tribunal can reject a question posed to the witness if the arbitral tribunal considers it to be irrelevant, redundant, not material to the outcome of the case or for other reasons. After having heard the parties, the arbitral tribunal may also impose other restrictions, including setting the order of examination of the witnesses, time limits for examination or types of questions to be allowed or hold witness conferences, as it deems appropriate.

Article 6. Experts

6.1 At the request of a party or on its own initiative and after having heard the parties, the arbitral tribunal may appoint one or more independent experts to present a report on disputed matters which require specialised knowledge.

6.2 If the arbitral tribunal decides to appoint an expert, the arbitral tribunal shall:

a. seek suggestions from the parties as to who should be appointed as an expert. For this purpose, the arbitral tribunal may establish the requirements for potential experts, such as qualification, availability, costs, and communicate them to the parties. The arbitral tribunal shall not be bound by the candidates proposed by either party and may:

i. appoint a candidate:

a) proposed by any one of the parties; or

b) identified by the arbitral tribunal itself;

ii. create a joint expert commission consisting of the candidates proposed by the parties; or

iii. seek a proposal for a suitable expert from a neutral organisation, such as a chamber of commerce or a professional association;

b. after having heard the parties, approve the terms of reference for the tribunal-appointed expert;

c. request the parties to pay an advance on costs to cover the expert's work in equal proportion. If a party refrains from advancing its share of the costs, this share shall be advanced by the other party;

d. request the parties to provide the expert appointed by the arbitral tribunal with all the information and documents he or she may require to perform his or her duties in connection with the expert examination;

e. monitor the expert's work and keep the parties informed regarding its progress.

6.3 The tribunal-appointed expert shall issue his or her report to the tribunal and the parties.

6.4 At the request of a party or on the arbitral tribunal's own initiative, the expert shall be called for examination at the hearing.

6.5 The appointment of any expert by the arbitral tribunal does not preclude a party from submitting an expert report by any expert appointed by that party. At the request of any other party or on the arbitral tribunal's own initiative, such party-appointed expert shall be called for examination during the hearing.

6.6 After having heard the parties, the arbitral tribunal may instruct any party-appointed and/or the tribunal-appointed experts to establish a joint list of questions on the content of their reports, covering the issues that they consider necessary to be reviewed.

6.7 After having heard the parties, the arbitral tribunal may instruct the party-appointed and the tribunal-appointed experts, (if any), to have a conference and to issue a joint report in order to provide the arbitral tribunal with:

a. a list of issues on which the experts agree;

b. a list of issues on which the experts disagree; and

c. if practicable, reasons why the experts disagree.

Article 7. Iura Novit Curia

7.1 A party bears the burden of proof with respect to the legal position on which it relies.

7.2 However, the arbitral tribunal may apply legal provisions not pleaded by the parties if it finds it necessary, including, but not limited to, public policy rules. In such cases, the arbitral tribunal shall seek the parties' views on the legal provisions it intends to apply. The arbitral tribunal may also rely on legal authorities even if not submitted by the parties if they relate to legal provisions pleaded by the parties and provided that the parties have been given an opportunity to express their views in relation to such legal authorities.

Article 8. Hearing

8.1 In order to promote cost-efficiency and to the extent appropriate for a particular case, the arbitral tribunal and the parties should seek to resolve the dispute on a documents only basis.

8.2 If one of the parties requests a hearing or the arbitral tribunal itself finds it appropriate, the parties and the arbitral tribunal shall seek to organise the hearing in the most cost-efficient manner possible, including by limiting the duration of the hearing and using video, electronic or telephone communication to avoid unnecessary travel costs for arbitrators, parties and other participants.

Article 9. Assistance in Amicable Settlement

9.1 Unless one of the parties objects, the arbitral tribunal may assist the parties in reaching an amicable settlement of the dispute at any stage of the arbitration.

9.2 Upon the prior written consent of all parties, any member of the arbitral tribunal may also act as a mediator to assist in the amicable settlement of the case.

9.3 If the mediation does not result in a settlement within an agreed period of time, the member of the arbitral tribunal who has acted as mediator:

a. may continue to act as an arbitrator in the arbitration proceedings after obtaining written consent from all parties at the end of the mediation; or

b. shall terminate his/her mandate in accordance with the applicable arbitration rules if such written consent is not obtained.

Article 10. Adverse Inference

If a party does not comply with the arbitral tribunal's order(s) or instruction(s), without justifiable grounds, the arbitral tribunal may draw, where it considers appropriate, an adverse inference with regard to such party's respective case or issue.

Article 11. Allocation of Costs

When deciding on the allocation of costs in an award, the arbitral tribunal may take into account the parties' conduct during the arbitral proceedings, including their co-operation and assistance (or the lack thereof) in conducting the proceedings in a cost-efficient and expeditious manner.

Article 12. Deliberations

12.1 The arbitral tribunal shall use its best efforts to issue the award as soon as possible.

12.2 The arbitral tribunal shall conduct internal discussions on the case before the hearing and hold deliberations as soon as possible thereafter. In the event of documents-only arbitration, the arbitral tribunal shall hold deliberations as soon as possible after all documents have been submitted.

浅谈国际商事仲裁中仲裁员的披露义务

——以日本一起新近仲裁司法审查案为例

王楚晴*

摘要:2017年12月12日,日本最高裁判所发布了关于以仲裁员未尽到披露义务为由申请撤销仲裁裁决案的判决,认定案件相关事实尚未查清,判决发回大阪高等裁判所重审该案。日本最高裁判所作出的该判决虽非最终判决,但对仲裁员披露义务规定的解释有重大的意义。在该案判决中,最高裁判所对仲裁员应披露的事实范围做了扩大解释,在判断仲裁员是否已履行披露义务方面采用了具体披露标准,并首次提出了仲裁员除应披露已知事实以外还负有合理调查的义务。除此之外,该案也为国际仲裁界相关人士敲响了一记警钟。随着涉外律师事务所的壮大,涉外律师的人员流动以及跨国业务的开展日益频繁,对于可能产生利益冲突事实的把握也越来越困难。如果没能准确地掌握事实信息,就会发生如该案仲裁员一样遗漏应当披露的事实,从而导致仲裁裁决面临被撤销的风险。同时,这一判决对中国仲裁法的修改以及中国仲裁机构相关规定的解释方面有着借鉴意义。

关键词:国际商事仲裁　仲裁员披露义务　日本最高裁判所

仲裁员作为国际商事仲裁裁决的决定者,在仲裁程序中起着决定性的作

* 王楚晴,日本神户大学博士二年级。

用。这就要求仲裁员在仲裁程序中保持中立、独立、不偏不倚,唯其如此,才能确保仲裁员作出的仲裁裁决公平公正。为了确保仲裁员的公正性,《联合国国际商事仲裁示范法》(以下简称《示范法》)、各国仲裁法以及各个仲裁机构的仲裁规则等均对仲裁员利益冲突的披露义务作出了规定。但是,由于这些规定都过于宽泛,实务中存在如何界定仲裁员披露义务的范围以及披露义务是否已履行完毕等问题。本文主要结合日本最高裁判所的最新判决[①]来对国际仲裁中仲裁员披露义务问题进行分析,并阐述其对于中国仲裁实务带来何种启示。

一、案情概要

本案是一起以仲裁员未尽到披露义务为由申请撤销仲裁裁决的案子。其中,作为一方当事人X的两家公司均是总部设在美国得克萨斯州的空调销售公司。[②] 作为另一方当事人Y的两家公司分别为一家日本公司和一家新加坡公司。[③] 双方当事人之间的争议解决经历了仲裁以及仲裁司法审查等一系列阶段,现详述如下:

(一)仲裁程序

当事人X和当事人Y于2003年达成了包含仲裁条款的空调经销协议。而后双方当事人在合同履行过程中产生争议,2011年6月16日,Y作为仲裁申请人主张X违反了合同义务,并且基于合同中的仲裁条款[④]把该纷争提交到位于大阪的日本商事仲裁协会(Japan Commercial Arbitration Association, JCAA)开始进行仲裁。同年8月4日,Y指定A为仲裁员。同日,由于X没有

---

① 该判决为日本最高裁判所于2017年12月12日作出的发回重审判决,截至2019年7月9日,大阪高等裁判所尚未作出最终判决。

② 作为当事人X的两家公司其中之一为Prem Warehouse LLC公司(最高裁判所的判决文书中的日语表述为“米国法人であるプレム・ウエアハウス・エルエルシー”),另一家公司不明。为便于叙述,文章中以X代替当事人的公司名称。

③ 作为当事人Y的日本公司是三洋电机株式会社,新加坡公司是Sanyo Airconditioners Manufacturing Singapore Pte Ltd.。为便于叙述,文章中以Y代替当事人的公司名称。

④ 该仲裁条款规定:“合同双方之间基于该合同产生的纠纷,依照日本商事仲裁协会的商事仲裁规则,提交到日本大阪府进行仲裁,仲裁员人数为3人,仲裁程序语言为英语,仲裁裁决具有终局性,对该合同的双方均产生效力。”

指定任何人为仲裁员,依据 JCAA 仲裁规则,由 JCAA 代替 X 指定 B 为仲裁员。此后,9 月 20 日,由 A 和 B 共同选定 C 为首席仲裁员。该仲裁庭于 2014 年 8 月 11 日,作出有利于申请人 Y 的仲裁裁决。

(二)仲裁司法审查程序

仲裁裁决作出后,仲裁败诉方 X 向大阪地方裁判所申请撤销该仲裁裁决。对于该仲裁裁决是否应该被撤销的审理经过了三审程序。

一审中,X 主张撤销 2014 年 8 月 11 日作出的仲裁裁决。理由是,"与该仲裁庭的首席仲裁员 C 隶属于同一家律师事务所(K&S 律师事务所)的律师 F 是一起涉及 Y 的兄弟公司 E[①] 以及其共同的母公司 N[②] 作为被告的美国集团诉讼的代理人。由于该美国集团诉讼可能会导致 E 背负巨额的负债,所以对包括 Y 在内的 N 集团来说,该案是具有重大影响力的案子。从这种意义上来看,律师 F 和 E 公司之间存在重大的商业关系。因此,该事实作为可能会成为怀疑仲裁员公正性或者独立性的事实,首席仲裁员 C 有义务向当事人进行披露而没有披露。首席仲裁员 C 违反披露义务的行为属于影响仲裁程序公正和中立的重大法律事由,由此,申请人要求撤销该仲裁庭作出的仲裁裁决"。[③] 然而,大阪地方裁判所判决驳回了 X 的上述主张。

X 不服,上诉至大阪高等裁判所,大阪高等裁判所撤销了原判决,亲自审理案件,并认可了 X 撤销仲裁裁决的主张。

仲裁胜诉方 Y 不服,向最高裁判所提出申诉。2017 年 12 月 12 日最高裁判所以案件事实不清为由撤销大阪高等裁判所的判决,并判决发回重审。

上述的三个审判程序主要围绕以下三个争论点进行:第一,X 主张的事实是否属于仲裁员需要披露的事实;第二,该案仲裁员是否已经履行了披露义务;第三,该案仲裁裁决是否应该被撤销。下文将结合三个裁判所作出的判决书中

① Y 的兄弟公司 E 是松下北美分公司。

② 母公司 N 是指松下株式会社。在 2012 年三洋电机空调株式会社成为松下株式会社的子公司。

③ 大阪地方裁判所判决书原文,载第一法规法情报综合数据网:https://hanrei.d1-law.com/dh_h/hanrei_detail? 4&hriid=28232638&noPopFlg=0&SEARCH_RESULT_POP=search_list.,最后访问日期:2019 年 7 月 8 日。

的理由分别对三个争论点进行分析。

二、判决主旨

本案中仲裁员没有披露的事实是上述X主张的理由中所提及的事实。美国法院留存的记录显示，律师F曾两次担任公司E在美国的诉讼代理人。第一次的记录是发生于美国加利福尼亚州联邦地方法院2010年2月5日的判决中，早于该案仲裁庭成立，[①]且当时律师F与首席仲裁员C隶属于不同律师事务所。[②] 第二次的记录是发生于美国加利福尼亚州联邦地方法院2014年9月8日的判决中，当时律师F与首席仲裁员C均隶属于K&S律师事务所，[③]但隶属于不同分所，律师F隶属于美国洛杉矶分所，而首席仲裁员C则隶属于新加坡分所。基于上述事实，X主张，律师F代理E公司诉讼的行为应被认定为可合理怀疑首席仲裁员C的公正性和独立性的事实，仲裁员C对于该事实有义务进行披露。

对于该事实是否构成需要披露的事实，各个裁判所的意见基本一致，认为首席仲裁员C应当对该事实进行披露。但是，对于该案中首席仲裁员C违反披露义务是否属于达到撤销仲裁裁决程度的重大事由，大阪地方裁判所和大阪高等裁判所之间存在分歧，而日本最高裁判所则认为案件事实尚不清楚无法进行判断。

在判断X主张的仲裁员对上述事实未尽到披露义务理由是否成立应从两方面进行分析，首先应确定该事实是否属于仲裁员应该披露的事实。如果属于，则还需要明确仲裁员履行披露义务的标准来判断仲裁员是否已对负有披露义务的事实进行了披露。

（一）是否构成应当披露的利益冲突事实

日本《仲裁法》第18条第4款规定："仲裁员，在仲裁程序进行中，应当毫

---

① 该案的仲裁庭于2011年成立。

② 当时律师F隶属于律师事务所S（具体为哪所律所不明），仲裁员C隶属于K&S律师事务所。

③ 从律师F的履历以及K&S律师事务所的主页上的信息来看，可以确定的是律师F转入的时间应为2013年。

不延迟地向当事人各方披露可能对其公正性或者独立性引起怀疑的事实(已经披露的除外)。"对于什么样的事实属于可能对仲裁员公正性或者独立性引起怀疑的事实,日本最高裁判所下达的最新判决指出,对需要披露的利益冲突的事实应当做扩大解释,也就是说,应比日本《仲裁法》第18条第1款中所规定的回避情形[①]作更大范围的解释。[②] 同时,对第18条第4款中的"仲裁程序进行中"亦应作扩大解释,指从仲裁庭成立直至仲裁程序结束,对于应当披露的事实都应当毫不延迟地进行披露。因此,尽管X主张的事实是发生在首席仲裁员C提交独立声明书以后发生的事实,但仍属于仲裁程序进行中发生的事实,首席仲裁员C应毫不延迟地进行披露。

(二)判断仲裁员是否履行披露义务

1.具体披露标准

本案中,首席仲裁员C在被选任时,依照仲裁员的披露义务曾向JCAA提交了一份独立声明。该独立声明指出:"无论是在现在还是将来,K&S律师事务所的律师,有可能会代理该仲裁当事人或者是其关联公司的与该仲裁无关的案子。在这种情形下,根据律师事务所的方针,仲裁员参与别的案件不会影响自己作为仲裁员应具备的独立性以及公正性。"[③]

对于仲裁员提出的独立声明是否达到履行了披露义务标准的问题,各个裁判所采用了不同的标准。

一审中,大阪地方裁判所认为,仲裁员提出的这份独立声明并没有否定所属的律师事务所将来会为该案当事人及其关联公司代理的可能性。而双方当

---

① 日本《仲裁法》第18条第1款规定:"在仲裁员具备下述情形时,当事人可以申请该仲裁员回避。(1)该仲裁员不具备当事人约定的应具备的条件;(2)足以怀疑该仲裁员公正性以及独立性的理由。"日本原文如下:「仲裁法」第18条第1項:「当事者は、仲裁人に次に掲げる事由があるときは、当該仲裁人を忌避することができる。一　当事者の合意により定められた仲裁人の要件を具備しないとき。二　仲裁人の公正性又は独立性を疑うに足りる相当な理由があるとき。」

② 最高裁判所判决书原文,载第一法规法情报综合数据网:https://hanrei.d1-law.com/dh_h/hanrei_detail? 5&hriid=28254820&noPopFlg=1.,最后访问日期:2019年7月8日。

③ 大阪高等裁判所判决原文,载第一法规法情报综合数据网:https://hanrei.d1-law.com/dh_h/hanrei_detail? 6&hriid=28242955&noPopFlg=1.,最后访问日期:2019年7月8日。

事人并没有对这份独立声明提出异议，意味着参与仲裁的双方当事人已经认同了这一可能性。所以，即使仲裁员没有及时披露上述事实，违反披露义务的行为属于轻微的瑕疵，并没有达到影响仲裁裁决公正性并需要撤销裁决的重大程度。

二审中，大阪高等裁判所认为，对于仲裁员所披露的内容是否满足披露义务的标准应采用具体标准说。也就是说，满足披露义务的独立声明不应该是“将来有可能发生的抽象概念，而潜在的事实必须是现实中发生或者可能发生的特定的具体事实”。[①] 因此，首席仲裁员 C 提出的独立声明，只对事实进行了抽象的披露，并不能视为已经履行了披露义务。

上诉审中，日本最高裁判所的判决确认了大阪高等裁判所采用的具体标准说，认为首席仲裁员 C 提出的独立声明中表述过于抽象，不应视为已经履行了披露义务。

2. 合理调查义务

大阪高等裁判所除了具体标准说，还提出仲裁法所规定的披露义务除了披露自己已知的事实以外，仲裁员还负有调查义务。大阪高等裁判所的判决指出：“即使仲裁员对于日本《仲裁法》第 18 条第 4 款所规定的事实并不知情，也不意味着仲裁员不负有披露义务。对于能够轻易获得的事实，仲裁员还负有调查的义务。对于本案的事实，首席仲裁员 C 通过所在律师事务所对是否存在利益冲突事实进行调查并不困难。但是，本案中该律所是否进行了上述调查程序并不明确。不过即使是因为没有进行上述调查而未披露本案中利益冲突事实，也应该因未履行调查义务而被视为违反了仲裁员的披露义务。考虑到日本《仲裁法》第 18 条第 4 款规定的披露义务是确保仲裁程序以及仲裁员的公正性的必不可少的条件，上述的首席仲裁员 C 违反披露义务的行为应视为构成

① 大阪高等裁判所判决原文，载第一法规法情报综合数据网：https://hanrei.d1-law.com/dh_h/hanrei_detail?6&hriid=28242955&noPopFlg=1.，最后访问日期：2019 年 7 月 8 日。

日本《仲裁法》第44条第1款第6项[①]的撤销仲裁裁决的法定事由。”[②]

日本最高裁判所并没有支持大阪高等裁判所的全部观点。日本最高裁判所认为:“即使仲裁员对当事人负有披露日本《仲裁法》第18条第4款规定的全部事实的义务,但很明确的是仲裁员应当在可以认识到事实的情况下才负有该披露义务。考虑到日本《仲裁法》第18条第4款的披露义务不局限在已知事实的这一宗旨,仲裁员还应在合理的范围内对日本《仲裁法》第18条第4款规定的事实是否存在进行调查,应对通常情况下可以调查清楚的事实负有披露义务。因此,判断首席仲裁员C没有披露本案的利益冲突事实的行为是否违反了日本《仲裁法》规定的仲裁员的披露义务,必须要确认在仲裁程序结束为止,首席仲裁员C是否认识到了该事实,该事实是否可以在合理的范围内通过调查得知的事实。然而,对照二审中提出的资料来看,仲裁程序完结为止,关于首席仲裁员C是否认识到了该事实这一点并不明确。并且,K&S律师事务所是否认识到了这一事实,以及K&S律师事务所内部是否调查了所内律师之间利益冲突的情形等具体情况并不明确。因此,也就不能明确到仲裁程序完结为止首席仲裁员C能否通过合理的调查而了解到这一事实。所以,在上述几点都不能明确的情况下,判定首席仲裁员C违反了披露义务,明显违反了法令,影响了审判。”[③]

(三)是否应该撤销仲裁裁决

经过上述对于仲裁员是否违反披露义务的分析,即使认定仲裁员违反了披露义务,也不意味着必须要撤销仲裁裁决。对于是否应该撤销仲裁裁决,还应

---

① 《日本仲裁法》第44条第1款规定:“在具有下列情形时,当事人可以向法院申请撤销仲裁裁决。……(6)仲裁庭的构成或者是仲裁程序违反日本法律,抑或是对于法律的公共秩序无关事项当事人之间有约定的情况下违反该约定的。”日文原文如下:「仲裁法」第44条1项、「当事者は、次に掲げる事由があるときは、裁判所に対し、仲裁判断の取消しの申立てをすることができる。……(六)仲裁廷の構成又は仲裁手続が、日本の法令(その法令の公の秩序に関しない規定に関する事項について当事者間に合意がある時は、当該合意)に違反するものであったこと。

② 大阪高等裁判所判决原文,载第一法规法情报综合数据网:https://hanrei.d1-law.com/dh_h/hanrei_detail? 6&hriid=28242955&noPopFlg=1.,最后访问日期:2019年7月8日。

③ 最高裁判所判决书原文,载第一法规法情报综合数据网:https://hanrei.d1-law.com/dh_h/hanrei_detail? 5&hriid=28254820&noPopFlg=1.,最后访问日期:2019年7月8日。

考察该违反行为的程度是否达到了需要撤销已生效的仲裁裁决的程度。以下是对于本案仲裁员C的行为是否达到撤销仲裁裁决程度的考察。

一审中,基于前述理由,大阪地方裁判所判定该违反披露义务的行为并不属于会影响仲裁程序以及仲裁员公正的重大事由,因此并未撤销该仲裁裁决。

二审中,大阪高等裁判所则认为,考虑仲裁员的披露义务是确保仲裁程序以及仲裁员的公正性必不可少的制度,因此,该案中仲裁员违反披露义务的行为,应认定属于《日本仲裁法》第44条第1款第6项的撤销事由。

上告审中,日本最高裁判所认为,关于该案首席仲裁员是否违反披露义务,还存在未查清的事实,因此尚无法判定本案是否存在该当的撤销事由,所以日本最高裁判所并未对该部分做判决,而是责令发回重审。

三、案例评析

(一)需要披露的利益冲突事实

在国际商事仲裁中,对于仲裁程序的开始乃至仲裁程序的结束,仲裁员都起着关键性的作用。因此在赋予仲裁员强大的权力的同时也规定了其应履行的义务。为了确保仲裁员作为公平、公正、独立的第三人作出公平公正的仲裁裁决,《示范法》以及各国的仲裁法和仲裁机构的仲裁规则都规定了仲裁员的披露义务。

《示范法》第12条第1款规定:“在被询问有关其可能被指定为仲裁员之事时,被询问人应该披露可能引起对其公正性或独立性产生正当怀疑的任何情况。仲裁员从被指定之时起并在整个仲裁程序进行期间,应毫不延迟地向各方当事人披露任何此类情况,除非其已将此情况告知各方当事人。”①

《中国国际经济贸易仲裁委员会仲裁规则》(2015年版)第31条规定:“(一)被选定或者被指定的仲裁员应签署声明书,披露可能引起对其公正性和

---

① 《贸易法委员会国际商事仲裁示范法》,载联合国国际贸易法委员会网:http://www.uncitral.org/pdf/chinese/texts/arbitration/ml-arb/07-86997_Ebook.pdf.,最后访问日期:2018年7月31日。

独立性产生合理怀疑的任何事实或情况。(二)在仲裁程序中出现应披露的情形,仲裁员应立即书面披露。(三)仲裁员的声明书及/或披露的信息应提交仲裁委员会仲裁院并转交各方当事人。"①

日本《仲裁法》第18条第4款规定:"仲裁员,在仲裁程序进行中,应当毫不延迟地向当事人各方披露可能对其公正性或者独立性引起怀疑的事实(已经披露的除外)。"②

综上所述,无论是《示范法》还是各国的仲裁法,抑或是仲裁机构的仲裁规则都对仲裁员的披露义务进行了宽泛的规定,均未对何种事实才属于"可能对其公正性或独立性引起正当怀疑的情况或事实"进行明确的规定。③ 而且,在国际商事仲裁中,仲裁员来自不同法系的情况很普遍。来自不同国家的仲裁员之间必然会存在法律文化上的差异,这就意味着每位仲裁员对需要披露的事实范围的理解就会存在一定的差异。因此,在确定仲裁员需要披露利益冲突事实范围的问题上,不同的仲裁员采用的标准会不同。这样的差异除了会导致仲裁员所负担的义务不一致以外,也会间接导致仲裁裁决因仲裁员违反披露义务而面临被撤销的风险。

但是在实务中,不仅仅是仲裁员,就连当事人或者是双方律师代理人来自于不同法域的情况都很常见。对具体程序理解上的法文化差异是无法避免的。国际律师协会(International Bar Association,IBA)认识到在披露范围或者利益冲突事由认定方面实践上不一致的问题,认为有必要制定一个统一的指引规范来避免这一问题。基于上述目的,IBA制定了《国际仲裁利益冲突指引》(IBA Guidelines on Conflicts of Interest,以下简称《指引》)。虽然该指引并不属于国家的强制规范,却在国际仲裁实务中被广泛接受利用,有着不可或缺的地位。

---

① 《中国国际经济贸易仲裁委员会仲裁规则》(2015年版),载中国国际经济贸易委员会网:http://cietac.org/Uploads/rule_C.pdf.,最后访问日期:2018年7月31日。

② 日本《仲裁法》,http://www.japaneselawtranslation.go.jp/law/detail/?id=2784&vm=04&re=01.,最后访问日期:2018年7月31日。

③ [日]芳贺雅显:《以仲裁员违反披露义务为理由取消仲裁裁决》,载《国际私法》2018年第22期。(芳賀雅顯,「仲裁人の開示義務違反を理由とする仲裁判断の取消し」,「国际私法」2018年No.22,3頁)

因此，本案也可以通过《指引》来确定本案中的利益冲突事实是否属于仲裁员应披露的事实。

根据《指引》，本案中的X主张的事实，可能会构成《指引》中可放弃“红色清单”中第2条第3款第6项规定的利益冲突情形，即“仲裁员所在的律师事务所正与一方当事人或一方当事人的关联公司具有重大的商业关系”；[①]或者构成“黄色清单”中第3条第1款第4项规定的利益冲突情形，即“仲裁员所在的律师事务所在过去的3年中曾经为一方当事人或一方当事人的关联公司在不相关的案件中担任代理人，但仲裁员并未涉及其中”。[②] 本案例中，首先，律师F曾两次担任E公司的代理人，这两次代理行为发生时律师F分别属于不同的律师事务所。因此，从某种程度上来说，律师F之所以可以两次代理E公司诉讼案子，极有可能是出于F个人与E公司之间的商业关系，而不是和首席仲裁员C共同所在的律师事务所与本仲裁当事人关联公司存在商业关系。同时，也无法断定这种情况是否属于重大的商业关系。不过，至少可以认为本案的利益冲突事实属于《指引》“黄色清单”中第3条第1款第4项规定的情形，即属于需要披露的事实。

（二）履行披露义务的判断标准

1. 披露内容的标准

日本《仲裁法》未对仲裁员披露义务的标准作出具体规定，在判定仲裁员的披露行为是否可以视为已经完全履行披露义务这一问题上，大阪地方裁判所和大阪高等裁判所采用了不同的认定标准。日本最高裁判所则肯定了大阪高等裁判所的观点，以“判例”的形式设定了仲裁员披露义务的相关标准——具体披露标准。虽然日本并非判例法国家，但其最高裁判所的判决在全国范围内具有重要影响。

本案中，首席仲裁员C提交的独立声明，只抽象地说明未来存在利益冲突

---

① 《国际仲裁利益冲突指引》，载国际律师协会官网：https://www.ibanet.org/ENews_Archive/IBA_July_2008_ENews_ArbitrationMultipleLang.aspx.，最后访问日期：2018年7月31日。

② 同上。

的可能性,对未来是否会有利益冲突情况的发生,虽未肯定但也未否定。因此,抽象的说明并不够明确,无法使当事人明确未来是否真的会出现或者可能会出现的具体情形,因此这种模糊不清的独立声明并不足以让当事人进行合理的判断,来决定是否需要向仲裁庭提出异议。而且,之所以《示范法》以及各国仲裁法为仲裁员设置了披露义务,就是希望通过仲裁员披露可能会影响仲裁程序公正的所有情形来保障仲裁程序中没有会影响公平公正的因素。如果仲裁员披露的内容过于抽象,就难以进行判断,也就难以达到设定仲裁员履行披露义务的主要目的。因此,该案中对于首席仲裁员C提交的独立声明内容抽象而不能视为已经履行完仲裁员的披露义务的判定是合理的。

2. 合理调查义务

对于判断仲裁员是否尽到了披露义务,日本最高裁判所认为仲裁员除应当披露已知的事实以外,还应当披露可以通过合理的调查获取的事实。也就意味着判定仲裁员是否履行披露义务时还需要审查仲裁员是否尽到了合理调查的义务。因此,本案中,首席仲裁员C是否履行了合理的调查义务至关重要。但是,鉴于仍有事实尚未查清,所以无法判断首席仲裁员C及其所在律师事务所是否进行了合理的调查。例如,首席仲裁员C与其所在的律师事务所是否在律师事务所内部展开了利益冲突事实的相关调查;或者说首席仲裁员C与其所在律师事务所是否已知晓本案的利益冲突事实;又或者说首席仲裁员C与同一律师事务所律师F是否在私下对案情进行了沟通等方面都尚不明确。在这些情况都还不明确的情况下,无法判断首席仲裁员C是否履行了合理的调查义务和披露义务。

从上述的思考过程不难看出,对合理的调查义务的判定是很困难的。正因为此,合理调查义务这一新的观点也引发了学术界的讨论。例如,怎样程度的调查算是合理范围内的调查,在国际律师事务所内对所有律师进行利益冲突调查是否可能等问题,都是学术界热议的问题。

大部分学者认为,对于一个国际大律所而言,想要在合理的范围内进行调查并不是一件容易的事情。理由有以下几点:(1)对于来自国际大型律师事务所的仲裁员来说，不光要求其在成为仲裁员时对可能产生利益冲突的事实进行调查，更是要求其在整个仲裁程序进行的过程中都要履行调查义务显然是不现实的。由于国际性的大型律师事务所的人员变动大，再加上仲裁程序耗时并不短，因此一旦在仲裁员就任期间其所在律所发生人员变动，就意味着利益冲突调查要重新开始。显然，为仲裁员附加这样的调查义务是较为苛刻的。[①] (2)国际性的大型律师事务所极有可能在世界各地有数个分所以及数千名律师。即使不算人员流动上的难度，就只是对分布在世界各地的各个分所的律师逐一进行调查都是不容易的。更不要说在调查时还会涉及代理公司的子公司、母公司等关联公司，可谓是难上加难。[②] (3)国际性的大型律师事务所对于情报的管理相当严格。通常情况下，各个分所之间共享的情报会受到限制，不同律师以及律所内员工可以接触到的律所内的情报也会受到限制，这一点也为履行调查义务增加了难度。[③]

另外，也有学者认为利益冲突问题的深刻性应该得到重视，并应得到严肃对待。国际性的大型律师事务所应当具备完整的系统来调查利益冲突事实。虽然履行调查义务并非易事，但考虑到律师事务所从中获取的巨大经济利益，为了公平公正而要求律师事务所承担该项调查义务也并非不合理。[④]

确实，对于在世界范围内有着数个乃至数十个分所、数千名律师的国际性的大型律师事务所来说，即便是具有完善的调查系统，履行调查义务仍不是件易事。由于律所代理的大型企业之间的合并分立变动，以及各大律所间人员流动频繁，开展利益冲突调查还是存在一定的难度的。但若内部调查都具有如此

---

① [日]日下部真治：《关于回避和利益冲突事实披露相关的诸多问题》，载《仲裁和 ADR 论坛》2007 年第 1 号。(日下部真治：「忌避及び利害関係情報開示に関する諸問題」、『仲裁・ADRフォーラム』，2017 年 1 号、59 頁)

② [日]内藤顺也、铃木毅：《仲裁员的利益冲突事实的披露和仲裁裁决的取消》，载《NRI》2017 年第 1097 号。(内藤順也、鈴木毅：「仲裁人の利益相反事由の非開示と仲裁判断の取消し」、『NRI』2017 年 1097 号、43 頁)

③ 同上。

④ [日]滨边杨一郎：《对利益冲突敏感的，严格地规范？还是不要吹毛求疵地处理?》，载《WLJ 判决专栏》2016 年第 87 号。(浜辺陽一郎，「利益相反に敏感に、厳しくやるか、目くじら立てずに済ませるか?」、『WLJ 判例コラム』、2016 年 87 号、6 頁)

大的难度,那么对于作为外部人员的当事人而言,想要发现利益冲突事实或者对于利益冲突事实进行举证则更是难上加难。[①] 本案的利益冲突事实是诉讼代理行为引发的,也因此留下了诉讼记录,当事人才得以发现,举证并提出异议。但在现实中,律师事务所内部的交易大多难以被外部人员察觉,为保证仲裁裁决的公正,由律师事务所承担调查义务与披露义务才更加合理。

(三)仲裁裁决的撤销

大阪高等裁判所推翻了一审判决,认定仲裁员违反了披露义务并判决撤销仲裁裁决。而日本最高裁判所则认为大阪高等裁判所对于仲裁员违反披露义务的事实认定不清,证据不足,判定发回重审。

在审查是否应当撤销仲裁裁决时,需要判断是否存在日本《仲裁法》第44条第1款各项所规定的当事人可以申请撤销仲裁裁决的几种情形。本案的首席仲裁员违反披露义务的情形属于违反第44条第1款第6项所规定的情形。依据日本《仲裁法》第44条第1款第6项[②]的规定,在仲裁庭的构成或者仲裁程序违反日本法令的情况下,当事人可以申请撤销仲裁裁决。但是,依据日本《仲裁法》第44条第6项的解释论,即使仲裁员违反了披露义务,也不应当一律撤销仲裁裁决,应该采用平衡"仲裁制度的信赖性"与"仲裁制度的安定性"这两者的方法来考量是否应该撤销仲裁裁决。[③] 因此,本案的利益冲突事实是否严重到直接影响该仲裁裁决公平公正的程度成为判断是否撤销仲裁裁决的关键。

---

① [日]滨边杨一郎:《对利益冲突敏感的,严格地规范? 还是不要吹毛求疵地处理?》,载《WLJ 判决专栏》2016年第87号。(浜辺陽一郎:「利益相反に敏感に、厳しくやるか、目くじら立てずに済ませるか?」、『WLJ 判例コラム』、2016年87号、6頁)

② 《日本仲裁法》第44条第1款规定:"在具有下列情形时,当事人可以向法院申请撤销仲裁裁决。……(6)仲裁庭的构成或者是仲裁程序违反日本法律,抑或是对于法律的公共秩序无关事项当事人之间有约定的情况下违反该约定的。"日文原文如下:「仲裁法」第44条1項、「当事者は、次に掲げる事由があるときは、裁判所に対し、仲裁判断の取消しの申立てをすることができる。……(六)仲裁廷の構成又は仲裁手続が、日本の法令(その法令の公の秩序に関しない規定に関する事項について当事者間に合意がある時は、当該合意)に違反するものであったこと。」

③ [日]内藤顺也、铃木毅:《仲裁员的利益冲突事实的披露和仲裁裁决的取消》,载《NRI》2017年第1097号。(内藤順也、鈴木毅:「仲裁人の利益相反事由の非開示と仲裁判断の取消し」、『NRI』2017年1097号、45頁)

本案中,律师F转入K&S律师事务所之前确实为仲裁当事人的关联公司有过代理行为,也因此,从F转入K&S律师事务所到仲裁程序结束的这段时间,首席仲裁员C应当披露这一事实。尽管K&S律师事务所具备调查利益冲突事实的系统,但由于当事人公司与关联公司从名称上来看难以断定属于同一个母公司,对相关事实的获取仍存在一定的难度。

另外,首席仲裁员C和律师F虽然同属于一家律师事务所,但是分属于不同分所——首席仲裁员C属于新加坡分所,F属于美国洛杉矶分所。二者在地理位置上有一定的距离,单从这一点上虽不能完全判定C和F之间并无沟通,但是很大程度上来讲,C和F之间存在信息互换的可能性并不高。同时,虽无法完全确定,但可以推测首席仲裁员C及其律师事务所极有可能并未意识到该利益冲突事实的存在。如果C没有意识到该利益冲突事实的存在,就更谈不上与F进行私下沟通,从而影响仲裁裁决公平公正。

虽然基于合理调查义务和披露义务的考虑,首席仲裁员确实违反了披露义务和仲裁程序,但是如果是由于未认识到该利益冲突事实的存在而没有履行披露义务的话,就意味着虽存在利益冲突事实,却达不到影响仲裁员公正性和独立性的效果,也就不会影响仲裁裁决的公平公正。考虑到当事人花费的时间、金钱以及保障仲裁裁决的确定性等因素,尽管该案仲裁员违反了披露义务,但是并没有严重到需要撤销仲裁裁决的程度。

对于大阪高等裁判所的撤销仲裁裁决的判决,早在作出时,学术界就存在不支持该判决的声音。有学者认为裁判所应当在阐明利益冲突事实的基础上分析未披露该事实会对仲裁结果产生怎样的影响。同时还需考量仲裁员违反披露义务及调查义务的程度是否真的达到需要撤销仲裁裁决的程度。[①] 也有学者担忧大阪高等裁判所撤销仲裁裁决的决定会动摇日本仲裁法的安定性,不

① [日]中村达也:《大阪高等裁判所在平成28年6月28日作出的撤销国际仲裁裁决的决定》,载《国际商事法务》2016年第44卷。(中村達也:「国際仲裁判断を取り消した平成28年6月28日大阪高裁決定について」、『国際商事法務』2016年44号、1629頁)

符合国际趋势发展。[1] 对于大阪高等裁判所的新判决,学术界普遍认为该仲裁裁决不会被取消。[2]

四、对中国的启示

对仲裁员利益冲突事实进行披露的义务,国际上以及各国都以立法的形式对其进行了规范。通过披露利益冲突事实,可以让仲裁员更加明确自己的中立性,从而确保仲裁程序和仲裁裁决的公平公正。同时,也可以避免当事人利用仲裁员未公开可能成为利益冲突的事实来申请撤销仲裁裁决,对撤销仲裁裁决的权利进行滥用。权利一旦被滥用,会影响仲裁裁决的确定性,也会浪费当事人大量时间、金钱与精力。

仲裁员披露义务,是仲裁员、国际仲裁领域的律师事务所、国际仲裁相关人士和仲裁机构都需要密切关注的问题。随着越来越多中国企业"走出去"、涉外律师事务所的壮大以及中国籍仲裁员在国际仲裁领域日益活跃,仲裁业务领域的人际网络关系也变得更为复杂。而这起由于仲裁员没有尽到披露义务而导致整个仲裁裁决面临被撤销的案件,适时地给大家敲响一记警钟。仲裁员应注意理清各方关系,如实、慎重地履行仲裁披露义务,避免披露义务履行的瑕疵导致仲裁裁决被撤销。

同时,本案判决是日本最高裁判所在解释仲裁员披露义务范围和界定履行标准上的一个重要案例,对于日本仲裁领域有着重要指导意义,也对其他国家如何解释披露义务的范围以及界定履行标准方面有着借鉴意义。正如前文所述,在《示范法》的指引下,多国均对仲裁员的披露义务进行了规定。

虽然中国多家仲裁机构的仲裁规则都对仲裁员披露义务进行了规定,但是中国《仲裁法》对于仲裁员的规范较少,缺乏对仲裁员披露义务的规定。这一立法缺陷可能会导致仲裁员的独立性和公正性得不到保障。为了解决这一问

① [日]内藤顺也、铃木毅:《仲裁员的利益冲突事实的披露和仲裁裁决的取消》,载《NRI》2017年第1097号。(内藤順也、鈴木毅:「仲裁人の利益相反事由の非開示と仲裁判断の取消し」、『NRI』2017年1097号、45頁)

② 同上。

题,未来中国《仲裁法》在修改的时候应注意与国际标准接轨,加强仲裁员管理规范的相关规定,包括强调仲裁员的披露义务,提高中国仲裁的国际公信力。[①]此外,在仲裁机构规则方面,与其他国家一样,中国许多仲裁机构只是笼统地规定了仲裁员的披露义务,但对仲裁员披露义务的具体范围和标准并未作出详细规定。[②] 为进一步细化和完善仲裁机构在仲裁员披露义务方面的规定,中国仲裁机构可参考日本最高裁判所采用的具体披露标准和合理调查义务。

① 参见宋连斌:《中国仲裁二十年制度之回顾——以1994年〈仲裁法〉为起点》,载"天同诉讼圈"博客:http://www.sohu.com/a/218476677_159412.,最后访问日期:2019年7月8日。

② 例如,《中国国际经济贸易仲裁委员会仲裁规则》(2015年版)第31条、《北京仲裁委员会仲裁规则》(2015年版)第21条等。

体育仲裁法院在欧洲人权法院的"胜利"：体育仲裁法院序幕的尾声*

安东尼·杜瓦(Antoine Duval)著**

相博达　胡乐文　张子婧 译　李倩 校译***

我最喜欢的速滑运动员(我热爱这些让国际滑联颇感困扰的速滑运动员)克劳迪娅·佩希施泰因又上新闻了！虽然我的全部注意力都被位于卡尔斯鲁厄的联邦宪法法院(BVerfG或德国宪法法院)吸引,但我未预料到欧洲人权法院会先于联邦宪法法院作出判决。佩希施泰因和穆图的案件长时间以来(自2010年)悬而未决,上周发布的这份判决书(目前只有法文版)首先是对体育仲裁法院(Court of Arbitration for Sport,CAS)的重新证明(类似于联邦法院对"佩希施泰因案"的裁决),正如CAS所呈现的那样。在仔细阅读判决后,我认

* 译作受编号14YJCZH0792014的教育部人文社会科学研究青年项目和编号为17YBQ044的湖南省社学社会科学基金青年项目的资助。

原文标题为:"The 'Victory' of the Court of Arbitration for Sport at the European Court of Human Rights: The End of the Beginning for the CAS",载阿瑟尔法律中心:http://www.asser.nl/SportsLaw/Blog/post/the-victory-of-the-court-of-arbitration-for-sport-at-the-european-court-of-human-rights-the-end-of-the-beginning-for-the-cas,最后访问日期:2018年12月26日。

** 安东尼·杜瓦是海牙Asser国际法和欧洲法研究所(Asser Institute for International and European Law)的高级研究员,领导Assert国际体育法中心。安东尼拥有佛罗伦萨欧洲大学研究所的法律博士学位,并在体育的跨国管理及其与欧洲法律的互动方面进行了广泛的工作。

*** 相博达、胡乐文、张子婧,湖南科技大学法学与公共管理学院硕士研究生;李倩,湖南科技大学法学与公共管理学院讲师,武汉大学法学博士。

为,这一判决平息了20年来围绕CAS仲裁的一个重要争论:CAS的仲裁是强制性仲裁(至少是在纪律案件[①]中必经的上诉程序)。此外,从这个重要的承认中产生了这一认识,即CAS的程序必须遵守《欧洲人权公约》第6条第1款的规定,特别是听证原则上必须公开进行,判决也必须向所有人免费公开。最后,我将批评欧洲人权法院的判决,即CAS必须遵守《欧洲人权公约》第6条第1款关于独立性和公正性的规定。为了专注分析该判决最核心的法官意见,我将不再重述这两个案件中众所周知的事实。

一、CAS的仲裁被认为是强制性仲裁

正如很多人所知道的,关于运动员是否自愿同意CAS仲裁的问题长期以来在理论上存在争议。[②] 我已经详细论证过CAS仲裁基本上是基于自愿,因而我很乐见欧洲人权法院今天采纳了这一观点。然而实践中并不是所有CAS案件都是如此:通常涉及商业纠纷的普通仲裁最有可能得到双方当事人的同意。而且,如下文将讨论的那样,欧洲人权法院在分析是否为自愿接受CAS仲裁的问题上区分了"佩希施泰因案"和"穆图案"。

"佩希施泰因案"裁决的关键段落在第109段和第115段。法院认为,《国际滑冰联合会的条例》的规定将纪律事项的管辖权授予了CAS,如果佩希施泰因要参加国际滑冰联合会的比赛(第110段),她就必须接受仲裁条款。欧洲人权法院在这里提到了瑞士联邦法庭在"坎纳斯案"(Cañas)中的著名判决,这个判决认为体育仲裁具有强制性(第111段),也提到了欧洲联盟委员会认为国际滑冰联合会在速滑比赛组织上处于"准垄断"地位(第112段)。这就引出了法院的关键推论,即佩希施泰因在本案中选择"参加还是不参加比赛,取决

---

① 这里所说的"纪律处罚"案件是CAS上诉案件的常见类型。CAS仲裁程序有普通程序和上诉程序两种,其中上诉程序审理的案件主要是运动员不服单项体育联合会纪律处罚决定和参赛资格决定的案件。——译者注

② 关于Duval和Antoine的辩论,您可以找到大量参考文献,而非本人名义!参见《Claudia Pechstein与体育仲裁法庭的事后同意基础》,载《马克斯普朗克比较公法与国际法研究所(MPIL)论文集》第2017-01号。

于她是否接受仲裁条款”(第113段)。因此,她的案件被认为不同于欧洲人权法院以前处理的商事仲裁案件。相反,法院认为“鉴于不接受仲裁条款会对申请人的职业生活产生的影响,人们不能宣称后者以自愿和明确的态度接受了该条款”(第115段)。因此,法院得出结论,“尽管该条款不是基于法律而是《国际滑冰联合会的条例》的授权,但申请人对CAS管辖权的接受必须被理解为法院管辖意义上的‘强制’仲裁”(第115段)。这样就终结了关于CAS仲裁合意性的永无止境的辩论,因为作为参加体育比赛的一个前提条件,CAS条款被赋予了强制拘束力。

有意思的是,法院区分了“穆图案”和“佩希施泰因案”。法院注意到“‘穆图案’的情况不同于佩希施泰因案,因为国际足球联合会(FIFA)涉及的可适用规范并未要求强制仲裁,而是将争端解决机制的选择留给俱乐部和球员的契约自由”(第116段)。穆图主张俱乐部和球员之间关系不对等,因此他是被迫接受这一条款的。然而法院驳回了这些主张,因为他没有能够提供证据证明所有切尔西球员都接受了仲裁条款或者没有其他俱乐部愿意聘请他是由于他的雇佣合同中未纳入仲裁条款(第117~119段)。法院最终认为,与“佩希施泰因案”相反,穆图“没有证明他只有接受仲裁条款才能通过他的体育职业来谋生,如果拒绝接受该条款,就意味着完全放弃他的职业生涯”。因此,法院认为“穆图案”的情况并不构成“被迫”仲裁(第120段)。即使如此,法院对同意仲裁的判定仍然是相当严格的:不仅同意应当自愿作出,也必须以明确的方式作出。换言之,穆图自愿选择CAS而非国家法院的管辖权,必须是在“充分认识到他放弃了将自己与切尔西的纠纷交由一个独立和公正的法庭来裁定的权利”(第121段)。在“穆图案”中,由于穆图质疑由切尔西提名的CAS仲裁员的独立性和公正性,法院认为,不能理所当然地认为穆图已经明确放弃了对CAS独立性和公正性的质疑(第122段)。在判决的这一部分法院似乎认为对仲裁员的独立性或公正性的任何质疑都会损害双方基于合意自愿达成的仲裁条款的效力。

总之,在欧洲人权法院就本案作出判决之后,很难说通过上诉程序提交给

CAS的纪律案件(如兴奋剂案件)是基于自愿的。然而,正如法院在判决第98段中所指出的,用良好的事后合意可以让CAS强制性仲裁获得其正当性。这种事后合意的仲裁可能会令一些人感到意外,但法律从根本上说是一种社会治理的有效实践,其具有足够的灵活性来适应特定的现实。(主要)由瑞士体育协会形成的网络正在体育界实现一种跨国权威,这些协会将其最后的纪律决定提交给CAS进行强制性审查,上述事实对于确保国际体育比赛在公平的竞争环境中进行是必要的。然而,这也是本判决的一大优点,但不应允许CAS躲在虚构的仲裁标签后面,以逃避充分遵守《欧洲人权公约》第6条第1款所规定的程序性权利。

二、CAS的裁决必须遵守《欧洲人权公约》第6条第1款的规定

法院认为"佩希施泰因案"中的CAS仲裁是强制性的,而"穆图案"的仲裁则是模糊不清的,这一观点产生最重要的结果是:CAS应当完全遵守《欧洲人权公约》第6条第1款所规定的基本诉讼权利(特别是其民事部分,参见《欧洲人权公约》第6条)。特别是,法院着重关注于听证的公开性与CAS的独立性。在我看来,法院关于前者的结论是:"佩希施泰因案"的听证程序因欠缺公开性而违反了《欧洲人权公约》。但我(更重要的是两位欧洲人权法院的法官也)不同意欧洲人权法院关于CAS能够完全独立于体育组织(sport governing bodies,SGB)的判决意见。

(一)CAS走向公开之日:CAS诉讼程序日趋透明化

CAS既是全球最有名的跨国法庭,也是全球最神秘的跨国法庭。每一位运动迷都知道它,很多记者争相报道与其有关的新闻,浏览其公开的判决。基于媒体的引用,它很可能是被报道最多和被公开讨论最多的国际法庭之一,但它也是最神秘的。在国内和国际法院,听证和判决的公开是全世界通行的准则。只有在涉及国家安全与个人隐私的案件中允许存在保密的例外。理论上,如果与商事仲裁相比,CAS的透明性更具有优势,因为它公布其中的部分裁定(总体来说不到30%)。然而,正如这项判决已表明的,真正的比较应该是

与国内法院和国际法院进行的,因为 CAS 的管辖并不是以自愿基础的。

实际上,欧洲人权法院认为,在“佩希施泰因案”中,CAS 应当应佩希施泰因的明确要求组织一次公开听证。实际上,法院指出,“在受到质疑的程序框架内所讨论的问题——涉及原告是否因使用兴奋剂而受到合理的制裁,CAS 为此听取了大量的专家意见——使得听证有必要在公众监督下进行”(第182段)。法院在支持其裁定时指出,“对原告的制裁具有羞辱性且容易损害其职业声誉和信用,这一事实存在争议”(第182段)。判决结论还认为,提交至 CAS 的争议不予公开违反了《欧洲人权公约》第6条第1款。

这是重要的第一步,将推动 CAS 更加的透明化(在去年的世界体育大会上我曾论及完全的透明化)。然而,欧洲人权法院的判决并非毫无含糊之处:CAS 是否仅仅在当事人提出要求时才展开公开听证,还是原则上听证公开只有在例外情形下才转向不公开呢?我认为,《欧洲人权公约》的现行判例法指向后者,但即便是前者对 CAS 来说也是一个巨大的进步。的确,该判决的极少阅读量(Nick de Marco 的知名博客中也可以读到)意味着,CAS 将不得不应一方当事人请求组织公开听证。任何情况下,放弃上述听证必须完全基于自愿。而且,《欧洲人权公约》第6条第1款也规定,所有判决一经作出都需要公开,只有极其特别的除外。但本案判决暂未提及这一点。目前,CAS 明显违背了这一义务,它并没有完全公开其(上诉)判决。如果 CAS 要与本判决保持一致,就必须迅速修正这种在根本上缺乏透明度的状态。

(二)对 CAS 独立性的主要异议

该判决的结论以及核心部分涉及欧洲人权法院关于 CAS 独立性以及公正性的裁定。根据《欧洲人权公约》第6条第1款的规定,一个案件必须由一个独立和公正的法院来审理。至少在我看来,CAS 是否应该被视为这样的机构是非常值得怀疑的,但法院作出了不同的裁决。该判决受到提出异议的两位法官的强烈反对(其中有一位颇具讽刺意味的瑞士法官)。首先我将介绍法院判决的关键内容,然后将就法院判决意见提出我自己的批判。我认为“穆图案”和“佩希施泰因案”最重要的问题与裁决员个人的独立性与公正性无关,而关乎 CAS 是否在架构上独立于体育组织，因此我只讨论后者。

法院的核心观点在第 151～158 段，并仅仅涉及“佩希施泰因案”的部分裁决，因为只有她对 CAS 架构的独立性提出了异议。首先，法院认为 CAS 对奥林匹克运动的财政依赖并不成问题，因为与此相似的是，国内法院也依赖于国家的财政支持（第 151 段）。法院还认为，在 2009 年审理“佩希施泰因案”后，国际体育仲裁委员会（The International Council of Arbitration for Sport, ICAS）任命了 1/5 的关心运动员利益的仲裁员，但 ICAS 自身主要是由隶属于体育组织的个人组成，因此会更倾向于不利于运动员的程序（第 154 段）。而且法院强调，仲裁员 4 年更新一次，没有任期上的限制，根据《体育仲裁规则》第 35 条规定，ICAS 有权以简易启动的程序来撤销某位仲裁员的职位。然而，法院认为，佩希施泰因并没有及时提供准确的证据来质疑 CAS 名单上 300 名仲裁员中任意一位的独立性与公正性（第 157 段）。在判决的关键部分，法院承认，虽然“已经确认在 CAS 的纠纷框架下，该组织偏向于运动员利益，并对仲裁员的提名机制具有实质上的影响力，但并不能因此就认为，正是基于这一影响，仲裁员名单就主要是由那些被认为在个体上，客观上或主观上并未独立或中立于组织的仲裁员组成的”（第 157 段）。因此，法院裁定没有理由偏离瑞士联邦法院关于 CAS 独立性的判断。

我认为，法院在这一点上是正确的。体育组织对 CAS 的资助本身并没有威胁到 CAS 的独立性，实际上还应当被作为一种合理的对体育正义的准公益资助方式受到欢迎。但是，只有当 CAS 和 ICAS 的管理完全独立于这些机构，且这些机构及其决定接受 CAS 的监督和审查的情况下，上述说法才能成立。相当矛盾的是，法院承认体育组织对 CAS 的影响力，这在“佩希施泰因案”的审理中得到了证明，现在也很明显（ICAS 的 20 个成员中，体育组织提名了 12 个人，ICAS 是由国际奥委会副主席领导），但并不能认为这就足以质疑 CAS 的独立性和公正性了。对于专注于程序正义的法院来说这是一个奇怪的结论（类似的困惑参见第 7～10 段的异议）。ICAS 不仅对任命谁为 CAS 仲裁员具有控制权，还可以决定谁将主持 CAS 的上诉分庭和普通仲裁分庭，以及谁将被任命为CAS的秘书长。所有这些都是在ICAS的会议完全不公开的情况下发生的,因此对于任命X而非Y的理由毫无透明度可言。仅此一项就足以促使欧洲人权法院密切关注体育组织对ICAS进而对CAS的控制的披露问题。而且,同时也是我认为可以否认CAS独立于SGBs的主要论据是,即使我们接受法院的观点,同意运动员能够在名单上找到一位没有偏见的CAS仲裁员,但在上诉案件中,首席仲裁员也将最终由上诉分庭的庭长来提名。托马斯·巴赫,现任国际奥委会主席,1994年到2003年曾担任上诉分庭庭长,此后由瑞士反兴奋剂机构主席、瑞士滑雪法律委员会主席科琳尼·施米德豪泽接替了他的职位。尽管常有人认为,如果当事人就首席仲裁员达成合意,该庭的庭长就会批准他们的选择(第127段),但问题是一方(体育组织)将会利用强势地位将其选定的首席仲裁员强加于另一方(运动员)。事实上,在上诉分庭庭长最终决定权的阴影下,体育组织会讨价还价,无论是过去的托马斯·巴赫还是现在的科林尼·施米德豪泽,显然都会偏袒他们的同行。这种简单的制度设置也正是体育组织控制CAS的症结所在,虽容易改革,却依然如故。法院简单地忽略了佩希施泰因律师提出(第124段)的这一主张(如2016年的德国联邦最高法院案件,试图启动对判决的修正程序)。这样一来,法院决定支持一个与其自身关于法庭独立性和公正性的法理相左的原则,判决的异议意见有力地概括了这一点。或许,法院认为自己已经做的足够多了,它不想破坏CAS将来的稳定,但它肯定错过了一个很好的机会,即向全世界成千上万名的运动员提供一个更公平的司法程序。

三、结论:CAS序幕的尾声

几年前,在慕尼黑高等地方法院关于“佩希施泰因案”的评论中,我很好奇这个案件是CAS辞旧的开始,还是(更乐观地说)迎新的结束。如果是后者,CAS将随着这个判决进入一个新的阶段。不幸的是,这个新时代被德国联邦最高法院的超现实主义判决推迟。在我看来,欧洲人权法院部分更正了这一判决。从这个判决开始,CAS将不能再声称它是一个基于当事人自愿而合法化的仲裁法庭。欧洲人权法院已经永远地打破了这一臆断。然而,它并没有明确另一个基础来取而代之。事实上,CAS 并不是国内法或国际条约的产物。相反,它仅仅是国际权力和全球体育治理必要性的产物。欧洲人权法院认可 CAS 的价值和存在的合理性,也认为应该对其加以规制。这就是该判决的意义,即 CAS 应当遵守《欧洲人权公约》第 6 条第 1 款所载的程序正义的要求(必须像欧洲任何一个国内法院一样)。换句话说,CAS 将不再像以前一样,因为它必须成为一个严格意义上的法庭。当然,欧洲人权法院否认了 CAS 欠缺独立性,这违反了其良好的初衷。但是,这个责任将留给卡尔斯鲁厄的德国法官,或者欧洲人权法院的大法庭,因为如大家所期待的那样,佩希施泰因决定提起上诉。就这一点而言,激烈争辩中的异见将是对 CAS 现有制度架构进行致命一击的有力基础。

总的来说,CAS 必将经历一场彻底的改变。新的 CAS 将会对公众开放(包括听证和裁决),如果它想抵御异见提出的挑战,它就必须提高其相对于体育组织的独立性。更广泛地说,它必须确保其所有程序都严格遵守《欧洲人权公约》第 6 条第 1 款关于欧洲人权法院不断完善的程序正义要求。CAS 要么接受改变,要么等待敬业的律师们将其裁决提交欧洲的国内法院审理,这些国内法院在评判 CAS 程序是否遵守欧洲人权公约时,将不会再像以前那么胆怯。尽管如此,对于我这种认为 CAS 是一个必不可少的机构的人来说,这个判决还是有很多值得庆祝之处。目前 CAS 作为一个独特的司法实体已经得到完全的认可。实际上,CAS 最终会被正式认可为世界体育的最高法院,但权力越大,责任也越大……

图书在版编目(CIP)数据

仲裁与法律. 第143辑 / 中国国际经济贸易仲裁委员会，中国海事仲裁委员会，中国国际商会仲裁研究所主办. -- 北京 : 法律出版社，2020
ISBN 978-7-5197-4379-6

Ⅰ. ①仲… Ⅱ. ①中… ②中… ③中… Ⅲ. ①仲裁－研究－丛刊 Ⅳ. ①D915.704-55

中国版本图书馆CIP数据核字(2020)第056966号

仲裁与法律·第143辑
ZHONGCAI YU FALÜ · DI-143 JI

中国国际经济贸易仲裁委员会
中国海事仲裁委员会 主办
中国国际商会仲裁研究所

责任编辑 林 蕊 周 洁
装帧设计 李 瞻

出版 法律出版社
总发行 中国法律图书有限公司
经销 新华书店
印刷 三河市兴达印务有限公司
责任校对 王晓萍
责任印制 胡晓雅

编辑统筹 司法实务出版分社
开本 710毫米×1000毫米 1/16
印张 16.25
字数 226千
版本 2020年7月第1版
印次 2020年7月第1次印刷

法律出版社/北京市丰台区莲花池西里7号(100073)
网址/www.lawpress.com.cn
投稿邮箱/info@lawpress.com.cn
举报维权邮箱/jbwq@lawpress.com.cn
销售热线/400-660-8393
咨询电话/010-63939796

中国法律图书有限公司/北京市丰台区莲花池西里7号(100073)
全国各地中法图分、子公司销售电话:
统一销售客服/400-660-8393/6393
第一法律书店/010-83938432/8433 西安分公司/029-85330678 重庆分公司/023-67453036
上海分公司/021-62071639/1636 深圳分公司/0755-83072995

书号:ISBN 978-7-5197-4379-6 **定价**:48.00元
(如有缺页或倒装,中国法律图书有限公司负责退换)